财务大数据分析指导教程
—— 基于用友分析云

新道科技股份有限公司　主编
姜宁宁　李丽娇　王秋洋　张乐天　副主编

清华大学出版社
北京

内 容 简 介

本书基于新经济、新技术、新业态、新职业的发展，结合新时代和现代产业对财会专业数智化人才的实际需求编写而成。本书结构清晰，案例丰富，共分 4 章、11 个项目、28 个情境，内容包括大数据认知体验、Python 基础应用、数据预处理实战、大数据技术在财务分析中的应用。

本书由新道科技股份有限公司联合多所院校筹备开发，将大数据采集、商业数据可视化分析融入财务分析领域，打破了学科壁垒，旨在引导非计算机专业学生能通过简单的学习掌握大数据分析工具的基本应用，并能够结合财务专业理论进行实际商业数据分析，发挥管理会计职能，从而促进财会类专业升级和数字化改造。

本书可作为各院校财经商贸类相关专业开展基于大数据技术的数智融合类实训课程的配套教材，也可作为各院校开展数智化技术认知、专业基础实践创新教学的指导用书。

本书封面贴有清华大学出版社防伪标签，无标签者不得销售。

版权所有，侵权必究。举报：010-62782989，beiqinquan@tup.tsinghua.edu.cn。

图书在版编目(CIP)数据

财务大数据分析指导教程：基于用友分析云/新道科技股份有限公司主编．—北京：清华大学出版社，2024.1

ISBN 978-7-302-64797-3

Ⅰ．①财… Ⅱ．①新… Ⅲ．①会计分析－教材 Ⅳ．①F231.2

中国国家版本馆 CIP 数据核字(2023)第 204793 号

责任编辑：刘金喜
封面设计：常雪影
版式设计：妙思品位
责任校对：马遥遥
责任印制：沈　露

出版发行：清华大学出版社
　　网　　　址：https://www.tup.com.cn，https://www.wqxuetang.com
　　地　　　址：北京清华大学学研大厦 A 座　　　邮　　编：100084
　　社　总　机：010-83470000　　　　　　　　　　邮　　购：010-62786544
　　投稿与读者服务：010-62776969，c-service@tup.tsinghua.edu.cn
　　质　量　反　馈：010-62772015，zhiliang@tup.tsinghua.edu.cn
印 装 者：三河市铭诚印务有限公司
经　　销：全国新华书店
开　　本：185mm×260mm　　　印　张：18.5　　　字　数：462 千字
版　　次：2024 年 1 月第 1 版　　　印　次：2024 年 1 月第 1 次印刷
定　　价：59.80 元

产品编号：095872-01

前 言

党的二十大报告明确指出"我们要坚持教育优先发展、科技自立自强、人才引领驱动，加快建设教育强国、科技强国、人才强国"，强调了教育、科技和人才的重要性。同时，党的二十大报告指出"教育、科技、人才是全面建设社会主义现代化国家的基础性、战略性支撑"，教育、科技和人才是辩证统一的整体，科技进步靠人才，人才培养靠教育，教育是人才培养和科技创新的根基，科技创新又将为教育注入新动能，特别是人工智能、大数据等新技术的导入，将对教育产生重大影响。

本书正是以党的二十大精神为指导思想进行编写的，依托企业数字化运营需求场景搭建的财务大数据实践教学平台，融合 Python 数据获取、数据清洗、MySQL 数据存储、商业可视化分析软件(分析云)、数据挖掘等多类大数据工具，对企业内外部经营环境的结构化数据、非结构化数据进行获取，结合传统财务分析指标体系和大数据预测模型，进行基于商业问题仿真需求场景的财务分析决策训练，为会计专业课程内容升级、专业人才培养方案优化提供了有力支持，促进打造"强专业、精数据、懂业务、能创新"的复合型企业应用人才培养新模式。

本书秉承"产教融合、数智赋能"的理念，一方面，让学生掌握从数据获取、数据分析到数据应用的全过程；另一方面，让学生通过大数据分析工具分析企业经营绩效，帮助企业发现问题、解决问题，利用优化模型，辅助企业做出更优决策。校企联合培养模式实现了通才教育和专才教育相结合，提升了学生的综合能力。

本书由新道科技股份有限公司主编，由兰天宇老师组织编写，天津城市职业学院姜宁宁老师、天津渤海职业技术学院王秋洋老师、天津轻工职业技术学院李丽娇和天津电子信息职业技术学院张乐天老师担任副主编。在编写本书的过程中，新道科技股份有限公司的李睿、左鹏、黄云建等企业顾问提供了很多宝贵意见和资料，编者在此表示深深的感谢。

本书 PPT 教学课件可通过扫描下方二维码下载。

服务邮箱：476371891@qq.com。

教学资源下载

编　者

2023 年 11 月

目 录

第1章 大数据认知体验 …………………… 1
  项目1 大数据基础及应用 ……………… 1
    情境1 大数据概述 ………………… 1
    情境2 大数据应用案例分析 ……… 7
  项目2 大数据分析与可视化初体验 …… 14
    情境3 用友分析云平台应用介绍 … 14
    情境4 大数据可视化应用操作体验 … 21

第2章 Python基础应用 …………………… 35
  项目3 Python认知体验 ………………… 35
    情境5 Python简介及安装 ………… 35

第3章 数据预处理实战 …………………… 43
  项目4 数据采集 ………………………… 43
    情境6 数据采集实战 ……………… 43
  项目5 数据清洗 ………………………… 58
    情境7 数据清洗实战 ……………… 58
  项目6 数据集成 ………………………… 66
    情境8 数据关联实战 ……………… 66
    情境9 数据合并实战 ……………… 72

第4章 大数据技术在财务分析中的应用 … 81
  项目7 大数据+投资者角度的财报分析 … 81
    情境10 上市公司行业竞争力分析：
           盈利能力 ………………… 81
    情境11 上市公司行业竞争力分析：
           偿债能力 ………………… 99
    情境12 上市公司行业竞争力分析：
           营运能力 ………………… 115

    情境13 上市公司行业竞争力分析：
           发展能力 ………………… 129
  项目8 大数据+经营者角度的财报分析 … 145
    情境14 企业盈利能力分析、异常值
           监控与数据挖掘 ………… 145
    情境15 企业偿债能力分析、异常值
           监控与数据挖掘 ………… 155
    情境16 企业营运能力分析、异常值
           监控与数据挖掘 ………… 163
    情境17 企业发展能力分析、异常值
           监控与数据挖掘 ………… 171
  项目9 大数据+资金分析及数据洞察 …… 175
    情境18 资金存量分析 ……………… 175
    情境19 资金来源分析 ……………… 184
    情境20 债务分析与预警 …………… 192
  项目10 大数据+销售分析与预测 ……… 197
    情境21 销售收入总体分析 ………… 197
    情境22 客户维度分析 ……………… 210
    情境23 产品维度分析 ……………… 229
    情境24 价格维度分析 ……………… 249
  项目11 大数据+费用分析及数据洞察 … 258
    情境25 费用整体分析 ……………… 259
    情境26 管理费用分析 ……………… 265
    情境27 财务费用分析与数据洞察 … 273
    情境28 销售费用分析与数据洞察 … 279

参考文献 …………………………………… 287

第 1 章 大数据认知体验

【章节导读】

近年来，随着数智化时代的到来及互联网产业的飞速发展，大数据在生活中的应用越来越广泛。相信大家对大数据都有或多或少的认识，通俗地说，大数据就是把大量混杂的数据，通过各种手段统一协调成一个有机的整体，然后用不同的可视化分析工具直观地呈现给用户，让他们轻而易举地发现数据中的一些关键因素，从而提高工作效率，为企业带来收益。目前，信息技术与经济社会的交汇融合引发了数据量的迅猛增长，数据已成为国家基础性战略资源，大数据正日益对全球生产、流通、分配、消费活动，以及经济运行机制、社会治理方式产生重要影响。大数据既为我们的生活带来了巨大便利，打开了未来的无限可能，同时也使我们面临全新的挑战。毫无疑问，大数据正在塑造未来的样貌，那么大数据将来可能在哪些方面深刻改变我们的生活？大数据在未来将怎样参与社会治理呢？接下来，让我们开启大数据认知之旅吧！

项目 1 大数据基础及应用

情境 1 大数据概述

【情境导读】

谈起大数据，很多人并不陌生，不管是专业人士，还是非专业人士都耳熟能详。一开始"大数据"并不大，在互联网还没有兴起的时候，数据就是我们读过的书籍、报纸等，一个月读的书籍加起来能有多少字节呢？一个普通学校图书馆的书加起来又能有多少信息？随着信息化社会的到来和互联网的发展，数据开始呈现爆炸式增长，大数据技术也飞速发展起来，如今大数据已经融入各行各业。说到这，你是不是对大数据相关内容更感兴趣了呢？那么接下来让我们一起学习吧！

【知识精讲】

1. 大数据的起源

1) 什么是大数据

大数据(big data, mega data)也称为巨量资料，指的是需要新处理模式才能具有更强的决策力、洞察力和流程优化能力的海量、高增长率和多样化的信息资产，是庞大的数据量与现代化信息技术环境相结合的结果。最早提出"大数据"时代已经到来的机构是全球知名咨询公司麦肯锡。

大数据是以多元形式，从许多来源搜集而来的庞大数据组，例如，企业的产品销售数据可能来自社交网络、电子商务网站、顾客来访记录等，并具有实时性。

2) 大数据是如何产生的

大数据源于互联网的发展。互联网运行产生了海量的信息数据，互联网的快速发展创造了大数据应用的规模化环境，互联网企业开发了处理软件，而大数据计算技术完美地解决了海量数据的收集、存储、计算、分析等问题，互联网企业的创新促进了大数据应用的活跃，没有互联网便没有今天的大数据产业。美国互联网数据中心指出，互联网上的数据每年将增长50%，每两年将翻一番，而目前世界上90%以上的数据是最近几年才产生的。数据并非单纯指人们在互联网上发布的信息。例如，全世界的工业设备、汽车、电表上有着无数的数码传感器，随时测量和传递着有关位置、运动、震动、温度、湿度乃至空气中化学物质的变化，也产生了海量的数据信息。

大数据基础技术为应对大数据时代的多种数据特征而产生。大数据时代，数据量大、数据源异构多样、数据时效性高等特征催生了高效完成海量异构数据存储与计算的技术需求。在这样的需求下，面对迅速增长且庞大的数据量，传统集中式计算架构出现了难以克服的瓶颈，传统关系型数据库单机的存储及计算性能有限，出现了大规模并行处理(massively parallel processing，MPP)的分布式计算架构；面向海量网页内容及日志等非结构化数据，出现了基于Apache Hadoop和Spark生态体系的分布式批处理计算框架；面向对于时效性数据进行实时计算反馈的需求，出现了Apache Storm、Flink和Spark Streaming等分布式流处理计算框架。

3) 大数据的发展历程

大数据的概念产生后，有了自己的发展历程，大致分为以下三个阶段。

(1) 萌芽时期(20世纪90年代至21世纪初)。

1997年，美国国家航空航天局武器研究中心的大卫·埃尔斯沃思和迈克尔·考克斯在研究数据可视化的过程中首次使用了"大数据"的概念。1998年，$Science$杂志发表了一篇题为《大数据科学的可视化》的文章，大数据作为一个专用名词正式出现在公共期刊上。在这一阶段，大数据只是作为一个概念或假设，少数学者对其进行了研究和讨论，其意义仅限于体现数据量的巨大，对数据的收集、处理和存储没有进一步的探索。

(2) 发展时期(21世纪初至2010年)。

21世纪的前十年，互联网行业迎来了一个快速发展的时期。2001年，美国Gartner公司率先开发了大型数据模型，同年，DougLenny提出了大数据的百度3V特性。2005年，Hadoop技术应运而生，成为数据分析的主要技术。2007年，数据密集型科学的出现不仅为科学界提供了一种新的研究范式，而且为大数据的发展提供了科学依据。2008年，$Science$杂志推出了一系列大数据专刊，详细讨论了有关大数据的问题。2010年，美国信息技术顾问委员会发布了一份题为"规划数字化未来"的报告，详细描述了政府工作中大数据的收集和使用。在这一阶段，大数据作为一个新名词开始受到理论界的关注，其概念和特点得到进一步丰富，相关的数据处理技术层出不穷，大数据开始显现活力。

(3) 兴盛时期(2011年至今)。

2011年，通用商用机械公司开发了沃森超级计算机，通过每秒扫描和分析4TB数据打破了世界纪录，大数据计算达到了一个新的高度。随后，麦肯锡全球研究院(MGI)发布了题为《大数据：创新、竞争和生产力的下一个前沿》的报告，详细介绍了大数据在各个领域的应用，以及大数据的技术框架。2012年，在瑞士举行的世界经济论坛讨论了一系列与大数据有关的问题，发表了题为《大数据，大影响》的报告，并正式宣布了大数据时代的到来。

2011年之后，大数据的发展可以说是进入了全面兴盛的时期，越来越多的学者对大数据的研究从基本的概念、特性转到数据资产、思维变革等角度。大数据也渗透到各行各业之中，不断改变原有行业的技术，创造出新的技术，大数据的发展呈现一片蓬勃之势。

在2012年和2013年，大数据达到其宣传高潮，2014年以后概念体系逐渐成形，人们对其认知也趋于理性。大数据相关技术、产品、应用和标准不断发展，逐渐形成了由数据资源与API(application program interface，应用程序接口)、开源平台与工具、数据基础设施、数据分析、数据应用等板块构成的大数据生态系统，并持续发展和不断完善，其发展热点呈现了从技术向应用、再向治理的逐渐迁移。

2. 大数据的基本概念

1) 大数据的特征

麦肯锡全球研究院对大数据的定义是，一种规模大到在获取、存储、管理、分析方面大大超出了传统数据库软件工具能力范围的数据集合，具有数据规模海量、数据流转快速、数据类型多样和价值密度低等特性。这些特性可以被总结为大数据的5V特征(如图1-1-1-1所示)：体量大(volume)、速度快(velocity)、种类多(variety)、价值高(value)、准确度高(veracity)。

(1) 体量大：即采集、存储和计算的数据量都非常大。大数据的起始计量单位往往是TB(1024GB)、PB(1024TB)。

(2) 速度快：数据增长速度快，处理速度也快，时效性要求高。例如，搜索引擎可以使几分钟前的新闻被用户查询到，个性化推荐算法基本实现了实时完成推荐。

(3) 种类多：种类和来源多样化。种类上包括结构化、半结构化和非结构化数据，具体表现为网络日志、音频、视频、图片、地理位置信息等，数据的多类型特征对数据处理能力提出了更高的要求。

(4) 价值高：大数据能够通过分析和挖掘数据，发现隐藏在数据中的模式、趋势和关联性，从而为决策和创新提供支持。

(5) 准确度高：数据的准确性和可信赖度高，即数据的质量高。数据本身如果是虚假的，那么它就失去了存在的意义，因为任何通过虚假数据得出的结论都可能是错误的，甚至是相反的。

图 1-1-1-1

2) 大数据的分类

(1) 结构化数据。

结构化数据是指能够用数据或统一的结构进行表示的信息，如数字、符号等。传统的关系数据模型、行数据存储于数据库，可用二维表结构表示。任何可以以固定格式存储、访问和处理的数据都被称为结构化数据。

结构化数据的示例：数据库中的"员工表"(如图 1-1-1-2 所示)。

员工ID	员工姓名	性别	部	Salary_In_lacs
2365	Rajesh Kulkarni	男	金融	650000
3398	Pratibha Joshi	女	管理员	650000
7465	Shushil Roy	男	管理员	500000
7500	Shubhojit Das	男	金融	500000
7699	Priya Sane	女	金融	550000

图 1-1-1-2

(2) 非结构化数据。

非结构化数据是指数据结构不规则或不完整，没有预定义的数据模型，不方便用数据库二维逻辑表来表现的数据，其包括所有格式的办公文档、文本、图片、HTML、各类报表、图像和音频/视频信息等。

非结构化数据的示例：通过百度搜索"hadoop big data"返回的输出(如图 1-1-1-3 所示)。

图 1-1-1-3

(3) 半结构化数据。

半结构化数据是介于完全结构化数据(如关系型数据库、面向对象数据库中的数据)和完全无结构的数据(如声音、图像文件等)之间的数据，例如，XML、HTML 文档就属于半结构化数据。它一般是自描述的，数据的结构和内容混在一起，没有明显的区分。

半结构化数据的示例：代表一部电影和其中影星的数据(如图 1-1-1-4 所示)。

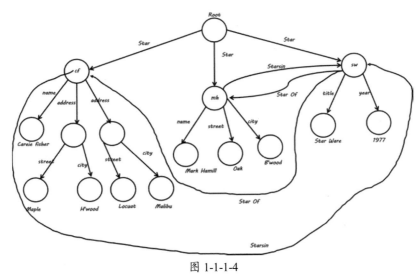

图 1-1-1-4

在后面的数据采集情境中会对这三种数据做具体的解释说明。

3) 大数据的整体架构

大数据整体架构包括数据准备、数据存储、数据处理、数据分析、结果展现五个环节。在数据准备阶段，主要是从互联网、物联网等层面进行数据的采集和导入，数据信息经过提取和转换等变为统一的结构化数据；数据存储主要是将数据准备阶段所获取的数据导入数据库，从而实现对数据的存储；数据处理主要是利用交互分析技术、流处理技术等实现对数据的分析和整理；数据分析指的是对数据结果进行分析，提取有用信息；结果展现是选择合适的方式实现对有用信息的展现和反映。

4) 大数据的核心价值——预测

大数据的核心价值是预测事情发生的可能性，它是通过对海量数据进行存储和分析，把数学算法运用到海量的数据上来实现的。

大数据已经渗透到每个行业和业务职能领域，逐渐成为重要的生产因素。人们对于海量数据的运用预示着新一波生产率的增长和消费者盈余浪潮的到来。

大数据是继云计算、物联网之后 IT 产业又一次颠覆性的技术变革。云计算为数据资产提供了技术支持手段，而数据才是真正有价值的资产。

大数据技术的战略意义在于对数据进行专业化处理。没有互联网、云计算、物联网、移动终端与人工智能组合的环境，大数据毫无价值。

5) 大数据的应用领域

随着大数据技术的不断演进和应用的持续深化，以数据为核心的大数据产业生态正在加速构建。起初，大数据的应用主要集中在互联网、营销、广告领域，但随着大数据工具门槛的降低，以及企业数据意识的不断提升，越来越多的行业尝到了大数据带来的"甜头"。近几年，无论是从新增企业数量、融资规模，还是从应用热度来说，与大数据结合紧密的行业逐步向工业、政务、电信、交通、金融、医疗、教育等领域广泛渗透，应用逐渐向生产、物流、供应链等核心业务延伸，涌现了一批大数据典型应用，企业应用大数据的能力逐渐增强。电力、铁路、石化等实体经济领域的龙头企业不断完善自身大数据平台建设，持续加强数据治理，提高以数据为核心驱动力的创新能力，行业应用"脱虚向实"的趋势明显，大数据与实体经济的深度融合不断加深。下面将从电商行业、金融行业和工业行业三大领域详细介绍大数据的应用。

(1) 电商行业：电商行业是最早将大数据用于精准营销的行业，它可以根据消费者的习惯提前生产物料，进行物流管理，从而便于社会的精细化生产。随着电子商务越来越集中，大数据在行业中的数据量变得越来越大，并且种类繁多。在未来的发展中，大数据在电商行业的应用将会有更多的想象空间，包括预测流行趋势、消费趋势、地域消费特点、顾客消费习惯、消费者行为、消费热点和影响消费的重要因素等。

(2) 金融行业：大数据在金融行业的应用是非常广泛的，主要应用于交易过程中。如今许多股权交易都借助于大数据算法，这些算法能够越来越多地考虑社交媒体和网站新闻，并且决定接下来的几秒内是购买还是出售。

(3) 工业行业：工业大数据是指在工业领域中围绕典型智能制造模式，从客户需求到销售、订单、计划、研发、设计、工艺、制造、采购、供应、库存、发货和交付、售后服务、运维、报废或回收再制造等整个产品全生命周期各个环节所产生的各类数据及相关技术和应用的总称。工业大数据的来源主要有三类：一是生产经营相关数据；二是设备物联数据；三是外部数据。设备故障预测、能耗管理、智能排产、库存管理和供应链协同一直是工业大数据应用的主攻方向。随着工业大数据成熟度的提升，工业大数据的价值挖掘也逐渐深入。

3. 大数据的发展趋势

近年来，随着大数据时代的发展，大数据技术经历了一定的演进和拓展，从基本的面向海量数据的存储、处理、分析等需求的核心技术延展到相关的管理、流通、安全等其他需求的周边技术，逐渐形成了一整套大数据技术体系，成为数据能力建设的基础设施。伴随着技术体系的完善，大数据技术开始向降低成本、增强安全的方向发展。

1) 大数据与云计算之间的关系越来越密切

当前，大数据正在向智能化方向发展，例如，让机器按照人的思维进行思考，并分析人的各类行为模式，同时进行预测，这些智能化功能的实现都需要云计算技术的支持。云计算属于一种新的计算方式，它以互联网为基础，将计算能力作为一种商品在整个互联网上流通，在终端用户方面能够实现完全开放，同时为各行各业提供计算服务。云计算具有成本低、速度快、效率高等特点，操作人员不需要掌握专业技术就可以灵活使用，能够满足不同客户的实际需要，灵活性强。云计算的功能和特性能够满足当前大数据在存储和传输方面的需要，同时也可以作为大数据的最佳载体。云计算的应用能够使大数据的处理能力和存储空间得到明显提高，满足复杂大数据的计算需要，还能够使以往数据存储方面的问题和不足得到有效改善。

2) 可视化促进大数据发展平民化

以大数据挖掘技术为基础的大数据可视化技术，能够使数据信息形象化，可以使深层次的关键信息更为直观地呈现给用户。大数据可视化技术还能够从存储空间中提取各类关键信息，利用图形和图像等方式实现对信息的直观表达，提高人们对大数据下隐藏信息的理解能力，实现对隐藏信息的深层次挖掘，节约数据检索时间，提升数据信息处理水平。

3) 专注于图结构的图分析技术成为大数据分析技术的新方向

图分析是专门针对图结构数据进行关联关系挖掘分析的一类分析技术，在分析技术应用中占据的比重不断上升。与图分析相关的多项技术均成为热点的产品方向，其中以图数据库、图计算引擎和知识图谱三项技术为主。通过组合使用图数据库、图计算引擎和知识图谱，使用者可以对图结构中实体点间存在的未知关系进行探索和发掘，充分获取其中蕴含的依赖图结构的关联关系。

大数据的发展在很大程度上改变了人们的生产和生活，大数据的应用能够促进我国计算机技术的进步，并带动各个行业的经济发展。作为生产要素，数据在国民经济运行中变得越来越重要，数据对经济发展、社会生活和国家治理产生着根本性、全局性、革命性的影响。

【小测试】

1. 最早提出"大数据"时代已经到来的机构是(　　)。
   A. IBM　　　　　　B. 中兴新云　　　　C. 麦肯锡　　　　D. 联想集团
2. 以下不是大数据整体架构的是(　　)。
   A. 数据准备　　　　B. 数据存储　　　　C. 数据检索　　　D. 数据分析
3. 大数据的特征有(　　)。(多选题)
   A. volume　　　　B. velocity　　　　C. variety　　　　D. value　　　　E. veracity
4. 大数据的类别有(　　)。(多选题)
   A. 结构化数据　　　B. 非结构化数据　　C. 半结构化数据　　D. 类结构化数据
5. 相较于记录了生产、业务、交易和客户信息等的结构化数据，非结构化的信息涵盖了更为广泛的内容。(　　)(判断题)

【情境小结】

在本情境中，我们了解了大数据的起源；学习了大数据相关的基础理论知识，包括大数据的特征、大数据的架构、大数据的分类及大数据的主要应用领域；了解了大数据的发展趋势。随着数字经济时代的到来，数据作为五大生产要素之一，正与行业应用深度结合，成为推动产业、企业数字化转型升级的重要力量。2021年11月30日，工业和信息化部印发的《"十四五"大数据产业发展规划》指出，大数据产业是以数据生成、采集、存储、加工、分析、服务为主的战略性新兴产业，是激活数据要素潜能的关键支撑，是加快经济社会发展质量变革、效率变革、动力变革的重要引擎。那么，大数据在产业中到底是怎么应用的呢？在下一情境中，我们将通过大数据应用案例，更深入地了解大数据产业应用的相关内容。

【参考答案】：1. C；2. C；3. ABCDE；4. ABC；5. √

情境2　大数据应用案例分析

【情境导读】

大数据对社会的发展和人们的生产生活都带来了巨大影响。自"十三五"规划以来，我国大数据蓬勃发展，融合应用不断深化，数字经济量质齐升，对经济社会的创新驱动、融合带动作用显著增强。工业和信息化部运行监测协调局发布的数据显示，2019年我国以云计算、大数据技术为基础的平台类运营技术服务收入2.2万亿元，其中，典型的云服务和大数据服务收入达3284亿元，提供服务的企业达2977家，大数据产业的发展日益壮大。

本情境将结合最新趋势对当下大数据产业的范围和内涵进行界定。针对企业财务管理方面，大数据给企业财务管理带来机遇的同时也带来了巨大的挑战，本情境将深入分析大数据在企业管理和财务管理中的作用和价值，并分享多个类型的大数据应用场景案例。

【知识精讲】

1. 大数据在企业管理和财务管理中的作用和价值

谈及大数据价值，首先要明确大数据的用户，有针对企业数据市场的，有针对终端消费者的，还有针对政府公共服务的；其次要清楚大数据核心价值的表现形式、价值的体现过程，以及最后呈现的结果。

通常，商业的发展依赖大量的数据分析来做决策，因此，对于企业用户，其更关心的是决策需求，其实早在BI(business intelligence，商业智能)时代这就被推上了日程，经过十余年的探索，如今已形成了数据管理、数据可视化等细分领域，来加强对决策者的影响，达到决策支持的效果。对于企业营销需求，从本质上来说，主要聚焦在针对消费者市场的精准营销。对于消费者用户，他们对大数据的需求首先主要体现在信息能按需搜索，并能提供友好、可信的信息推荐，其次是提供高阶服务，如智能信息的提供、用户体验更快捷等。

另外，大数据也不断被应用到政府日常管理和便民服务中，并成为推动政府政务公开、完善服务、依法行政的重要力量。从户籍制度改革，到不动产登记制度改革，再到征信体系建设等都对数据库建设提出了更高的目标要求，而此时的数据库更是以大数据为基础，可见，大数据已成为政府改革和转型的技术支撑杠杆。

数据除了第一次被使用时提供的价值，那些积累下来的剩余数据也有着无穷无尽的价值，关于这一点，人们已经有了越来越多的认识。事实上，大数据已经开始并将继续影响我们的生活，接下来让我们共同探索大数据的核心价值吧！当然这需要借助一些具体的应用模式和场景才能得到集中体现。

1) 大数据在企业经营管理中的价值

(1) 提高财务数据处理效率：财务管理对于企业发展至关重要，大数据时代，通过网络和数据处理系统，能够获取海量的数据并快速处理多项数据，创新财务管理模式，将财务管理方式由直线不断拓展为横向，并实现交叉管理，提高了财务管理工作的效率和准确性。

(2) 有利于规避企业财务风险：大数据时代，企业可以通过数据的收集与整理，分析市场未来的发展趋向与形势，对企业的发展战略和方向做出适时的调整。传统企业财务管理更多趋向于企业财务核算与日常的收支账目管理，而大数据时代，这些都可以通过数据收集和数据系统的应用来完成，大大减少了财务管理的工作量。此外，随着大数据时代的发展，企业收集的数据能够为管理者提供有效的决策依据，为企业发展规避财务风险。

(3) 改善企业全面预算管理：大数据背景下，利用现代技术进行企业全面预算管理可以提升企业经济效益，为企业发展奠定坚实的基础。同时，利用大数据技术能够分析未来的市场形势，对于预算制定的科学性和准确性具有积极影响，有助于企业制定更加符合企业实际发展情况的预算，改善预算管理效果，实现企业生产经营的目标。

2) 大数据在财务管理中的典型应用场景

随着大数据时代的到来，各行业都与大数据产生了紧密的联系，行业核心业务也主要以大数据的形式体现，尤其是在财务管理工作领域，有效地利用大数据可以将财务人员从繁重的数据统计工作中解脱出来，从而更好地实现财务相关工作的处理和服务。通过大数据分析将传统数据库中零碎的财务信息综合地呈现在财务人员面前，可以更好地精确落实财务数据，促进财务工作的高效进行。下面以申洲集团大数据应用方案为例来介绍通过大数据对财务管理部分业务进行分析的相关场景。

(1) 端到端的供应链可视化。

在生产线产能相对固定的现状下，如何挖掘公司更大的生产调度潜能是公司在计划管理上需要突破的重点。因此，结合企业实际经营情况，首先呈现生产、订单、客户、收入、成本、人员情况等数据，直观了解公司整体经营情况，如图1-1-2-1所示。

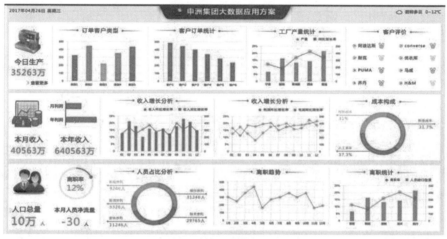

图 1-1-2-1

其次呈现合约总览，直观了解公司所有合约进度及制衣各环节预警情况等，如图 1-1-2-2 所示。

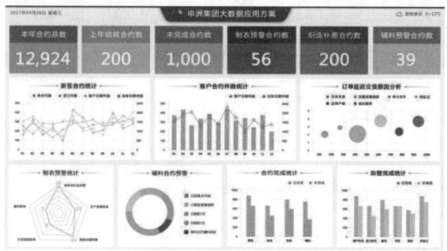

图 1-1-2-2

最后进行订单延迟交货原因分析，如图 1-1-2-3 所示。深入分析订单延迟交货原因，及时找到应对策略，提升客户满意度。

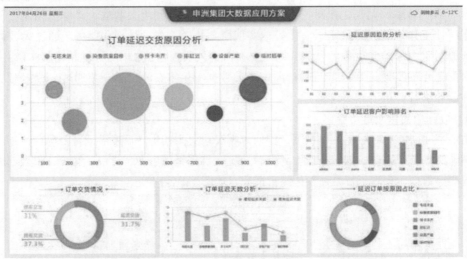

图 1-1-2-3

(2) 某集团数字决议厅实现对外展示和信息共享(如图 1-1-2-4 所示)。

图 1-1-2-4

2. 业务应用场景解读

当下，在数智化转型的浪潮下，企业在财务管理数智化建设方面缺乏整体观、数据观和价值观。从战略角度和结果导向来看，与要求有一定的差距，需要企业运用新思维和新技术进行分析、规划和实现。接下来我们以石化行业的企业为例进行分析。

1) 企业面临的问题

(1) 向管理会计转型缺少信息支撑手段。财务共享后，会计核算人员减少 63%，大量财务人员面临转型；核算是对经济活动的事后反映，财务对事前预测、事中跟踪、事后分析的支撑有限，财务价值创造作用未发挥。

(2) 企业发展不适应时代变化。传统的成品油销售行业面临着流程冗余、决策迟缓、资源配置浪费等问题，不能适应互联网大数据时代的快速发展。

(3) 信息成本高、数据利用率低。信息维护成本高，21 套信息系统年投入维护费用近千万元，"信息孤岛"依然存在，每日近 300 万条的交易数据基本处于沉淀状态，数据利用率不足 30%。

(4) 报表数量多、质量不高。除财务报告规定的报表，调运、营销、加管、非油和财务 5 个专业线共有内部统计分析报表 341 张，存在大量重复统计工作。

(5) 基础数据治理难度高。数据口径不够规范，不同部门管理的数据标准不一致；数据取数来源多样，内容可信度不高，报表数据无法灵活延伸拓展。

(6) 系统自动化程度低。业务需求变化，原有系统无法实现灵活的查询与分析，输出固化、灵活性差。跨系统的复杂的决策报表的编制、分析和数据采集主要依靠人工，数据统计时间长。

2) 基于大数据解决问题的过程和方法

XBRL(extensible business reporting language，可扩展商业报告语言)数据标准化技术为每项数据都贴上了"二维码"标签，能将数据转换为业务和财务人员可直接读懂的语言，有效解决了传统商务智能数据面向IT人员的问题；XBRL的跨平台优势打破了特定软件产品对企业信息的禁锢，可以更加有效地管理数据资产，降低了企业信息化建设成本；XBRL的颗粒化特点，能够实现多层标记、层层穿透，精准、快速地挖掘数据背后的故事，从而实现用户驱动的实时数据分析。基于大数据解决问题的过程如图 1-1-2-5 所示。

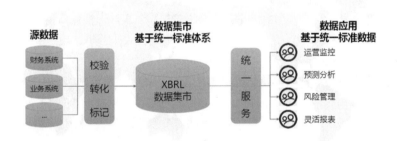

图 1-1-2-5

3) 具体业务痛点及大数据应用场景分析

下面我们以石化行业为例，从不同维度进行具体分析。

(1) 类型一：找准出血点，精准监控风险。

在加油站的经营过程中，加油卡套现、油品保管损溢偏差较大等问题，一直是困扰企业发展的效益"出血点"。通过梳理加油卡、单罐损耗和加油枪泵码三大类23种风险，精确定位风险源头，点对点实时精确稽查。风险监控功能上线后，加油卡风险异常环比下降 39.6%，单罐损耗异常环比下降 12.5%，加油枪泵码异常环比下降 25%，年预计可降低成本费用 2300 万元。

案例 1：按日监控异常卡消费，严管卡套现，完善卡风险防控措施

武汉分公司通过大数据平台对某加油站 IC 卡消费频次监控模块进行分析发现，某日 9：08—

11：29 在武汉高新二路加油站(全自助加油站)，卡号为 9130060000817 的单位卡在该加油站连续消费 17 笔汽油。在不到 3 个小时的时间里连续消费了 17 笔汽油，这与常理极为不符，疑似存在 IC 卡套现行为。客户利用加油卡套现，存在很多风险，不仅侵害了公司权益，损害了加油站公众形象，扰乱了加油站正常经营秩序，同时还会给公司带来虚开发票的风险。对此，武汉分公司进行了现场核实，了解到该卡为松冷(武汉)科技有限公司名下司机卡，由该公司领导持有，该公司员工吴威经授意在高新二路加油站采用为其他现金客户刷 IC 卡加油的方式进行套现。高新二路加油站为全自助加油站，加油站员工未参与套现行为，且该单位未套取增值税专用发票。为了防止类似的事情再次发生，应将禁止客户利用加油卡套现纳入加油站现场管理规定，明确当班人员责任追究办法；还应将相关涉事单位列入增值税专用发票开具单位黑名单。

案例 2：按日监控单罐异常损耗，排除漏油风险，规范油机停(启)用管理

江汉分公司通过大数据平台对某加油站单罐损耗监控模块进行分析发现，某日武荆南站4#油罐损耗异常，93#汽油异常亏损107升。通过大数据平台核实销量、回罐及对应加油设备的情况，确认该罐的6#枪已临时停用，疑似出现漏油。对此，江汉分公司进行了现场核实，并立即指导油站进行排查，发现6#枪加油机底部的填沙被液体浸湿，且止回阀未关闭，管线连接处有油品渗漏。加油站立即做了处理：关闭了加油机和潜泵电源，设置警戒线，将6#机底部油沙清理，确认止回阀处于关闭状态，提枪检查管线连接处不再渗漏后重新填沙。为了防止类似的事情再次发生，应该完善管理制度，设立停(启)用枪审批流程，并建立停(启)用枪电子账，规范停(启)用枪管理。另外，还应明确短期停(启)用枪的注意事项：潜泵加油机关闭止回阀，油枪打铅封。关于加油机启用，应先审批报备，后拆封排空。

(2) 类型二：找准痛点，精准组织营销。

利用大数据平台，分析交易数据，掌握客户消费规律，设计个性化模型，构建更精准、可衡量、高回报的营销模式。XBRL大数据平台从多个维度进行关联分析，使业务部门能快速定位问题，及时采取措施，实现有质量、有效益的销售。

案例 3：关注客户购油动态，精确定位流失客户，协助批发客户二次开发

江汉分公司通过大数据平台对某加油站客户活跃度进行分析发现，有 36 家柴油客户 6 个月以上未发生采购业务，客户服务中心和客户经理对 36 家客户的名单进行了梳理、研究，充分掌握了客户目前的经营状况、采购渠道及未采购原因等信息，通过实地走访，成功挽回部分流失客户。实际的应用效果如下：江汉分公司成功开发潜江市辉浩加油站、天门市理想加油站，4 月销售 27 吨柴油；孝感分公司成功开发云梦县金煌陶瓷有限公司，4 月销售 5 吨柴油；襄阳分公司成功开发唐河鑫源燃料有限公司，4 月销售 25 吨柴油；荆州分公司成功开发安乡县下渔口迎宾加油站，4 月销售 9 吨柴油。通过关注客户购油动态，精确定位流失的客户，从而采取相应的措施，成功挽回部分流失客户。

案例 4：多维度关联分析，精准优化商品结构，促进非油提质增效

随着非油销售规模的增长，非油商品库存成本也越来越高，商品结构的调整优化成为非油创效的关键点。分公司通过大数据平台对某加油站存货、毛利、销售贡献等进行多维度分析发现，一季度淘汰贡献率低、库存周转慢的滞销商品45种，引进毛利高、库存周转快的新品236种，商品库存较年初下降2206万元。对此，分公司采取了相应的措施，满足如下条件中任意两条的非油单品，建议做单品优化处理：①收入占比不足(小于或等于)所在大类非油收入的3%；

②毛利占比不足(小于或等于)所在大类非油毛利的3%；③存货周转天数超过3个月(含3个月)。通过多维度关联分析，明确商品结构，从而采取相应的措施，促进了非油提质增效。

(3) 类型三：找准增长点，精准支持决策。

大数据平台集成多维度、立体化的数据资源，通过分析数据，掌握规律，建立预测和决策模型，为经营决策提供数据支撑，推进决策过程由经验主导向数据主导转变。

案例5：科学预测单站规模，合理配置资源，激发加油站内生动力

分公司通过大数据平台对某加油站单站五年历史销量进行分析，采用时间序列法、聚类增长法、可研达销法设计预测模型，综合考虑加油站停业维修、天气变化、道路改造等客观因素，建立自下而上的单站预算自动推导体系(解析历史—自动推导—合理调整—预算确认)。对销售长期徘徊不前、看似无潜力可挖的加油站，以站前车流量、进站率、柴汽比等因素进行科学聚类，结合聚类进行历史数据解析和修正，并考虑实际投运年限、聚类特征、可研销量等因素，再根据加油站实际运营情况找出差距，从而建立合理的、可追溯的调整机制，进而激发加油站内生动力。

案例6：科学分析低效站销售特点，制定合理的低效站治理方案

黄冈分公司通过大数据平台对某加油站营业时段、业务量、提枪次数等进行关联分析，对于部分偏远省道、乡镇站，若夜间提枪次数达到整日提枪次数的25%，或者夜间提枪次数达到90次，则实行值班留守；若夜间22点到早上6点提枪次数少于10次，则实行间歇营业。通过该方案对低效站进行治理，取得的效果如下：①员工精神状态饱满，日均销量增加0.7吨，同比提高19%；②设备设施得到充分利用，电费每月降低35元，同比降低4%；③用工减少1人，年工资总额下降2万元；④人均月零售量提高7.7吨，同比提高43%；⑤人均月薪酬提高132元，同比提高5.6%；⑥员工月工作时间减少5小时，同比降低1.8%。在找准低效站的销售特点后，制定相对应的治理方案，从而达到人均劳效和资产创效双提升。

【小测试】

1. 下列选项中，不属于大数据分析中企业面临的问题的是(   )。
   A. 信息成本高、数据利用率低　　B. 报表数量多、质量不高
   C. 基础数据治理难度高　　　　　D. 企业发展能够适应时代变化
2. 下列选项中，不属于大数据在财务管理中的作用的是(   )。
   A. 容易出现错误的财务数据信息　B. 有利于规避企业财务风险
   C. 提高财务数据处理效率　　　　D. 改善企业全面预算管理
3. 大数据的案例分析分别从(   )方面进行了举例说明。(多选题)
   A. 找准增长点，精准支持决策　　B. 找准痛点，精准组织营销
   C. 找准出血点，精准监控风险　　D. 以上都不是
4. 大数据分析中企业面临的问题有(   )。(多选题)
   A. 报表数量多、质量不高　　　　B. 向管理会计转型缺少信息支撑手段
   C. 系统自动化程度低　　　　　　D. 信息成本高、数据利用率低
5. 利用大数据技术能够分析未来的市场形势，对于预算制定的科学性和准确性具有积极影响，有助于企业制定出更加符合企业实际发展情况的预算，改善预算管理效果，实现企业生产经营的目标。(   )(判断题)

【情境小结】

在本情境中，我们了解了大数据在企业管理和财务管理中的作用与价值；知道了大数据分析中企业所面临的问题，以及解决问题的过程和方法；并通过三类 6 个企业案例对大数据的应用有了深入的了解。通过学习我们已经意识到大数据无所不在，并且正越来越广泛地被应用到金融、互联网、科学、电商、工业，以及生活的方方面面中，获取的渠道也越来越便利。那么，又有一个新的问题摆在了我们面前——数据可视化呈现，其是大数据价值释放、助力大数据价值应用落地的重要手段。在下一情境中，我们将通过大数据可视化应用操作对大数据进行更深入的学习。

【参考答案】：1. D；2. A；3. ABC；4. ABCD；5. √

项目 2　大数据分析与可视化初体验

情境 3　用友分析云平台应用介绍

【情境导读】

数字信息化时代，企业需要处理的信息和数据呈现爆炸式增长，数据量从以前的 MB、GB 级，到现在的 TB、PB 级，数据处理技术也悄然地发生着变化，数据已成为企业现在及将来的核心战略资产，大数据采集、存储、数据自主化分析、云计算等，为企业数字化转型提供了技术手段。用友分析云基于最新的大数据技术 Kudu，在不牺牲数据可靠性的前提下，可以大大降低分析系统的复杂性。作为全新的大数据平台，Kudu 结合了 OLTP 和 OLAP 系统的优点，在单一系统上同时提供了高性能的数据查询分析功能和数据更新功能。用友分析云的架构可以分为数据采集层、数据持久化层、数据处理层、数据挖掘层、数据应用层，以及系统运维层。目前分析云可以支持主流的公有云、资源池化后的私有云，以及物理服务器。接下来让我们了解用友分析云的核心服务功能吧！

【知识精讲】

分析云可以在客户期望的价格点上提供实时数据分析功能，而且无须理解开源产品复杂的架构或绑定特定厂商专有的昂贵软硬件设备。

1. 分析云技术架构

1) 分析云的技术方案简介

经 10 年以上的技术积累，用友拥有了强大的底层技术和基础架构，支撑了几百万家企业的信息化发展。随着大数据云计算技术的发展，以及用友客户业务的高速增长，用友数据分析产品线也经历着创新和变革。

用友在 2016 年已经将底层数据处理技术全部应用于分布式计算系统中，真正实现了分布式调度模式。从 2017 年开始，用友全面转向云战略，在基础架构技术方面加大了人、财、物的全方位投入，以分析云为例，做好一个真正高性能高可靠性的分析系统，在底层基础技术上，至少需要具备以下功能。

(1) 海量数据存储和计算。在如今这个信息爆炸的时代，数据类型不再局限于结构化数据，半结构化、非结构化数据的规模不断增长，除了企业内部数据，企业外部数据也需要被关注和处理。大部分企业的数据已经在 TB 级以上，如此大规模的数据处理对底层存储和计算系统的可扩展性架构设计要求非常高，不仅需要满足当前企业的数据处理需求，还需要应对未来 5~10 年内的数据扩展需要。

(2) 数据可视化。数据可视化是数据资产真正转变为价值的关键所在，大数据分析系统不仅要完成对数据的展示，还要识别数据的特性，为用户智能推荐相关图表，而且要将不同的可视化图表按业务进行汇总，提供决策建议。另外，还应该支持同比、环比等高级计算功能，识别可能出现的业务异常数据，通过短信、邮件、微信等方式向用户发送预警信息。

(3) 文本挖掘、自然语言处理和机器学习等。为了充分挖掘数据内在特性，达到快、全、新、准的效果，单靠算法本身的堆叠罗列是不够的，必须深刻理解企业业务的本质特性，并建立不断迭代的机器学习系统。

2) 分析云整体系统架构

用友分析云的架构可以分为数据采集层、数据持久化层、数据处理层、数据挖掘层、数据应用层，以及系统运维层，如图 1-2-3-1 所示。目前分析云可以支持主流的公有云、资源池化后的私有云，以及物理服务器，分析云针对较新的硬件设备进行了优化，因此要求 CPU(或虚拟化层)必须支持 SSSE3 和 SSE4.2 指令集。

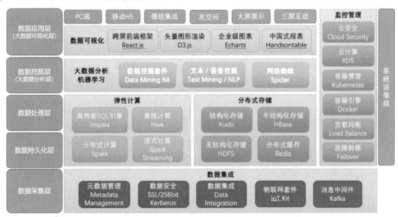

图 1-2-3-1

(1) 数据采集层。数据采集层既包括传统的 ETL(extract transform load)离线采集，也包括基于消息机制的实时采集，以及物联网等。数据采集主要用于采集各类系统中发生的业务事件和数据，包括各类数据库中存储的信息、文本、音频、视频数据，以及物联网中的物理量、标识等。

(2) 数据持久化层。数据持久化层中主要保存着数据源中同步的数据、填报的数据和数据模型的执行结果。分析云是基于用友大数据平台的分布式存储技术，以及集群的高可靠性和高可用性来构建的，支持数据的冗余存储备份(默认3份)，因此单节点失效不会影响数据的安全性和可用性。分布式计算和分布式存储带来了高扩展性，平滑的弹性伸缩可以让客户在业务初期分配较少的资源，当业务增长后再分配更多的资源以满足业务需要，而无须对架构进行调整。其中执行库中 Kudu 组件存储着结构化分析数据，HDFS 则负责保存归档数据和非结构化数据，而 HBase 则保存着 JSON 等半结构化数据，以及图片等零星文件。

(3) 数据处理层。数据处理层被设计为一个高性能、高可伸缩性、低延迟的计算系统，它可以根据数据量和业务量自由地增加或减少计算资源。例如，在系统上线初期，数据量不大时，可以部署较少的服务器节点来节约硬件投资；当业务量有一定规模后再通过增加计算服务器节点来提升系统的整体性能，以保护用户现有的硬件投资。这样的设计方式，可以使系统始终适配业务的规模，既不会在系统上线初期有大量硬件资源闲置，也不需要在后期性能不足时整体更换硬件。

(4) 数据挖掘层。数据挖掘层为上层可视化层提供了模型算法的组件支撑，如分类、聚类、回归、时间序列等通用数据挖掘算法接口，实现了与业务之间的解耦，未来底层的算法架构变化不会影响上层业务的稳定性。

(5) 数据应用层。数据应用层基于 React 实现了前后端分离的架构设计，前端负责 View 和 Controller 层，而后端只负责 Model 层的业务处理/数据等。这种设计方式可以大大降低前后端逻辑的耦合性和开发复杂度，提高软件的稳定性。

(6) 系统运维层。系统运维层可以实时监控系统状态，当检测到异常或故障时，自动触发相应的预案或修复策略，包括云安全、云计算、容器管理等功能模块。

3) 主要技术特性

分析云与同类产品技术特性对比，如图 1-2-3-2 所示。

	分析云	同类产品
主流图表分析	支持	支持
预制分析模型	支持	不支持
预警分析	支持	不支持
拖曳式自助分析	支持	部分支持
主流关系数据库	支持	支持
大数据弹性计算引擎	支持	不支持
海量分布式存储	支持	不支持
数据挖掘套件	支持	不支持
高可用性 HA 架构	支持	部分支持
数据冗余保障	支持	不支持
高强度数据传输加密	支持	部分支持
用友 NC 集成	支持	不支持
内置 ETL 工具	支持	不支持
智能报告	支持	不支持
移动分析	支持	部分支持
微信集成	支持	不支持
用友空间集成	支持	不支持
第三方自定义开发	支持	部分支持

图 1-2-3-2

2. 分析云关键技术

1) 数据处理层的弹性计算

目前，用友分析云的大数据计算引擎可以分为即席查询、离线计算、分布式计算和流式计算四个平台，其均可以根据业务量和数据量的多寡进行动态调整。用友分析云自身便构筑于这四个平台之上，经过多年的业务应用锤炼和技术演进，形成了统一的大数据弹性计算框架。

(1) 即席查询平台。

分析系统需要对海量数据进行秒级的实时查询和计算，Impala 是用于处理存储在 Hadoop 集群中大量数据的 MPP(massively parallel processing，大规模并行处理)SQL 查询引擎。与其他同类引擎相比，它具有高性能和低延迟的特性。换句话说，Impala 是性能最高的即席查询引擎，它提供了访问存储在 Hadoop 中的数据的最快方法，用友分析云的前端查询展示就完全基于即席查询平台。

(2) 离线计算平台。

离线计算平台采用 Hive 组件，其支持的最大集群机器数超过 6 万台，可以实现超大规模的批量计算；其对单个节点的 CPU 利用率接近 90%，可以实现对单机计算能力的充分利用。强大的批量计算能力助力用友分析云有最强的离线计算引擎。

(3) 分布式计算平台。

Spark 是当前业界公认发展最快的分布式计算平台，具有功能全面、易用、性能高效等多项优点，具备独立构建大数据分析栈的能力，是比较有潜力的计算平台之一。用友分析云内置的 Spark 平台处于全球领先地位，其强大的计算能力、开放自由的生态，惠及具有大数据分析需求的各行各业。

(4) 流式计算平台。

Spark Streaming 可以实现高吞吐量的、具备容错机制的实时流数据的处理，并支持从多种不同类型的数据源获取数据。从数据源获取数据后，可以使用高级函数进行复杂算法的处理，还可以将处理结果存储到分布式存储系统，以便其他分析云组件对数据进一步加工。

2) 数据持久化层的分布式存储

传统的关系型数据库 RDBMS 一般基于行式，适合小批量的数据随机读写，对于事务和数据一致性支持良好，但对于大量数据的查询则性能较差，其比较适合作为业务系统的数据存储方案。传统分析系统一般基于列式，对于大批量的数据扫描和查询性能较好，但对于数据的插入和更新则表现较差。

基于中国企业的实际情况，很多时候单据在归档后仍然需要调整，因此，要求系统既能支持大批量的数据查询，也能支持小批量的数据更新。用友分析云采用了最新的大数据技术 Kudu 来实现数据的实时分析，在两种场景下都有着卓越的性能表现，完美地解决了中国企业的大数据分析需求，如图 1-2-3-3 所示。

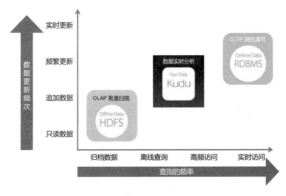

图 1-2-3-3

分析云底层处理技术 Kudu 与 MySQL 和 HDFS 上的性能对比(注：在 Intel E5 2697 v3 Haswell x2, 565.4GB RAM, Intel SSD P3700 的基准硬件上测试 10 次取均值获得)，如图 1-2-3-4 和图 1-2-3-5 所示。

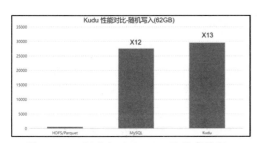

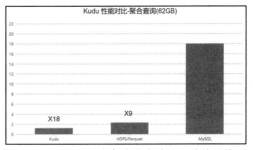

图 1-2-3-4 (纵坐标为 IOPS，值越高越好)　　图 1-2-3-5 (纵坐标为查询响应时间，值越低越好)

分析云支持大数据平台或 Oracle 数据库来提升持久化存储功能，在单表数据量大于 1000 万的分析场景下，建议选用大数据平台来获得更好的性能表现。

3) 数据挖掘层的机器学习

如果把海量的数据比作大数据时代的燃料，机器学习就是这个时代的发动机。传统的数据分析方法能够在某些具体维度或指标上解决难题，帮助数据拥有者做出决策。机器学习能够使我们不必了解每一行数据，通过目标制定和模型训练，直接完成智能应用的搭建，让数据来帮助我们做决策。这种能力随着数据量的逐渐增多显得更加珍贵。

多年以来，用友为了适应日益复杂的应用场景需求，积累了数十种经典的机器学习算法。这些算法中除了应用广泛的回归、聚类，还包括业界最流行的深度神经网络，该算法是用友大数据分析中数据挖掘套件的重要组成部分。机器学习有很高的应用门槛，市场上大部分应用不是标准化的产品，为了让用户快速接入并上线部署，用友将机器学习的典型过程抽象化，将机器学习的复杂性隐藏在幕后，使用户不用写一行代码，即可完成数据挖掘的分析过程，从而降低接入门槛，让更多的大数据智能应用实现快速上线及迭代。

对用户行为数据进行分析，挖掘客户潜在价值；对未来市场需求趋势或产品销量进行预测；从纷繁复杂的数据中找出影响企业绩效的关键因素。这些都是企业数据化运营必不可少的一部分。企业希望挖掘数据的潜在价值，希望机器学习能降低门槛，让最新的技术在企业经营中能真正产生价值。分析云则是一款为所有分析人员设计的产品，其提供了模型参数自适应和算法择优的自动化机器学习模块，让更多人感受到机器学习的魅力。用户无须再关心模型算法的实现细节，而只需专注于业务本身，如图 1-2-3-6 所示。

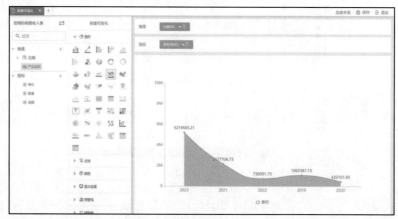

图 1-2-3-6

4) 数据应用层的数据可视化

数据应用层是用户可以感知的部分，设计的优劣直接影响系统的使用体验。

数据应用层的性能是一个关键指标，用户能忍受的极限等待时间一般是 5 秒，而流畅的操作体验要求系统反馈时间小于 3 秒。分析云前端基于高性能的 React.js，它引入了虚拟 DOM 的概念，在内存中完成页面的渲染，并只更新变化的部分，减少了客户端页面的加载等待和白屏时间，特别适用于数据频繁刷新的场合。

因为客户可能使用各类不同的设备来访问系统，所以数据应用层跨浏览器兼容就变得非常重要,需能自动适配不同的访问终端和分辨率。分析云采用响应式布局和标准化的统一页面渲染,可以自适应计算机、iPad 等,支持主流的 IE、Firefox、Chrome 浏览器,甚至可以应用在早期的 IE9 中。

分析云的数据应用层为 JavaScript、ASP.NET、JSP 等语言预留了扩展接口,可实现新的前端展示功能,如图 1-2-3-7 所示。数据应用层中的代码更加模块化,所有的元素都是组件,重用代码更容易,可维护性更高。对于项目的快速交付,无须开发人员介入,只需前端人员介入即可,从而减少了人员投入,节约了交付成本。

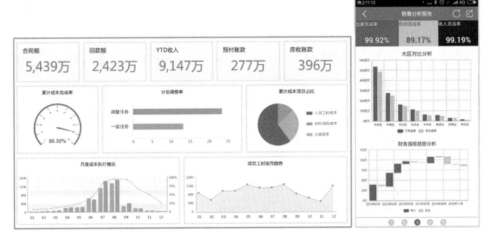

图 1-2-3-7

5) 系统运维层的监控安全

从系统架构图上可以看出,分析云对 Tomcat 应用集群实现了 Docker 封装部署,降低了集群环境下的安装部署难度,减少了对硬件资源的消耗,这种运行时隔离的方式也消除了运行环境对应用稳定性的影响。

3. 分析云持续融合新技术

1) 人工智能

人工智能与大数据的关系非常紧密,当前主流的深度学习、神经网络等都需要大量的数据进行模型训练,而这些训练数据的处理则要求具备海量的存储和计算能力,这正是大数据最擅长的领域。大数据分为结构化数据与非结构化数据,结构化数据是指企业的客户信息、经营数据、销售数据、库存数据等,表现为二维形式的数据;非结构化数据包括文本文件、图像、音频、视频等数据。对非结构化数据的分析并不简单,文本挖掘需要自然语言处理(natural language processing,NLP)技术,图像与视频解析需要图像解析技术,同时语音识别技术也不可或缺,这些都是人工智能领域所研究的技术。

未来我们将人工智能与大数据分析相结合,融入分析云产品中。分析云可以利用深度学习中的卷积神经网络(convolutional neural network,CNN)来进行图像处理;利用循环神经网络(recurrent neural network,RNN)来预测、分析文本数据。例如,自动识别导入分析云中的财务原始单据扫描件、自动感知导入分析云中的销售库存数据并给出一些管理建议等,未来分析云将带给我们无限可能。

2) 混合现实技术

混合现实(mixed reality，MR)技术指的是合并现实和虚拟世界而产生的新的可视化环境。MR 是一组技术组合，不仅提供新的观看方法，还提供新的输入方法，而且所有方法相互结合，从而推动创新。MR 技术是虚拟现实技术的进一步发展，该技术通过在现实场景中呈现虚拟场景信息，在现实世界、虚拟世界和用户之间搭起一个交互反馈的信息回路，以增强用户体验的真实感。

分析云可以结合 MR 技术来增强用户的交互体验，未来人们不再需要面对着冷冰冰的计算机屏幕。在智能工厂里，分析云会将管道的温度、压力通过物联网采集分析后传递到巡检工人的头戴式 MR 设备，数据将直接悬浮显示在对应的管道上，设备状态一目了然。若数据超过阈值触发了警报，MR 设备还会将维修的操作步骤指引显示给巡检人员参考。另外，在医疗、交通等领域，拥有 MR 技术加持的分析云将大有可为。

3) 区块链

区块链是一种分布式的交易和存储系统，包含了分布式数据存储、点对点传输、共识机制、加密算法等新技术，它可以大大提高数据分析的透明度。对于数据分析来说，得出准确分析决策的前提条件就是数据来源必须准确无误，是绝对可信赖的。

与以前的传统算法不同，区块链的设计可以拒绝任何无法验证的输入，并被认为是可疑的。因此，未来分析云接入区块链后，所有的数据来源都可以利用区块链进行校验，确保数据可信赖且无法篡改。例如，零售行业的分析师只希望处理那些完全可信的销售记录，而去掉那些虚假或被夸大的销售记录。区块链可以确保所有的销售订单都真实可信且经多方校验过，因此，我们可以处理比今天更加透明的数据。换句话说，未来数据分析师们利用分析云识别的客户行为模式可能比今天更真实准确。

【小测试】

1. (　　)的功能是显示管理 SPSS 统计分析结果、报表及图形。
   A. 数据编辑窗口　　B. 结果输出窗口　　C. 数据视图　　D. 变量视图
2. 频数分析中常用的统计图包括(　　)。
   A. 直方图　　B. 柱形图　　C. 饼图　　D. 树形图
3. 简单散点图是表示(　　)变量间统计关系的散点图。
   A. 一对　　B. 两对　　C. 三对　　D. 多对
4. SPSS 中实现基本统计分析，往往采用(　　)方式。(多选题)
   A. 数值计算　　B. 图形绘制　　C. 计算均值　　D. 频数分析
5. 定义数据质量指标，需要满足(　　)特性。(多选题)
   A. 可度量性　　B. 业务相关性　　C. 可控性　　D. 可视化
6. 可视化高维展示技术在展示数据之间的关系及数据分析结果方面(　　)。(多选题)
   A. 能够直观反映成对数据之间的空间关系
   B. 能够直观反映多维数据之间的空间关系
   C. 能够静态演化事物的变化及变化的规律

D. 能够动态演化事物的变化及变化的规律
E. 提供高性能并行计算技术的强力支撑
7. 大数据的低耗能存储及高效率计算的要求,需要(　　)技术协同合作。(多选题)
   A. 分布式云存储技术　　　　　　B. 高性能并行计算技术
   C. 多源数据清洗及数据整合技术　　D. 分布式文件系统及分布式并行数据库
   E. 可视化高维度展示技术

【情境小结】

在本情境中,我们了解了企业数据分析应用的发展趋势及数据分析技术,在面对海量数据和日益复杂的企业大数据分析需求时,用友分析云可以提供高性能的数据查询分析功能和数据更新功能;学习了分析云技术架构及分析云持续融合新技术等,引入人工智能、混合现实、区块链等新技术,颠覆传统重型数据仓库,加速数据查询与分析,实现了数据和可视化的实时打通。

在下一情境中,我们将学习如何收集、过滤数据,并通过制作可视化图表从中得到有价值的信息,为企业发展服务。

【参考答案】:1. B; 2. C; 3. A; 4. AB; 5. ABC; 6. BD; 7. ABCD

情境4　大数据可视化应用操作体验

【情境导读】

在大数据可视化概念没出现之前,人们在生活中对数据可视化的应用就已经很广泛了,大到全国人口数据统计,小到班级学生成绩分析,都可通过可视化展现,探索其中的规律。如今,海量的信息可以用多种方法进行可视化,每种可视化方法都有不同的侧重点。

【知识精讲】

大数据可视化是关于数据视觉表现形式的科学技术研究。它是一个处于不断演变中的概念,其边界在不断地扩大,主要指的是技术上较为高级的技术方法,而这些技术方法允许利用图形、图像处理、计算机视觉及用户界面,通过表达、建模及对立体、表面、属性和动画的显示,对数据加以可视化解释。与立体建模等特殊技术方法相比,数据可视化所涵盖的技术方法要广泛得多。

数据可视化系统并不是为了展示用户已知的数据之间的规律,而是为了帮助用户通过认知数据,发现这些数据所反映的实质。

1. 大数据可视化发展阶段

大数据可视化的发展历程,可以追溯到 20 世纪 50 年代计算机图形学的早期。当时,人们利用计算机创建出了首批图形图表。

1) 科学可视化发展阶段

1987 年,由布鲁斯·麦考梅克、托马斯·德房蒂和玛克辛·布朗所编写的美国国家科学基金会报告 *Visualization in Scientific Computing*(意为"科学计算之中的可视化"),对于可视化技术领域产生了一定的促进和刺激作用。这份报告强调了基于计算机的可视化技术方法的必要性。随着计算机运算能力的迅速提升，人们建立了规模越来越大、复杂程度越来越高的数值模型，从而产生了形形色色的、体积庞大的数值型数据集。同时，人们不但利用医学扫描仪和显微镜等数据采集设备产生大型的数据集，而且利用可以保存文本、数值和多媒体信息的大型数据库来收集数据。因而，就需要高级的计算机图形学技术与方法来处理和可视化这些规模庞大的数据集。

"Visualization in Scientific Computing"（意为"科学计算之中的可视化"）后来被称为"Scientific Visualization"（即"科学可视化"），前者最初仅指科学计算机过程中的一部分，如计算机建模中显示的模型、机械模拟中的仿真环境等。

2) 信息可视化发展阶段

后来，可视化开始日益关注数据，包括那些来自商业、财务、行政管理、数字媒体等方面的大型异质性数据集合。20世纪90年代初期，"信息可视化"成为新的研究领域，旨在为许多应用领域中对于抽象的异质性数据集的分析工作提供支持。因此，21世纪人们正在逐渐接受这个同时涵盖科学可视化与信息可视化领域的新生术语"数据可视化"。

3) 数据可视化发展阶段

目前，可视化技术主要关注数据可视化。数据可视化是数据视觉表现形式的科学技术研究。数据视觉表现形式是一种以某种概要形式抽取出来的信息，包括相应信息单位的各种属性和变量。数据可视化可将经数据分析获得的数据潜在价值以条形图、饼图和词云图等形式展现。

2. 大数据可视化的基本概念

(1) 数据空间：由 n 维属性、m 个元素共同组成的数据集构成的多维信息空间。

(2) 数据开发：利用一定的工具及算法对数据进行定量推演和计算。

(3) 数据分析：通过对多维数据进行切片、块、旋转等操作来剖析数据，从而可以多角度、多侧面地观察数据。

(4) 数据可视化：将大型数据集中的数据通过图形图像方式表示，并利用数据分析和开发工具发现其中的未知信息。

数据可视化的方法有很多，根据其可视化的原理，可以将这些方法划分为基于几何的技术、面向像素技术、基于图标的技术、基于层次的技术、基于图像的技术和分布式技术等。

3. 大数据可视化分析的基本手段

数据可视化主要借助图形化手段，清晰有效地传达、沟通信息。但是，这并不意味着数据可视化就一定因为要实现其功能而令人感到枯燥乏味，或者为了看上去绚丽多彩而显得极端复杂。为了有效地传达思想观念，美学形式与功能需要齐头并进，通过直观地传达关键的信息与特征，实现对于相当稀疏而又复杂的数据集的深入洞察。然而，设计人员往往并不能很好地把握设计与功能之间的平衡，以致于创造出华而不实的数据可视化形式，无法达到其主要目的——传达与沟通信息。

数据可视化与信息图形、信息可视化、科学可视化，以及统计图形密切相关。当前，在研究、教学和开发领域，数据可视化仍是一个极为活跃且关键的方面。"数据可视化"这条术语实现了成熟的科学可视化领域与较年轻的信息可视化领域的统一。

【实战演练】

1. 任务背景

2019年10月8日,ATHXTL矿业科技有限公司的管理层计划召开公司月度经营分析会议,财务总监将在会上做经营分析报告。现要求财务分析师设计一个决策故事板,以便财务总监进行汇报。

决策故事板包括六个可视化看板,分别用于反映公司的资产状况、客户金额 TOP5、公司营业收入和公司净利润。

(1) 公司的资产状况:展示近三年的总资产变动趋势和资产负债率的变动趋势。

(2) 客户金额 TOP5:展示公司销售额较大的前五名客户的销售金额。

(3) 公司营业收入:展示 2015—2019 年的收入变动趋势,增加预警线(为=1800000000)和辅助线(为收入平均值)。

(4) 公司净利润:展示 2015—2019 年的净利润变动趋势。

2. 任务目标

完成如图 1-2-4-1 所示的故事板设计,图表颜色可以自行选择,使其明确、直观即可。

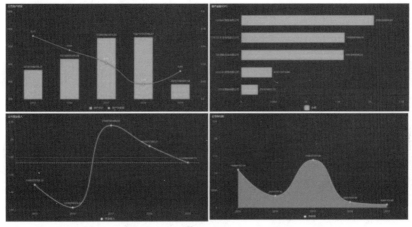

图 1-2-4-1

3. 任务实现

完成如图 1-2-4-1 所示的故事板设计,需要以下五个步骤。

步骤 1:确定数据源。从分析要求中可以确定,本次分析需要用到的数据表包括资产负债表、利润表和客户销售情况表。将这几张表上传至分析云。

步骤 2:数据关联。根据分析指标的取数范围,确定是否需要建立数据关联。若指标数据均来自资产负债表,则无须将资产负债表与其他表建立关联;若指标数据既取自资产负债表,也取自利润表,则需要将资产负债表和利润表进行关联。

步骤 3:可视化看板设计。根据分析需求创建可视化看板,设置辅助线与预警线。

步骤 4:故事板设计。在故事板中排列并美化可视化看板。

步骤 5:预览、导出、分享故事板。

4. 操作步骤

步骤 1：确定数据源

【任务要求】

将所用报表数据上传至分析云，所用报表包括资产负债表-AJHXJL、利润表-AJHXJL、客户销售情况表。

【操作指导】

(1) 数据表下载。

① 在 DBE 财务大数据的课程平台中，单击左侧的"资源下载"，执行"大数据初体验" | "分析云与大数据可视化分析"命令，可以看到要下载的数据表，如图 1-2-4-2 所示。

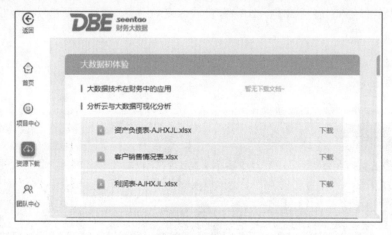

图 1-2-4-2

② 单击"下载"按钮，将数据表下载到本地，一般将其保存在 C:\Users\admin\Downloads 目录下，如图 1-2-4-3 所示。

图 1-2-4-3

(2) 数据上传。

① 单击"首页"图标，回到 DBE 财务大数据课程平台的首页，执行"大数据初体验" | "分析云与大数据可视化" | "数据上传与连接" | "任务 1：数据上传"命令，如图 1-2-4-4 所示。

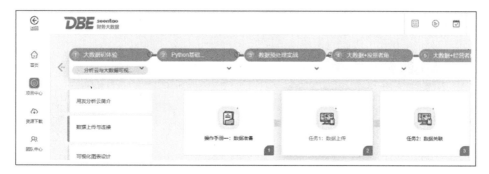

图 1-2-4-4

② 进入任务界面，单击"开始任务"按钮，如图 1-2-4-5 所示。

图 1-2-4-5

③ 系统自动跳转至分析云界面，如图 1-2-4-6 所示。

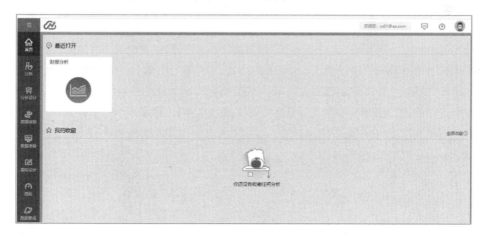

图 1-2-4-6

④ 单击界面左侧菜单栏的"数据准备"，再单击"上传"按钮，系统弹出"上传数据"对话框，如图 1-2-4-7 所示。

图 1-2-4-7

⑤ 单击"选择文件"文本框右侧的 ⬇ 按钮，打开要上传的文件所在的文件夹，如图 1-2-4-8 所示。

图 1-2-4-8

⑥ 选择之前下载的"资产负债表-AJHXJL.xlsx"文件，如图 1-2-4-9 所示。

⑦ 单击"下一步"按钮，选择文件夹"我的数据"，如图 1-2-4-10 所示。

⑧ 单击"确定"按钮，数据表上传成功，如图 1-2-4-11 所示。

图 1-2-4-9

图 1-2-4-10

图 1-2-4-11

按照同样的方法，上传利润表和客户销售情况表。

步骤 2：数据关联

【任务要求】

将利润表和资产负债表建立关联。

注：数据关联的概念和关联方式的解读在项目 3 有更详细的介绍，本项目先介绍具体的操作。

【操作指导】

① 单击界面左侧菜单栏中的"数据准备"，再单击"新建"按钮，系统弹出"创建数据集"对话框，选择"关联数据集"，将名称修改为"资产与利润关联表"，如图 1-2-4-12 所示。

图 1-2-4-12

② 单击"确定"按钮，将"我的数据"文件夹下的"资产负债表"和"利润表"拖曳到右侧空白区域(注：选中表后按住鼠标左键向右拖曳)，如图 1-2-4-13 所示。

图 1-2-4-13

③ 点选拖曳过来的资产负债表和利润表，系统弹出"连接"对话框，如图 1-2-4-14 所示。

图 1-2-4-14

④ 关联方式选择"内连接",关联字段选择"年份",单击"确定"按钮,即可将两张表建立连接关系。单击右上方的"执行"按钮,即可将两张表的数据合并在一张表上,在数据预览区可以看到关联后的表,如图 1-2-4-15 所示。

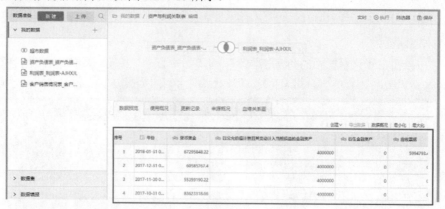

图 1-2-4-15

⑤ 单击"保存"按钮,保存关联表的结果,"我的数据"文件夹下将新增"资产与利润关联表",如图 1-2-4-16 所示。

图 1-2-4-16

步骤 3:可视化看板设计

【任务要求】

(1) 公司的资产状况:要求展示近三年的总资产变动趋势和资产负债率的变动趋势。

(2) 客户金额 TOP5:要求展示公司销售额较大的前五名客户的销售金额。

(3) 公司营业收入:要求展示 2015—2019 年的收入变动趋势,增加预警线(为=1800000000)和辅助线(为收入平均值)。

(4) 公司净利润:要求展示 2015—2019 年的净利润变动趋势。

【操作指导】

(1) 创建"公司资产状况"的可视化看板。

● 建立总资产变动趋势图。

① 单击左侧菜单栏中的"分析设计",单击"新建"按钮,进入"新建故事板"对话框,在该对话框中将故事板名称设置为"分析云初体验"(该处名称自定义),选择目录"我的故事板",如图 1-2-4-17 所示。

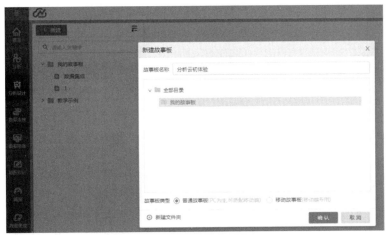

图 1-2-4-17

② 单击"确认"按钮，进入故事板设计页面，单击"可视化"右侧的下三角按钮，选择"新建"选项，系统弹出"选择数据集"对话框，选择"我的数据——资产与利润关联表"，如图 1-2-4-18 所示。

图 1-2-4-18

③ 将维度"年_年份"拖曳到"维度"栏相应位置；将指标"资产总升"拖曳到"指标"栏相应位置，如图 1-2-4-19 所示。

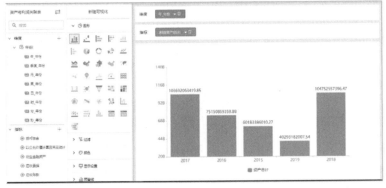

图 1-2-4-19

④ 调整时间排序，执行"维度"|"年份"|"升序"|"年_年份"命令，如图1-2-4-20所示。
⑤ 排序之后的图表显示如图1-2-4-21所示。

图 1-2-4-20

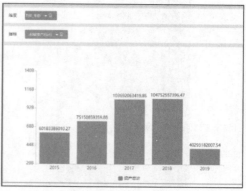
图 1-2-4-21

- 计算指标"资产负债率"。

① 在原有的报表项目中没有资产负债率指标，需要新增该指标，单击"指标"右侧的"+"按钮，选择"计算字段"选项，系统弹出"添加字段"对话框，如图1-2-4-22所示。

② 设置名称为"资产负债率"，字段类型为"数字"，公式为"avg(负债合计)/avg(资产合计)"，单击"确定"按钮退出，如图1-2-4-23所示。

图 1-2-4-22

图 1-2-4-23

③ 将新建的"资产负债率"拖曳到指标处，如图1-2-4-24所示。

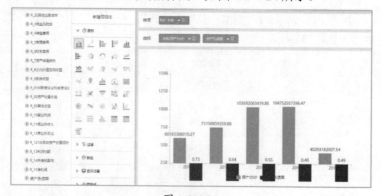
图 1-2-4-24

- 调整图表显示。

① 当两个指标的数据相差很大时，使用传统的柱状图显示明显不太合适，这时可以选用"双

轴图"。双轴图是指有多个(≥2)Y 轴的数据图表，多为柱状图与折线图的结合，图表显示更为直观。

② 在图表区单击"双轴图"图标，图表自动变更为双轴图显示，如图 1-2-4-25 所示。

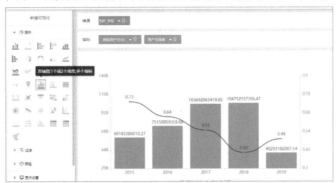

图 1-2-4-25

- 设置过滤条件，只显示近三年(2017—2019 年)的数据。

① 执行"过滤"|"设置"命令，系统弹出"添加过滤条件"对话框，选择"年_年份"选项，并使其包含"2017、2018、2019"，如图 1-2-4-26 所示。

② 单击"确定"按钮，可视化图表变更，只显示 2017—2019 年的数据值，如图 1-2-4-27 所示。

图 1-2-4-26

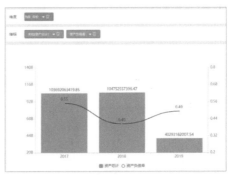

图 1-2-4-27

③ 将该看板的名称修改为"公司资产状况"，如图 1-2-4-28 所示。

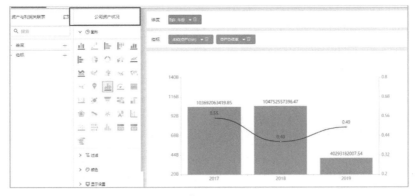

图 1-2-4-28

④ 单击"保存"按钮，保存该看板，单击"退出"按钮，回到故事板设置页面，第一个可视化看板设计完成，如图1-2-4-29所示。

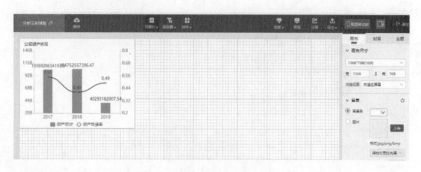

图 1-2-4-29

(2) 请参照"公司资产状况"可视化看板的操作步骤，完成"客户金额TOP5""公司营业收入""公司净利润"可视化看板的设置。

步骤4：故事板设计

【任务要求】

(1) 将可视化看板在故事板中排序，调整看板的大小、颜色、字体和底色等。

(2) 在故事板中添加筛选器，按时间查看某一期间的数据。

【操作指导】

(1) 设置故事板主题。

① 回到故事板界面，将可视化看板按业务逻辑排序，如图1-2-4-30所示。

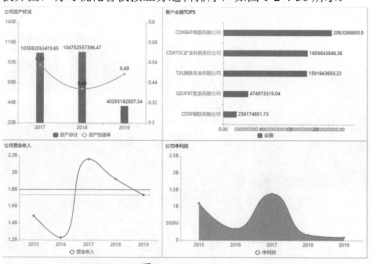

图 1-2-4-30

② 将鼠标指针放在可视化看板之外的空白处，右侧则会出现"画布"设置区域，可以在此处设置画布的尺寸大小。

③ 执行"主题"|"暗色主题"命令，效果如图1-2-4-31所示。

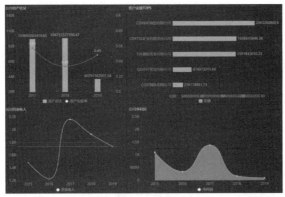

图 1-2-4-31

(2) 添加筛选器。

在故事板中设置查询条件，如查看某年的资产状况，可通过添加筛选器来实现。

① 执行"筛选器"|"树形筛选器"|"树下拉"命令，如图 1-2-4-32 所示。

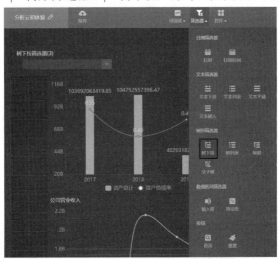

图 1-2-4-32

② 选择数据源"资产与利润关联表"，如图 1-2-4-33 所示。
③ 将"年_年份"拖曳到"筛选字段"下，如图 1-2-4-34 所示。

图 1-2-4-33

图 1-2-4-34

④ 在"树下拉筛选器"中选择年份，如"2016"，故事板中的所有以"资产与利润关联表"为数据源的可视化看板都显示为 2016 年的数据，如图 1-2-4-35 所示。

图 1-2-4-35

【小测试】

1. 据 WardMO(2010)的研究，超过（   ）的人脑功能用于视觉信息的处理。
   A. 30%   B. 50%   C. 70%   D. 40%

2. 当前，市场上已经出现了众多数据可视化软件和工具，下面不属于大数据可视化工具的是（   ）。
   A. Tableau   B. Datawatch   C. Platfora   D. Photoshop

3. 从宏观角度看，数据可视化的功能不包括（   ）。
   A. 信息记录   B. 信息的推理分析   C. 信息清洗   D. 信息传播

4. 散点图矩阵通过（   ）坐标系中的一组点来展示变量之间的关系。
   A. 一维   B. 二维   C. 三维   D. 多维

5. 目前有多种成熟的知识可视化工具，下面不属于这类可视化工具的是（   ）。
   A. 概念图   B. 思维导图   C. 认知地图   D. 趋势图

6. 可视化模型有助于理解可视化的具体过程，常用的可视化模型不包括（   ）。
   A. 循环模型   B. 分析模型   C. 递归模型   D. 顺序模型

【情境小结】

在本情境中，我们了解了大数据可视化的科学可视化、信息可视化、数据可视化三个发展阶段；学习了大数据可视化的数据空间、数据开发、数据分析、数据可视化四个基本概念；并深刻体会了借助图形化手段进行数据可视化，可以清晰有效地传达、沟通信息；最后通过实战演练中的任务，亲身体验了通过制作可视化看板，来进行公司的资产状况、客户金额 TOP5、公司营业收入、公司净利润等因素分析，可视化看板带我们走进了海量数据的分析空间。

在下一情境中，我们将学习 Python 的常用代码，并运用这些常用代码体验 Python 语言的编写。

【参考答案】：1. B；2. D；3. C；4. B；5. D；6. C

第 2 章

Python 基础应用

【章节导读】

Python 是一门编程语言，利用 Python 不仅可以开发网站、分析数据、编写网络爬虫应用，还可以批量修改文件名、制作数据可视化看板、下载图片和视频等。接下来，我们将对 Python 进行认知学习，让我们一起揭开它的神秘面纱。

项目 3　Python 认知体验

情境 5　Python 简介及安装

【情境导读】

Python 并不是一门新的编程语言，1991 年就发行了第一个版本，2010 年以后随着大数据和人工智能的兴起，Python 重新焕发了耀眼的光芒。Python 是一门开源免费的脚本编程语言，推崇"极简主义"，简单易用，功能强大。本情境主要介绍与 Python 编程相关的基础知识与基础语法，以及 Python 编程环境的搭建。让我们一起开启一段 Python 的学习之旅吧！

【知识精讲】

1. Python 简介

1) 什么是 Python

Python 诞生于 20 世纪 90 年代初，它是一种跨平台的计算机程序设计语言，也是一种解释型、面向对象的动态类型语言。它是比较受欢迎的程序设计语言之一，因为它不仅功能强大，而且易学易用，非常接近自然语言，精简了很多不必要的分号和括号，容易阅读和理解。除此之外，它还提供了非常完善的基础代码库，覆盖了网络、文件、GUI(graphical user interface，图形用户界面)、数据库、文本等大量内容，被形象地称为"内置电池(batteries included)"，能够把通过其他语言编写的各种模块(尤其是 C/C++)很轻松地联结在一起。

Python 的创始人是荷兰的吉多·范·罗苏姆。1989 年圣诞节期间，吉多在阿姆斯特丹为了打发圣诞节的无趣，决心开发一个新的脚本解释程序，作为 ABC 语言的一种继承。他之所以选中 Python(意为大蟒蛇)作为该编程语言的名字，是因为他是一个叫 Monty Python 的喜剧团体的爱好者。最初 Python 用于编写自动化脚本，随着版本的更新和语言新功能的添加，越来越多地被用于独立、大型项目的开发。

2) Python 相关基础概念

(1) Python 注释。

注释(comments)用来向用户解释某些代码的作用和功能，它可以出现在代码中的任何位置；Python 解释器在执行代码时会忽略注释，不做任何处理。

在调试(debug)程序的过程中，注释还可以用来临时移除无用的代码。

- Python 单行注释：使用#作为单行注释的符号，语法格式如下。

#注释内容

- Python 多行注释：使用 3 个连续的单引号'''或 3 个连续的双引号"""注释多行内容；多行注释不支持嵌套。具体格式如下。

'''
使用 3 个单引号分别作为注释的开头和结尾
可以一次性注释多行内容
这里面的内容全部是注释内容
'''

或者

"""
使用 3 个双引号分别作为注释的开头和结尾
可以一次性注释多行内容
这里面的内容全部是注释内容
"""

(2) Python 缩进规则(包含快捷键)。

在 Python 中，对于类定义、函数定义、流程控制语句、异常处理语句等，行尾的冒号和下一行的缩进表示一个代码块的开始，而缩进结束则表示此代码块的结束。注意，Python 中对代码的缩进，可以使用空格键或 Tab 键实现。但无论是手动输入空格，还是使用 Tab 键，通常情况下以 4 个空格长度作为一个缩进量(默认情况下，一个 Tab 键就表示 4 个空格)。

(3) Python 编码规范(PEP 8)。

- 每个 import 语句只导入一个模块，尽量避免一次导入多个模块。
- 不要在行尾添加分号，也不要用分号将两条命令放在同一行。
- 建议每行不超过 80 个字符，如果超过，应使用小括号将多行内容隐式地连接起来，而不推荐使用"\"进行连接。
- 使用必要的空行可以增加代码的可读性，通常在顶级定义(如函数或类的定义)之间空两行，在方法定义之间空一行。另外，在用于分隔某些功能的位置也可以空一行。
- 在运算符两侧、函数参数之间，以及逗号两侧，建议使用空格进行分隔。

(4) Python 标识符命名规范。

- 标识符由字符(A~Z 和 a~z)、下画线和数字组成，但第一个字符不能是数字。
- 标识符不能和 Python 中的保留字相同。

- Python 的标识符中，不能包含空格、@、%、$等特殊字符。
- 在 Python 中，标识符中的字母是严格区分大小写的，也就是说，两个同样的单词，如果大小写格式不一样，代表的意义也是完全不同的。

(5) Python 关键字。

关键字即保留字，是 Python 语言中一些已经被赋予特定意义的单词，在开发程序时，不能用这些保留字作为标识符给变量、函数、类、模板及其他对象命名。所有的保留字如图 2-3-5-1 所示。

需要注意的是，Python 中的代码是严格区分大小写的，保留字也不例外。因此，我们可以说 if 是保留字，但 IF 就不是保留字。

and	as	assert	break	class	continue
def	del	elif	else	except	finally
for	from	False	global	if	import
in	is	lambda	nonlocal	not	None
or	pass	raise	return	try	True
while	with	yield			

图 2-3-5-1

2. Python 的应用

Python 是一种流行的、面向对象的脚本语言，其所涉及的领域众多，如 Web 应用开发、自动化运营、人工智能、网络爬虫等，下面就从这四个方面重点介绍 Python 的应用。

1) Web 应用开发

Python 经常被用于 Web 开发，尽管目前 PHP、JavaScript 依然是进行 Web 开发的主流语言，但 Python 上升势头猛劲。尤其随着 Python 的 Web 开发框架逐渐成熟(如 Django、flask、TurboGears、web2py 等)，程序员可以更轻松地开发和管理复杂的 Web 程序。

2) 自动化运营

很多操作系统中，Python 是标准的系统组件，大多数 Linux 发行版、NetBSD、OpenBSD 和 macOS 都集成了 Python，可以在终端下直接运行 Python。有一些 Linux 发行版的安装器使用 Python 语言编写，如 Ubuntu 的 Ubiquity 安装器，Red Hat Linux 和 Fedora 的 Anaconda 安装器等。

3) 人工智能

基于大数据分析和深度学习发展而来的人工智能，在本质上已经无法离开 Python 的支持，原因至少有以下几点。

- 目前世界上优秀的人工智能学习框架，如 Google 的 TransorFlow(神经网络框架)、FaceBook 的 PyTorch(神经网络框架)，以及开源社区的 Karas(神经网络库)等，都是用 Python 实现的。
- 微软的 CNTK(认知工具包)也完全支持 Python，并且该公司开发的 VS Code 也已经把 Python 作为第一级语言进行支持。
- Python 擅长进行科学计算和数据分析，支持各种数学运算，可以绘制出更高质量的 2D 和 3D 图像。

4) 网络爬虫

Python 语言很早就用来编写网络爬虫，如 Google、百度等搜索引擎公司就使用 Python 语言编写网络爬虫。从技术层面上讲，Python 提供了很多服务于编写网络爬虫的工具，如 urllib、Selenium 和 BeautifulSoup 等，还提供了一个网络爬虫框架 Scrapy。

3. Python 的优缺点

Python 如此受欢迎与 Python 语言的特点有着密不可分的关系。在国外，用 Python 做科学计算的研究机构日益增多，一些知名大学已经采用 Python 来教授程序设计课程。例如，卡耐基梅隆大学的程序设计基础、麻省理工学院的计算机科学及程序设计导论就使用 Python 语言讲授。那么，接下来我们看一看 Python 都具有哪些优缺点。

1) Python 的优点

（1）简单易学，语法优美：Python 注重的是如何解决问题，而不是编程语言的语法和结构，适合作为编程入门语言。

（2）丰富而强大的库：Python 帮助文档非常丰富，有很多资深的专家不断地完善 Python，它的库支持也随之强大，它的成长是社区型成长，因此它在不断的裂变中成长。

（3）开发效率高：因为有丰富而强大的库，所以 Python 在可移植性、可扩展性方面都非常出众。

（4）应用领域广泛：Python 可应用于 Web 开发、网络编程、自动化运维、Linux 系统管理、数据分析、科学计算、人工智能、机器学习等领域。

2) Python 的缺点

（1）运行速度慢：与 C 程序相比，Python 的运行速度非常慢，因为 Python 是解释型语言，代码在执行时会一行一行地翻译成 CPU 能理解的机器码，翻译过程非常耗时；而 C 程序是运行前直接编译成 CPU 能执行的机器码，所以运行速度很快。

（2）Python 的 GIL 限制并发，对多处理器支持不好：GIL 是指 Python 全局解释器锁(global interpreter lock)，当 Python 的默认解释器要执行字节码时，都需要先申请该锁。这意味着，如果试图通过多线程扩展应用程序，将总是被全局解释器锁限制。

（3）Python 2.X 和 Python 3.X 不能完全兼容。

4. Python 未来的发展

Python 仍旧是目前 IT 就业市场较受欢迎的技术技能之一。Python 容易上手，学会了 Python，可以大幅度提高 IT 人的自身竞争力。根据知名技术交流网站 Stack Overflow 所做的调查，超过四分之一的开发者表示，Python 是他们最想学习的编程语言，如图 2-3-5-2 所示。Python 连续三年获得该榜单的第一名。

Python 是网络上搜索相关学习教程频率最高的编程语言，甚至比一直以来的"霸主"——PHP 都要高，如图 2-3-5-3 所示。

根据知名求职服务网站 Indeed 的统计，Python 开发人员的平均年薪为 116,379 美元，是美国薪酬最高的编程语言的软件工程师，如图 2-3-5-4 所示。

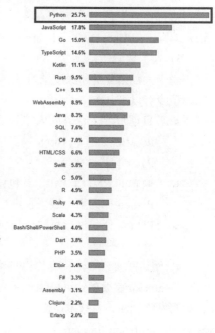

图 2-3-5-2

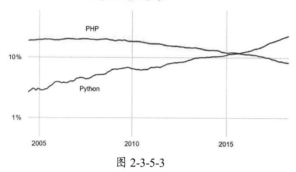

图 2-3-5-3　　　　　　　　　　　　图 2-3-5-4

由此可见，Python 的发展前景是非常可观的，将会有越来越多的人使用 Python。

【小测试】

1. Python 的缩进通常使用(　　)。
   A. 2 个 Space(空格)　　B. 1 个 Tab　　C. 4 个 Space(空格)　　D. 2 个 Tab
2. 关于 Python 语言的特点，以下描述正确的是(　　)。
   A. Python 语言是编译型语言　　　　B. Python 语言不支持面向对象
   C. Python 语言是解释型语言　　　　D. Python 语言是非跨平台语言
3. 下列选项中，符合 Python 命名规范的标识符是(　　)。
   A. user-Password　　B. _name　　C. if　　D. setup.exe
4. Python 的优点包括(　　)。(多选题)
   A. 简单易学，语法优美　　　　　　B. 开发效率高
   C. 应用领域广泛　　　　　　　　　D. 可扩展性高
5. Python 的缺点包括(　　)。(多选题)
   A. 运行速度慢　　　　　　　　　　B. Python 的 GIL 限制并发
   C. Python 2.X 和 Python 3.X 不能完全兼容　　D. Python 2.X 和 Python 3.X 的库非常少

【实战演练】

任务：安装 Python 软件

【任务要求】

分别在 Windows 和 macOS 系统下安装 Python，安装包的下载地址为 https://www.python.org/downloads/。

【操作指导】

(1) 在 Windows 系统下安装 Python。

① 打开链接，可以看到 Python 的不同版本，目前最新的版本为 Python 3.11，如图 2-3-5-5 所示。

② 单击图 2-3-5-5 中的版本号或 "Download" 按钮进入对应版本的下载页面，滚动鼠标滚轮将页面滑动至最下方即可通过链接下载 Python 安装包，如图 2-3-5-6 所示。

Release version	Release date	Click for more	
Python 3.10.11	April 5, 2023	Download	Release Notes
Python 3.11.3	April 5, 2023	Download	Release Notes
Python 3.10.10	Feb. 8, 2023	Download	Release Notes
Python 3.11.2	Feb. 8, 2023	Download	Release Notes
Python 3.11.1	Dec. 6, 2022	Download	Release Notes

图 2-3-5-5

Version	Operating System	Description	MD5 Sum	File Size	GPG
Gzipped source tarball	Source release		f215fa2f55a78de739c1787ec56b2bcd	23978360	SIG
XZ compressed source tarball	Source release		b3fb85fd479c0bf950c626ef80cacb57	17828408	SIG
macOS 64-bit installer	macOS	for OS X 10.9 and later	d1b09665312b6b1f4e11b03b6a4510a3	29051411	SIG
Windows help file	Windows		f6bbf64cc36f1de38fbf61f625ea6cf2	8480993	SIG
Windows x86-64 embeddable zip file	Windows	for AMD64/EM64T/x64	4d091857a2153d9406bb5c522b211061	8013540	SIG
Windows x86-64 executable installer	Windows	for AMD64/EM64T/x64	3e4c42f5ff8fcdbe6a828c912b7afdb1	27543360	SIG
Windows x86-64 web-based installer	Windows	for AMD64/EM64T/x64	662961733cc947839a73302789df6145	1363800	SIG
Windows x86 embeddable zip file	Windows		980d5745a7e525be5abf4b443a00f734	7143308	SIG
Windows x86 executable installer	Windows		2d4c7de97d6fcd8231fc3decbf8abf79	26446128	SIG
Windows x86 web-based installer	Windows		d21706bdac544e7a968e32bbb0520f51	1325432	SIG

图 2-3-5-6

③ 双击下载得到的 Python 3.8.1-amd64.exe(以 Windows X86-64，Python 3.8.1 为例)，开始安装 Python，如图 2-3-5-7 所示。勾选"Add Python 3.8 to PATH"复选框，将 Python 命令工具所在目录添加到系统 Path 环境变量中，便于以后开发程序、运行 Python 命令。

④ 选择自定义安装(也可默认安装)，将 Python 安装到常用的目录。单击"Customize installation"按钮，然后选择要安装的 Python 组件，若无特殊要求，保持默认设置即可，如图 2-3-5-8 所示。

图 2-3-5-7

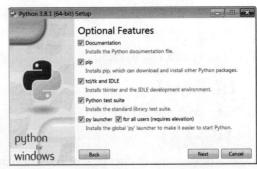

图 2-3-5-8

⑤ 单击"Next"按钮，选择安装目录，再单击"Install"按钮，等待几分钟即可完成安装，如图 2-3-5-9 所示。

⑥ 安装完成后，打开 Windows 的命令行程序(命令提示符)，在窗口中输入 python 命令(注意字母 p 是小写的)，如果出现 Python 的版本信息，并看到命令提示符>>>，就说明安装成功了，如图 2-3-5-10 所示。

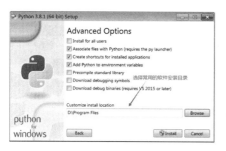
图 2-3-5-9

图 2-3-5-10

(2) 在 mac OS 系统下安装 Python。

① 同样，打开链接，进入对应版本的下载页面，单击"mac OS 64-bit installer"链接，如图 2-3-5-11 所示。

图 2-3-5-11

② 下载完成后，得到一个安装包 python-3.8.1-macosx10.9.pkg，双击该安装包就进入了 Python 安装向导，然后按照向导一步一步地安装，均保持默认设置即可，如图 2-3-5-12 所示。

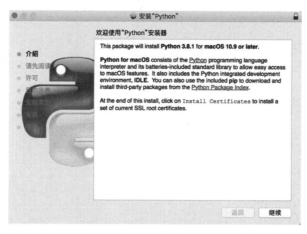
图 2-3-5-12

③ 安装完成后，mac OS 上将同时存在 Python 3.X 和 Python 2.X 的运行环境，在终端 (Terminal)输入 python 2 命令将进入 Python 2.X 开发环境，在终端(Terminal)输入 python 3 命令将进入 Python 3.X 开发环境，如图 2-3-5-13 所示。

```
c.biancheng.net:~ mozhiyan$ python3
Python 3.8.1 (v3.8.1:1b293b6006, Dec 18 2019, 14:08:53)
[Clang 6.0 (clang-600.0.57)] on darwin
Type "help", "copyright", "credits" or "license" for more information.
>>>
```

图 2-3-5-13

【情境小结】

在本情境中，我们学习了什么是 Python，对 Python 有了一定的了解；学习了 Python 的相关基础概念，如 Python 的注释、缩进规则、编码规则、标识符命名规则和关键字；了解了 Python 的应用领域；学习了 Python 的优点及缺点；知道了 Python 未来的发展趋势；通过实战演练中的任务安装了 Python，并进行了环境测试。后续如果对 Python 的应用感兴趣，可以自行阅读 Python 基础应用的相关教材。

【参考答案】：1. C；2. C；3. B；4. ABCD；5. ABC

第 3 章

数据预处理实战

【章节导读】

现实世界中的数据大体上都是不完整、不一致的"脏数据",无法直接进行数据挖掘或挖掘结果不尽如人意。因为数据库太大,而且数据集经常来自多个异种数据源,所以低质量的数据会导致低质量的挖掘结果。为了提高数据挖掘的质量一般会进行数据预处理。

数据预处理有多种方法,如数据清理、数据集成、数据变换、数据归约等。这些数据处理技术在数据挖掘之前使用,大大提高了数据挖掘模式的质量,减少了实际挖掘所需要的时间。因此,数据处理的基本目的是从大量的、可能是杂乱无章的、难以理解的数据中抽取并推导出对某些特定人群有价值、有意义的数据。通过对本章内容的学习,我们在以后处理数据时会有一个基本的解决思路,并对如何选择处理数据的方法、为什么选择此方法都能够有所了解。

项目 4　数据采集

情境 6　数据采集实战

【情境导读】

数据采集(data acquisition,DAQ),又称为数据获取,是指从传感器和其他待测设备等模拟和数字被测单元中自动采集信息的过程。传统数据采集来源单一,数据量相对于大数据较小,数据结构单一。大数据的数据采集来源广泛,数据量巨大,数据类型丰富,包括结构化、半结构化、非结构化数据,形成了分布式数据库。接下来就让我们一起了解数据采集的相关知识吧!

【知识精讲】

1. 数据结构形式

1) 结构化数据

结构化数据也称为行数据,是由二维表结构进行逻辑表达和实现的数据,严格地遵循数据格式与长度规范,主要通过关系型数据库进行存储和管理。大多数人都熟悉结构化数据的工作原理,从名称中可以看出,结构化数据具有高度的组织性和整齐的格式化,可以被放入表格或电子表格中。结构化数据可能不是人们最容易找到的数据类型,但与非结构化数据相比,其无疑是两者中人们更容易使用的数据类型。

在项目中，保存和管理这些数据的一般为关系型数据库，当使用结构化查询语言(structured query language，SQL)时，计算机程序很容易搜索到这些术语。结构化数据具有的明确的关系使得其运用起来十分方便，但在商业方面的可挖掘价值比较差。

典型的结构化数据包括信用卡号码、日期、财务金额、电话号码、地址、产品名称等。

2) 非结构化数据

与结构化数据相对的是不适于由数据库二维表进行表现的非结构化数据，包括所有格式的办公文档、XML 文档、HTML、各类报表、图片，以及音频、视频信息等。支持非结构化数据的数据库采用多值字段、子字段和变长字段机制进行数据项的创建和管理，广泛应用于全文检索和各种多媒体信息处理领域。

非结构化数据本质上是结构化数据之外的一切数据，它不符合任何预定义的模型，因此它被存储在非关系型数据库中，并使用 SQL 进行查询。非结构化数据可能是文本的或非文本的，也可能是人为的或机器生成的，简单来说，非结构化数据就是字段可变的数据。

非结构化数据是难以组织或格式化的，因此收集、处理和分析非结构化数据是一项重大挑战。由于网络上绝大多数的可用数据及大部分信息都是非结构化的，并且每年都在增长，企业使用传统的数据分析工具和方法不足以完成工作，因此找到合适的处理非结构化数据的方法已成为许多企业的重要战略。

3) 半结构化数据

半结构化数据是结构化数据的一种形式，它并不符合关系型数据库或其他数据表的形式关联起来的数据模型结构，但包含相关标记，用来分隔语义元素，对记录和字段进行分层，因此它也被称为自描述的结构。半结构化数据属于同一类实体，但可以有不同的属性，即使它们被组合在一起，这些属性的顺序也并不重要。也就是说，数据的结构和内容混在一起，没有明显的区分。半结构化数据包括日志文件、XML 文档、JSON 文档、E-mail 等。

4) 结构化、非结构化、半结构化数据的区别与联系

结构化、非结构化、半结构化数据其实是按照数据格式分类的。结构化数据属于非结构化数据，是非结构化数据的特例。结构化与半结构化数据都是有基本固定结构模式的数据。半结构与非结构化数据与目前流行的大数据之间只有领域重叠的关系，从本质上讲两者并无必然联系。业界会将大数据视为半结构或非结构化数据，其原因是大数据技术最初在半结构化数据领域发挥作用，但这其实是将数据处理技术与数据格式混淆了，是不正确的。

2. 数据采集流程

1) 数据采集常见方法

数据采集方法包括系统日志采集法、网络数据采集法和其他数据采集法。

(1) 系统日志采集法。

系统日志可以记录系统中硬件、软件和系统问题的信息，还可以监视系统中发生的事件。用户可以通过它来检查出现错误的原因，或者寻找受到攻击时攻击者留下的痕迹。系统主机日志包括系统日志、应用程序日志和安全日志。大数据平台或开源的 Hadoop 平台等会产生大量的、高价值的系统日志信息，如何采集这些信息成为研究者研究的热点。很多互联网企业都有自己的海量数据采集工具，如 Hadoop 的 Chukwa、Cloudera 的 Flume、Facebook 的 Scribe 等，

这些工具均采用分布式架构，能满足每秒数百兆的日志数据采集和传输需求。

(2) 网络数据采集法。

除了目前已经存在的公开数据集用于日常的算法研究，有时为了满足项目的实际需求，需要对现实网页中的数据进行采集、预处理和保存。网络数据采集是指通过网络爬虫或网站公开API等方式从网站上获取数据信息。

API 即应用程序接口，是网站的管理者为了使用者方便而编写的一种程序接口。该类接口可以屏蔽网站底层的复杂算法，仅通过简单的调用即可实现对数据的采集。目前主流的社交媒体平台(如新浪微博、百度贴吧、Facebook 等)均提供 API 服务，人们可以在其官网开放平台上获取相关 DEMO。但 API 技术受限于平台开发者，为了减轻平台的负荷，平台一般会对每天的接口调用上限进行限制，这给人们带来极大的不便。为此，人们通常采用另一种方式——网络爬虫。

网络爬虫，又称为网页蜘蛛、网络机器人，在 FOFA 社区中，也经常被人称为网页追逐者，它是一种按照一定规则自动地抓取万维网信息的程序或脚本。另外一些不常使用的名字还有蚂蚁、自动索引、模拟程序和蠕虫。最常见的爬虫便是我们经常使用的搜索引擎，如百度、360搜索等，此类爬虫统称为通用型爬虫，能够对所有网页进行无条件采集。

(3) 其他数据采集法。

其他数据采集法是指对于拥有机密信息的机构(如科研院所、企业政府等)，为保证其数据的安全传递，可以采用系统特定端口进行数据传输，从而减少数据泄露的风险。

2) 财务大数据采集流程

(1) 获取所有股票代码。

为了爬取所有上市公司的财务数据，首先需要取得所有上市公司的股票代码。

(2) 寻找合适的财务数据接口。

Python 能够直接处理 xml、csv、json、xls 等格式的文件，因此应尽量查找能够提供这些格式的文本的数据接口。

很多财经网站都提供下载财务报表的接口，由于我们已经获取了所有公司的股票代码，将股票代码依次传入下载接口，就可以获得股票财务数据，因此需先查找可用的财务数据接口。

(3) 数据的清洗及保存。

- 数据清洗：如果获取的数据结构太过复杂，则需要将其进行清洗和转换。
- 数据保存：财务报表是有效期比较长的数据，为了避免每次使用时反复下载，可以将数据存储到本地，存储方式一般有文件方式或数据库方式。若数据量不大，可直接存为 csv 格式的文件。

(4) 编写 Python 程序下载数据。

1	import json
2	import urllib.request
3	import pymysql
4	
5	
6	#多企业改为单个企业数据采集

7	code=[("600000","浦发银行","pfyx")]
8	#定义 year
9	year = ["2014"]
10	
11	report_period_id = ["5000","4400","4000","1000"] #5000 年报　4400 三季度报·1000 半年报　40000 一季度报
12	report_period_id = ["5000"]　#先以年报调试
13	#爬取链接
14	url=["http://10.10.16.87:18118/security.info.get"]　#采集的请求接口，用于获取数据
15	url=["${zuulIp}/security/security.info.get"]

根据以上代码可以获取浦发银行 2014 年度财务报告。

【小测试】

1. 下列选项中属于半结构化数据的是(　　)。
   A. SQL　　　　B. 表格　　　　C. HTML　　　　D. 图片

2. 上海证券交易所(简称上交所)XBRL 财务报表页面的 Python 采集脚本中，code=[ ]的方括号中定义的数据是企业的证券交易代码等信息。(　　)(判断题)

【实战演练】

任务 1：进入上交所网站查看企业数据

【任务要求】

进入上海证券交易所网站查找上市公司财务报表信息。

【操作指导】

(1) 上交所网站查看。

① 执行"Python 基础应用"|"上市公司财报采集实战"|"单企业财报数据采集"|"任务：上交所网站查看"命令；再单击右上角的"开始任务"按钮，进入上海证券交易所模拟网站，如图 3-4-6-1~图 3-4-6-3 所示。

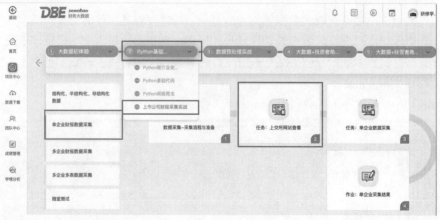

图 3-4-6-1

图 3-4-6-2

图 3-4-6-3

② 单击任意公司财报，进入财报详情页面，如图 3-4-6-4 所示。

图 3-4-6-4

(2) 查看上市公司财报信息。

① 单击"报告类型"右侧的下拉三角按钮,选择年报或季度报,如图 3-4-6-5 所示。

图 3-4-6-5

② 单击切换"基本信息""资产负债表""利润表"等标签,查询上市公司相关信息,如图 3-4-6-6 所示。

图 3-4-6-6

任务 2:单企业数据采集

【任务要求】

修改 Python 代码,查找指定企业相关年度财务报表信息。

【操作指导】

(1) 查看代码,找到 Python 所引用的数据库。

① 执行"Python 基础应用"|"上市公司财报采集实战"|"单企业财报数据采集"|"任务:单企业数据采集"命令;再单击右上角的"开始任务"按钮,进入编译器,如图 3-4-6-7 和图 3-4-6-8 所示。

图 3-4-6-7

图 3-4-6-8

② 单击左侧的"操作步骤",查看代码,如图 3-4-6-9 所示。

图 3-4-6-9

③ 单击"运行"按钮,在监视器下查看运行结果,如图 3-4-6-10 所示。

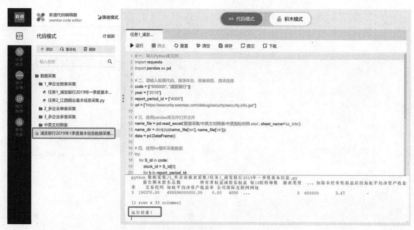

图 3-4-6-10

(2) 采集江西铜业 2018 年年报数据。

① 执行"Python 基础应用"|"上市公司财报采集实战"|"单企业财报数据采集"|"任务：单企业数据采集"命令；再单击右上角的"开始任务"按钮，进入编译器，如图 3-4-6-11 和图 3-4-6-12 所示。

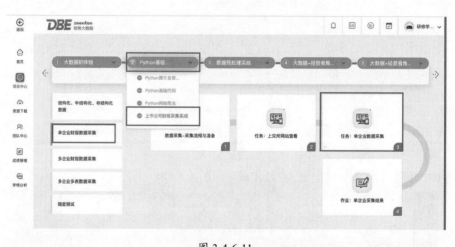

图 3-4-6-11

图 3-4-6-12

② 单击左侧的"操作指引",按要求在编译器中修改以下内容,如图 3-4-6-13 所示。

6	#多企业改为单个企业数据采集
7	code=[("600362","江西铜业","jxty")]
8	#定义 year
9	year = ["2018"]
10	
11	report_period_id = ["5000","4400","4000","1000"] #5000 年报　4400 三季度报　1000 半年报　40000 一季度报
12	report_period_id = ["5000"]　#先以年报调试

图 3-4-6-13

③ 单击"运行"按钮,在监视器下查看运行结果如下。

----------开始采集----------
----------采集成功----------

(3) 查看江西铜业 2018 年年报数据。

① 单击"查看数据"按钮(见图 3-4-6-14),查看数据采集结果。江西铜业 2018 年年报数据如图 3-4-6-15 所示。

图 3-4-6-14

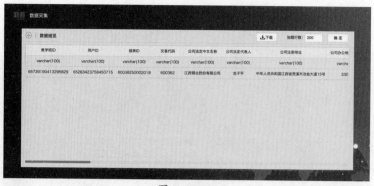

图 3-4-6-15

② 单击"下载"按钮,可将相关数据下载保存,如图 3-4-6-16 所示。

图 3-4-6-16

任务 3:多企业数据采集

【任务要求】

修改 Python 代码,查找多个指定企业相关年度财务报表信息。

【操作指导】

(1) 查询上海证券交易所企业代码。

执行"Python 基础应用"|"上市公司财报采集实战"|"多企业财报数据采集"|"交易代码"命令,查询企业交易代码,如图 3-4-6-17 和图 3-4-6-18 所示。

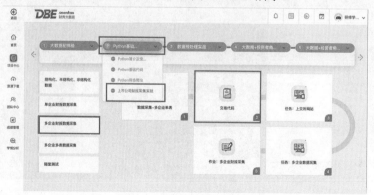

图 3-4-6-17

```
code = [("600000","浦发银行","pfyx"),("600004","白云机场","byjc"),("600006","东风汽车
","dfqc"),("600007","中国国贸","zggm")
,("600008","首创股份","scgf"),("600009","上海机场","shjc"),("600010","包钢股份
","bggf"),("600011","华能国际","hngj")
,("600012","皖通高速","wtgs"),("600015","华夏银行","hxyx"),("600016","民生银行
","msyx"),("600017","日照港","rzg")
,("600018","上港集团","sgjt"),("600019","宝钢股份","bggf"),("600020","中原高速
","zygs"),("600021","上海电力","shdl")
,("600022","山东钢铁","sdgt"),("600023","浙能电力","zndl"),("600025","华能水电
","hnsd"),("600026","中远海能","zyhn")
,("600027","华电国际","hdgj"),("600028","中国石化","zgsh"),("600029","南方航空
","nfhk"),("600030","中信证券","zxzq")
,("600031","三一重工","syzg"),("600033","福建高速","fjgs"),("600035","楚天高速
","ctgs"),("600036","招商银行","zsyx")
,("600037","歌华有线","ghyx"),("600038","中直股份","zzgf"),("600039","四川路桥
","sclq"),("600048","保利地产","bldc")
,("600050","中国联通","zglt"),("600051","宁波联合","nblh"),("600052","浙江广厦
","zjgs"),("600053","九鼎投资","jdtz")
```

图 3-4-6-18

(2) 多企业数据查询。

① 执行"Python 基础应用" | "上市公司财报采集实战" | "多企业财报数据采集" | "任务：多企业数据采集"命令；再单击右上角的"开始任务"按钮，进入编译器，如图 3-4-6-19 和图 3-4-6-20 所示。

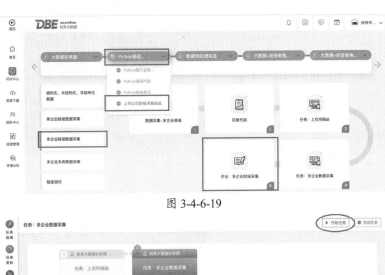

图 3-4-6-19

图 3-4-6-20

② 单击左侧的"操作指引"，输入以下内容，如图 3-4-6-21 所示。

```
1    import json
2    import urllib.request
3    import pymysql
4
5
```

6	#多企业数据采集
7	code=[("600000","浦发银行","pfyh"),("600004","白云机场","byjc"),("600008","首创股份","scgf"),("600362","江西铜业","jxty")]
8	#定义 year
9	year = ["2014","2015","2016","2017","2018"]
10	
11	report_period_id = ["5000","4400","4000","1000"] #5000 年报　4400 三季度报　1000 半年报　40000 一季度报
12	report_period_id = ["5000"]　#先以年报调试

图 3-4-6-21

③ 单击"运行"按钮，在监视器下查看运行结果如下。

----------开始采集----------

----------采集成功----------

(3) 查看所采集企业数据。

① 单击"查看数据"按钮(见图 3-4-6-22)，即可查看数据采集结果。

图 3-4-6-22

② 单击"下载"按钮，可将相关数据下载保存，如图 3-4-6-23 所示。

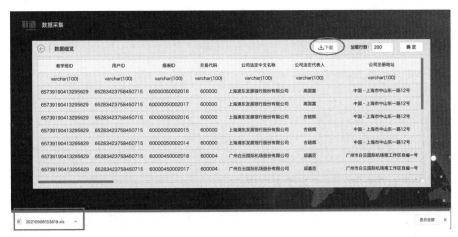

图 3-4-6-23

任务 4：多企业多财报数据采集

【任务要求】

修改 Python 代码，查找多个指定企业相关年度多份财务报表信息。

【操作指导】

(1) 多企业多年度利润表数据查询。

① 执行"Python 基础应用"|"上市公司财报采集实战"|"多企业多表数据采集"|"任务：采集利润表"命令；再单击右上角的"开始任务"按钮，进入编译器，如图 3-4-6-24 和图 3-4-6-25 所示。

图 3-4-6-24

图 3-4-6-25

② 单击左侧的"操作指引",输入以下内容,如图 3-4-6-26 所示。

1	import json
2	import urllib.request
3	import pymysql
4	
5	
6	#多企业数据采集
7	code=[("600000","浦发银行","pfyh"),("600004","白云机场","byjc"),("600008","首创股份","scgf"),("600362","江西铜业","jxty")]
8	#定义 year
9	year = ["2014","2015","2016","2017","2018"]
10	
11	report_period_id = ["5000","4400","4000","1000"] #5000 年报　4400 三季度报　1000 半年报　40000 一季度报
12	report_period_id = ["5000"]　#先以年报调试
13	#爬取链接
14	url=["http://10.10.16.34:18117/security.incomestatement.get"]　# 采集的请求接口,用于获取数据
15	url=["${zuulIp}/security/security.incomestatement.get"]

图 3-4-6-26

③ 单击"运行"按钮,在监视器下查看运行结果如下。

----------开始采集------------
----------采集成功------------

④ 单击"查看数据"按钮(见图 3-4-6-27),即可查看数据采集结果。

图 3-4-6-27

⑤ 单击"下载"按钮,可将相关数据下载保存,如图 3-4-6-28 所示。

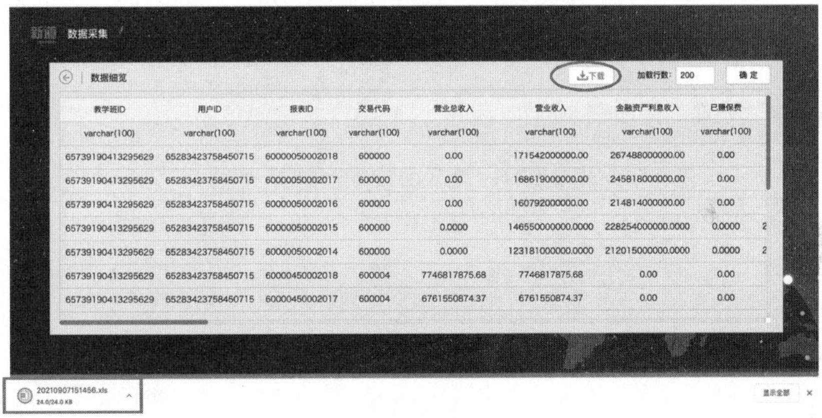

图 3-4-6-28

(2) 多企业多年度资产负债表数据查询。
参照多企业多年度利润表查询操作步骤。

【情境小结】

在本情境中,我们学习了结构化、非结构化、半结构化数据的定义,了解了它们之间的区别和联系;了解了数据采集的基本方法;学习了财务数据采集的基本流程;通过实战演练,学习了如何爬取企业交易代码,如何采集不同企业、年份、种类的财务报表信息,为后续进行数据分析做准备。在下一情境中,我们将学习如何将所采集的数据进行数据清洗。

【参考答案】:1. C; 2. √

项目 5　数据清洗

情境 7　数据清洗实战

【情境导读】

目前,人们正处在信息爆炸的时代,面对庞大且复杂的数据,如何进行组织和存储才能从巨量的数据集中高效地获取所需的信息,成为人们关心的问题。数据仓库与数据挖掘的出现为人们解决这一问题带来了新的有效途径。然而,具有多种数据源的数据内容并不完美,存在着许多"脏数据",如何利用专业化手段去处理这些"脏数据"并为人们所用呢?下面将进行具体介绍。

【知识精讲】

1. 数据预处理

1) 数据预处理的概念

数据预处理(data preprocessing)是指在进行主要处理以前对数据做的一些处理。数据预处理的方法有数据清洗、数据集成、数据转换、数据归约等。这些数据处理技术在数据挖掘和数据分析之前使用,大大提高了数据挖掘模型的质量,减少了实际挖掘和分析所需要的时间。

2) 常见的数据预处理工具

常见的数据预处理工具如表 3-5-7-1 所示。

表 3-5-7-1　常见的数据预处理工具

专业图形化工具	专业非图形化工具	简单图形化工具
Kettle	Python	Tableau Prep
Datastage	SQL	Alteryx
Informatica	R	Right Data
		OpenRefine(Google refine)
		Trifacta Wrangler
		Data Wrangler

2. 数据清洗概述

1) 数据清洗的概念

数据清洗(data cleaning)是对数据进行重新审查和校验的过程,目的在于删除重复信息、纠正存在的错误,并提高数据一致性。数据清洗,从名字上也能看出就是把数据中"脏"的部分"洗掉",是发现并纠正数据文件中可识别的错误的最后一道程序,包括检查数据一致性、处理无效值和缺失值等。因为数据仓库中的数据是面向某一主题的数据的集合,这些数据从多个业务系统中抽取而来,而且包含历史数据,这样就避免不了有的数据是错误数据或有的数据相互之间有冲突,这些错误的、有冲突的数据显然是人们不想要的,称为"脏数据"。按照一定的规则把脏数据"洗掉"就是数据清洗。清洗与问卷审核不同,录入后的数据清理一般由计算机而不是人工完成。

2) 数据清洗原理

为什么会产生"脏数据"?首先最根本的原因就是数据的来源多样,使得数据的标准、格式、统计方法不一样;其次就是录入和计算数据的代码有错误,这也是不可避免的。常见的"脏数据"有残缺数据、错误数据、重复数据。

数据清洗是一个反复的过程,不可能在几天内完成,需要不断地发现问题、解决问题。对于是否过滤、是否修正一般要向客户确认;对于过滤掉的数据,需要写入 Excel 文件或数据表,同时也可以将其作为将来验证数据的依据。在 ETL 开发的初期可以每天向业务单位发送过滤数据的邮件,促使他们尽快地修正错误。数据清洗需要注意的是不要将有用的数据过滤掉,应对每个过滤规则认真进行验证,并向用户确认。

3) 数据清洗方法

一般来说,数据清理是将数据库精简以除去重复记录,并使剩余部分转换为标准的可接收格式。数据清理标准模型是将数据输入数据清理处理器,通过一系列步骤"清理"数据,然后以期望的格式输出清理过的数据。数据清理从数据的准确性、完整性、一致性、唯一性、适时性、有效性等方面来处理数据的丢失值、越界值、不一致代码、重复数据等问题。

数据清理一般针对具体应用,因而难以归纳统一的方法和步骤,但是根据数据不同可以给出相应的数据清理方法。数据清洗的方法如表 3-5-7-2 所示。

表 3-5-7-2 数据清洗的主要方法

方法	内容
缺失值清洗	确定缺失值范围、去除不需要的字段、填充缺失内容、重新取数
格式内容清洗	将时间、日期数值、全半角等显示格式保持一致;去除内容中不该存在的字符;仔细识别问题类型,使内容与该字段应有内容相符
逻辑错误清洗	去除重复值、去除不合理值、修正矛盾内容
非需求性数据清洗	将不需要的字段直接删除;如果不能事先判断该字段是否有用,建议先保留;在删除字段之前做好备份,以免误删字段找不回数据
关联性验证	如果数据有多个来源,那么有必要进行关联性验证;如果验证发现问题,则需要对数据进行调整或去除

4) 数据清洗的评价

- 数据的可信性:可信性包括准确性、完整性、一致性、有效性、唯一性等指标。
- 数据的可用性:可用性的考查指标主要包括时间性和稳定性。
- 数据清洗的代价:数据清洗的代价即成本效益,在进行数据清洗之前考虑成本效益这个因素是很有必要的。数据清洗是一项十分繁重的工作,需要投入大量的时间、人力和物力,因此,在进行数据清洗之前要评估其所需的资源和时间,确保不会超过组织的承受能力。

3. 数据清洗流程设计

1) IPO 模型

数据清洗不是一次性的工作,需要多次、多环节进行。因此,如果要做好数据清洗、保证数据质量,那么首先需要对整个数据处理的流程进行了解,在了解了数据处理流程后再在相应的环节设计数据清洗的流程。在数据清洗环节中,将基于 IPO(input processing output)模型进行流程设计。IPO 模型是信息系统论的重要模型,软件开发和数据处理基本都依照此模型进行开发设计。

2) 数据清洗流程设计遵守的法则

- 少量数据——先合并、连接,再清洗。
- 大数据源接入——先按照统一标准清洗,再接入。
- 每个数据计算层——先清洗,再计算。
- 分析结果发现数据问题——向前溯源,新增、修订清洗规则。

同时,在数据清洗时应注意以下事项。

- 一个清洗步骤就用一条清洗规则。
- 多拆分清洗步骤,在每个步骤中备份数据,方便出问题时回退。
- 一般先做全局(即全部数据)清洗,再做个别字段的清洗。
- 不要将清洗的输出结果直接放在正式数据流或正式文件中,应先用测试环境或临时文件充分验证后再放入正式环境。

3) 全局规则的清洗

为了提升清洗效率,在不影响分析其他数据的前提下,可以使用全局规则将多个字段都存在的问题一次性清洗掉。全局清洗一般在其他清洗规则前优先执行。

DBE 财务大数据平台的清洗工具内置了如表 3-5-7-3 所示的全局规则。

表 3-5-7-3　DBE 财务大数据平台清洗工具的内置全局规则

全局规则	规则描述
非法字符清理	对表中所有记录中含有以下字符的内容进行删除:\、/、*、?、:、"、<、>、|
空格清理	对表中所有记录中的空格都进行统一删除
-(仅有)替换为 Null	将字段记录值仅含有'-'的内容进行删除,存为空记录
-(仅有)替换为 0	将字段记录值仅含有'-'的内容进行替换,存为'0'
空格(仅有)替换为 Null	将字段记录值仅含有空格的内容进行删除,存为空记录
空格(仅有)替换为 0	将字段记录值仅含有空格的内容进行替换,存为'0'

【小测试】

1. 下列选项中,不属于数据质量评估指标的是(　　)。

　　A. 完整性　　　　B. 准确性　　　　C. 唯一性　　　　D. 一致性

2. 数据清洗是一项十分繁重的工作,其在提高数据质量的同时要付出一定的代价,不包括( )。

    A. 投入的时间　　　　B. 人力成本　　　　　C. 物力成本　　　　D. 数据来源

3. 常见的数据清洗问题包括( )。(多选题)

    A. 数值为空,有缺失

    B. 有影响指标计算的非法字符,如英文逗号、空格等

    C. 重复数据

    D. 日期、时间格式不一致

4. 数据清洗一般遵循的原则有( )。(多选题)

    A. 每份数据连入时都针对这份数据清洗,清洗干净后再做数据合并、连接

    B. 数据量小的数据连入时,先合并、连接数据后再清洗

    C. 在计算大规模数据前,先进行数据清洗

    D. 数据清洗结果有问题时,从数据源头开始检查数据质量问题

5. 在案例数据集中可以使用清除所有空格的全局清洗规则。( )(判断题)

【实战演练】

任务1:全局清洗规则

【任务要求】

特殊字符清洗,使用全局清洗规则对整张表中的"-"进行清洗。

【操作指导】

① 执行"数据清洗实战演练"|"公司销售数据清洗"|"任务:全局清洗规则"命令;再单击"开始任务"按钮,进入操作页面。单击"选择数据源",在下拉列表中找到预置的超市数据,单击"保存"按钮。单击"查看数据源",可以看到"折扣"列有的值为"-"。单击"配置全局清洗规则",勾选要使用的规则,单击"保存"按钮,如图3-5-7-1所示。

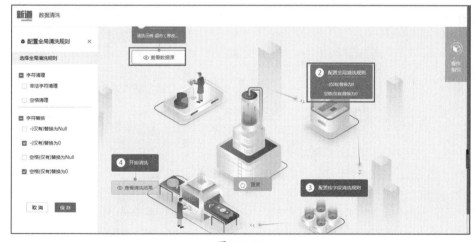

图 3-5-7-1

② 单击“开始清洗”，等待清洗结束后，单击“查看清洗结果”，可以看到“折扣”列原来的“-”变成了空值，如图 3-5-7-2 所示。

单 ID	订单日期	发货日期	邮寄方式	客户 ID	细分	城市	产品 ID	类别	子类别	产品名称	销售额	数量	折扣
-1357144	2015/04/28	2015/04/30	二级	曾惠-14485	公司	杭州	10002717	办公用品	用品	Fiskars 剪刀, *蓝色	129.696	2	0.4
-1973789	2015/06/16	2015/06/20	标准级	许安-10165	消费者	内江	10004832	办公用品	信封	GlobeWeis *搭扣信封, 红色	125.44	2	0
-1973789	2015/06/16	2015/06/20	标准级	许安-10165	消费者	内江	10001505	办公用品	装订机	Cardinal 孔加固材料, 回收	31.92	2	0.4
-3017568	2015/12/10	2015/12/14	标准级	宋良-17170	公司	镇江	10003746	办公用品	用品	Kleencut 开信刀, 工业	321.216	4	0.4
-2975416	2014/05/31	2014/06/02	二级	万兰-15730	消费者	汕头	10003452	办公用品	器具	KitchenAid 搅拌机, 黑色	1375.92	3	0
-4497736	2013/10/27	2013/10/31	标准级	俞明-18325	消费者	景德镇	10001640	技术	设备	柯尼卡 打印机, 红色	11129.58	9	
-4497736	2013/10/27	2013/10/31	标准级	俞明-18325	消费者	景德镇	10001029	办公用品	装订机	Ibico订书机, 实惠	479.92	2	0
-4497736	2013/10/27	2013/10/31	标准级	俞明-18325	消费者	景德镇	10000578	家具	椅子	SAFCO扶手椅, 可调	8659.84	4	0
-4497736	2013/10/27	2013/10/31	标准级	俞明-18325	消费者	景德镇	10001629	办公用品	纸张	GreenBar计划信息表, 多色	588	5	0
-4497736	2013/10/27	2013/10/31	标准级	俞明-18325	消费者	景德镇	10004801	办公用品	系固件	Stockwell 橡皮筋, 整包	154.28	2	0
-4195213	2012/12/22	2012/12/24	二级	谢雪-21700	小型企业	榆林	10000001	技术	设备	爱普生 计算器, 耐用	434.28	2	0
-5801711	2015/06/02	2015/06/07	标准级	康青-19585	消费者	哈尔滨	10002416	技术	复印机	惠普 墨水, 红色	2368.8	4	0

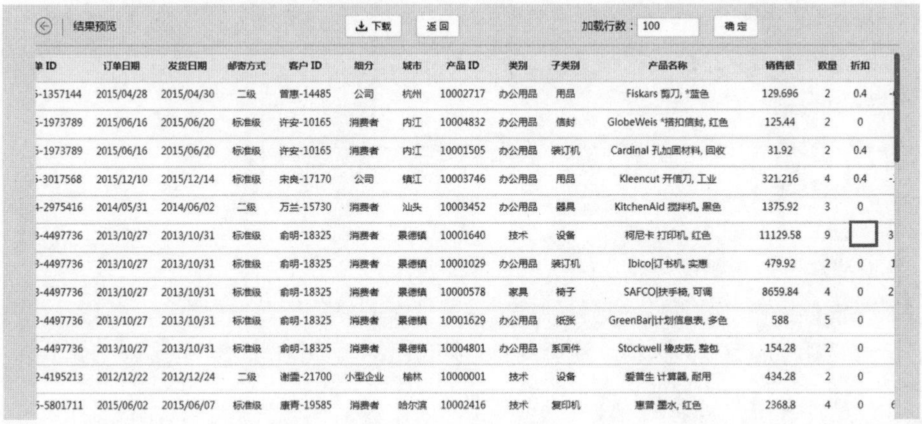

图 3-5-7-2

任务 2：客户分布分析

【任务要求】

为进行客户分布分析，需要将客户 ID 字段进行切分，切分出分析该主题所需要的客户名称和客户编码数据。

【操作指导】

① 单击“任务：客户分布分析”，再单击“开始任务”按钮，进入操作页面。单击“选择数据源”，在下拉列表中找到预置的超市数据，单击“保存”按钮。单击“查看数据源”，可以对上传数据进行查看。执行“配置按字段清洗规则”|“添加规则”|“字段切分”命令，进行字段选择，如图 3-5-7-3 所示。

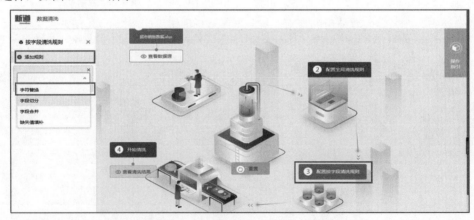

图 3-5-7-3

② 单击“字段切分”下方的“+”按钮，在弹出的对话框中勾选“客户 ID”复选框，并单击按钮，单击“确定”按钮，如图 3-5-7-4 所示；设置切分分隔符为“-”，修改切分后的字段名，分别为“客户名称”和“客户编码”，单击“保存”按钮，如图 3-5-7-5 所示。

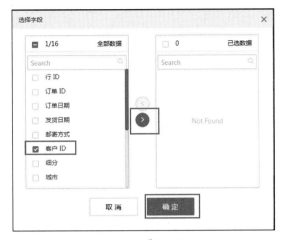

图 3-5-7-4　　　　　　　　　　　图 3-5-7-5

③ 单击"开始清洗",等待清洗结束后,单击"查看清洗结果",结果如图 3-5-7-6 所示。

图 3-5-7-6

任务 3：受欢迎商品分析——产品名称切分

【任务要求】

为分析受欢迎商品,需要提取产品的品牌、产品名称、产品规格数据。首先,将数据表中产品名称字段进行清洗,切分为"品牌"与"品名与规格";然后,将"品名与规格"字段进行清洗,切分为"品名"与"规格"。

【操作指导】

① 单击"任务：客户分布分析",再单击"开始任务"按钮,进入操作页面。单击"选择数据源",在下拉列表中找到预置的超市数据,单击"保存"按钮,执行"配置按字段清洗规则"|"添加规则"|"字符替换"命令,选择产品名称字段,将"*"替换为空格(输入空格键),如图 3-5-7-7 所示。

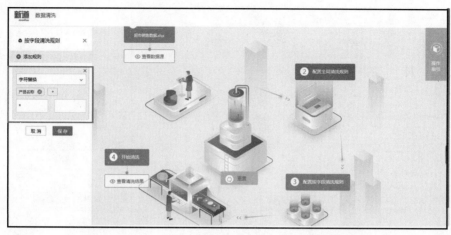

图 3-5-7-7

② 继续单击"添加规则",选择"字符替换",选择产品名称字段,将"\"替换为空格(输入空格键),如图 3-5-7-8 所示;单击"添加规则",选择"字符替换",选择产品名称字段,将"/"替换为空格(输入空格键),如图 3-5-7-9 所示;单击"添加规则",选择"字符替换",选择产品名称字段,将"|"替换为空格(输入空格键),如图 3-5-7-10 所示;单击"添加规则",选择"字段切分",选择产品名称字段,将切分分隔符设为空格,修改切分后的字段名,分别为"品牌"和"品名与规格",单击"保存"按钮,如图 3-5-7-11 所示。

图 3-5-7-8　　　图 3-5-7-9　　　图 3-5-7-10　　　图 3-5-7-11

③ 单击"开始清洗",等待清洗结束后,单击"查看清洗结果",结果如图 3-5-7-12 所示。单击"下载"按钮,将上述清洗完的结果下载到本地。最后执行"返回"|"重置清洗任务"|"确定"命令。

日期	发货日期	邮寄方式	客户 ID	细分	城市	产品 ID	类别	子类别	品牌	销售额	数量	折扣	利润	品名与规格
04/28	2015/04/30	二级	曾惠-14485	公司	杭州	10002717	办公用品	用品	Fiskars	129.696	2	0.4	-60.704	剪刀, 蓝色
06/16	2015/06/20	标准级	许安-10165	消费者	内江	10004832	办公用品	信封	GlobeWeis	125.44	2	0	42.56	搭扣信封, 红色
06/16	2015/06/20	标准级	许安-10165	消费者	内江	10001505	办公用品	装订机	Cardinal	31.92	2	0.4	4.2	孔加固材料, 回收
12/10	2015/12/14	标准级	宋良-17170	公司	镇江	10003746	办公用品	用品	Kleencut	321.216	4	0.4	-27.104	开信刀, 工业
05/31	2014/06/02	二级	万兰-15730	消费者	汕头	10003452	办公用品	器具	KitchenAid	1375.92	3	0	550.2	搅拌机, 黑色
10/27	2013/10/31	标准级	俞明-18325	消费者	景德镇	10001640	技术	设备	柯尼卡	11129.58	9		3783.78	打印机, 红色
10/27	2013/10/31	标准级	俞明-18325	消费者	景德镇	10001029	办公用品	装订机	Ibico	479.92	2	0	172.76	订书机, 实惠
10/27	2013/10/31	标准级	俞明-18325	消费者	景德镇	10000578	家具	椅子	SAFCO	8659.84	4	0	2684.08	扶手椅, 可调
10/27	2013/10/31	标准级	俞明-18325	消费者	景德镇	10001629	办公用品	纸张	GreenBar	588	5	0	46.9	计划信息表, 多色
10/27	2013/10/31	标准级	俞明-18325	消费者	景德镇	10004801	办公用品	系固件	Stockwell	154.28	2	0	33.88	橡皮筋, 整包
12/22	2012/12/24	二级	谢雯-21700	小型企业	榆林	10000001	技术	设备	爱普生	434.28	2	0	4.2	计算器, 耐用
06/02	2015/06/07	标准级	康青-19585	消费者	哈尔滨	10002416	技术	复印机	惠普	2368.8	4	0	639.52	墨水, 红色

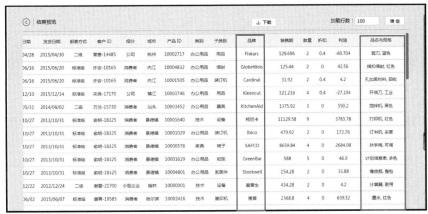

图 3-5-7-12

④ 选择数据源，单击“上传数据”按钮，上传刚刚下载的清洗结果文件，如图 3-5-7-13 所示。执行“按字段清洗规则”|“字符替换”命令，选择上一次清洗后的品名与规格字段，将空格替换为空；执行“按字段清洗规则”|“字段切分”命令，选择上一次清洗后的品名与规格字段，设置切分分隔符为“,”，修改切分后的字段名，分别为“品名”和“规格”。

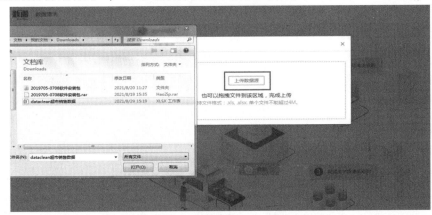

图 3-5-7-13

⑤ 单击“开始清洗”，等待清洗结束后，单击“查看清洗结果”，可以看到品名与规格已切分为两列，如图 3-5-7-14 所示。

日	发货日期	邮寄方式	客户 ID	细分	城市	产品 ID	类别	子类别	品牌	销售额	数量	折扣	利润	品名	规格
28	2015/04/30	二级	曾惠-14485	公司	杭州	10002717	办公用品	用品	Fiskars	129.696	2	0.4	-60.704	剪刀	蓝色
16	2015/06/20	标准级	许安-10165	消费者	内江	10004832	办公用品	信封	GlobeWeis	125.44	2	0	42.56	搭扣信封	红色
16	2015/06/20	标准级	许安-10165	消费者	内江	10001505	办公用品	装订机	Cardinal	31.92	2	0.4	4.2	孔加固材料	回收
10	2015/12/14	标准级	宋良-17170	公司	镇江	10003746	办公用品	用品	Kleencut	321.216	4	0.4	-27.104	开信刀	工业
31	2014/06/02	二级	万兰-15730	消费者	汕头	10003452	办公用品	器具	KitchenAid	1375.92	3	0	550.2	搅拌机	黑色
27	2013/10/31	标准级	俞明-18325	消费者	景德镇	10001640	技术	设备	柯尼卡	11129.58	9		3783.78	打印机	红色
27	2013/10/31	标准级	俞明-18325	消费者	景德镇	10001029	办公用品	装订机	Ibico	479.92	2	0	172.76	订书机	实惠
27	2013/10/31	标准级	俞明-18325	消费者	景德镇	10000578	家具	椅子	SAFCO	8659.84	4	0	2684.08	扶手椅	可调
27	2013/10/31	标准级	俞明-18325	消费者	景德镇	10001629	办公用品	纸张	GreenBar	588	5	0	46.9	计划信息表	多色
27	2013/10/31	标准级	俞明-18325	消费者	景德镇	10004801	办公用品	系固件	Stockwell	154.28	2	0	33.88	橡皮筋	整包
22	2012/12/24	二级	谢雯-21700	小型企业	榆林	10000001	技术	设备	爱普生	434.28	2	0	4.2	计算器	耐用

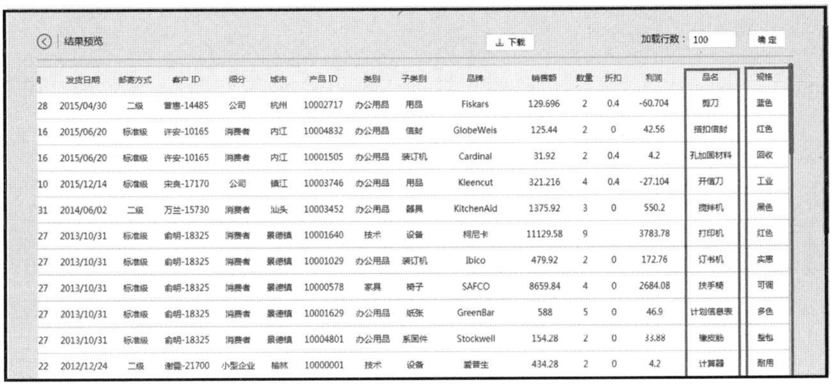

图 3-5-7-14

【情境小结】

在本情境中,我们学习了数据预处理的概念和常见的数据预处理工具;学习了数据清洗的概念、原理、方法,以及如何对数据清洗做出评价;然后基于 IPO 模型学习了数据清洗的流程设计,尤其是设计过程中需要遵守的法则;最后通过实战演练,切身体验了如何进行数据清洗,通过查看清洗结果,体会到了数据清洗的强大功能。

在下一情境中,我们将继续学习另一个数据预处理的方法——数据集成。

【参考答案】:1. B; 2. D; 3. ABCD; 4. BC; 5. ×

项目 6 数据集成

情境 8 数据关联实战

【情境导读】

当获取的数据有多个来源时,如数据来源于多张表,虽然表结构不同,但不同表之间可能有关联。在大多数情况下,人们不会只需要一张表的信息。例如,需要从一个班级表中找出天津地区的学生,再在成绩表中找出这些学生某门课程的成绩。如果没有进行多表连接,那么只能手动将第一个表的信息查询出来之后,再将其作为第二个表的检索信息去查询最终的结果。可想而知,这个过程很烦琐。数据关联就能很好地解决这个问题。下面让我们一起来学习吧!

【知识精讲】

1. 概念认知

在数据库设计中,为了防止相同数据在多个表中同时存放,减少数据冗余和存储浪费,通常会将不同的数据放在不同的表中,即对数据进行拆解后分别存储。在分析的过程中,为了获取完整的分析数据,就需要从多个表中获取数据,将多个表连接成一个表,方便进行分析。因此,数据关联是数据分析过程中最常见、运用最广泛的数据处理功能。

数据关联就是根据特定的连接条件将不同的表连接起来,然后获取所需要的数据。一般的数据关联有连接和合并两种方式。

2. 数据连接方式

数据库表连接的方式可分为内部连接、外部连接和交叉连接 3 种。我们将 Table A 和 Table B(分别是姓名表和年龄表)两张表作为测试数据,说明使用不同连接方式的结果。

Table A

id	name
1	t1
2	t2
4	t4

Table B

id	age
1	18
2	20
3	19

1) 内部连接

SQL 语法中内部连接(简称内连接)的关键字是 INNER JOIN。

内连接是使用比较运算符比较要连接列中的值的连接。内连接也叫连接，是最早的一种连接，起初被称为普通连接或自然连接。内连接是从结果中删除其他被连接表中没有匹配行的所有行，所以内连接可能会丢失信息。内连接查询出的数据是两张表共有的部分，取交集，如图 3-6-8-1 所示。

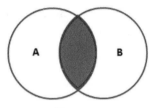

图 3-6-8-1

2) 外部连接

外部连接(简称外连接)是 SQL 中最常用的表连接方式，这种连接方式扩充了内连接的功能，会把内连接中删除表源的一些数据保留下来。由于保留下来的行不同，外连接又可分为左向外连接、右向外连接和完整外连接。

(1) 左向外连接。

SQL 语法中左向外连接(简称左连接)的关键字是 LEFT JOIN。

左向外连接的结果集包括 LEFT JOIN 子句中指定的左表的所有行，而不仅是连接列所匹配的行。在左向外连接中，会以左表为基表，以右表为外表。基表的所有行、列都会显示，如果基表的某一行在外表中没有匹配行，则在关联的结果集行中，来自右表的所有选择列均为空值 NULL，如图 3-6-8-2 所示。

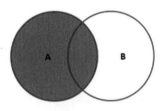

图 3-6-8-2

(2) 右向外连接。

SQL 语法中右向外连接(简称右连接)的关键字是 RIGHT JOIN。

右向外连接使用 RIGHT JOIN 进行连接，是左向外连接的反方向连接。以右表为基表，左表为外表，该连接方式将返回右表的所有行、列内容。如果右表的某一行在左表中没有匹配行，则将为左表返回空值 NULL，如图 3-6-8-3 所示。

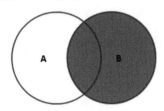

图 3-6-8-3

(3) 完整外连接。

完整外连接也称为全连接，SQL 语法中完整外连接的关键字是 FULL JOIN。

完整外连接使用 FULL JOIN 进行连接，将返回左表和右表中的所有行。当某一行在另一个表中没有匹配行时，另一个表的选择列表列将包含空值。如果表之间有匹配行，则整个结果集行包含基表的数据值，如图 3-6-8-4 所示。

图 3-6-8-4

3) 交叉连接

SQL 语法中交叉连接的关键字是 CROSS JOIN。

交叉连接使用 CROSS JOIN 进行连接，第一个表的行数乘以第二个表的行数等于笛卡儿积(Cartesian product)结果集的大小。笛卡儿乘积是指在数学中，两个集合 X 和 Y 的笛卡儿积，又称为直积，表示为 $X \times Y$，第一个对象是 X 的成员，而第二个对象是 Y 的所有可能有序对的其中一个成员。假设集合 $A=\{a,b\}$，集合 $B=\{0,1,2\}$，则两个集合的笛卡儿积为 $A \times B=\{(x,y)|x \in A \wedge y \in B\}$，则 $A \times B=\{(a,0), (a,1), (a,2), (b,0), (b,1), (b,2)\}$，$B \times A=\{(0,a), (0,b), (1,a), (1,b), (2,a), (2,b)\}$。

交叉连接中列和行的数量的计算方法如下。

交叉连接中的列=原表中列的数量的总和(相加)

交叉连接中的行=原表中的行数的积(相乘)

3. 数据关联流程设计

依托 DBE 财务大数据分析与决策平台，数据关联的流程可以分为上传数据、新建数据集、添加关联数据表、保存数据四个步骤。

(1) 上传数据。在 DBE 财务大数据分析与决策平台中，数据关联实战情境会将多张表根据标识或其他条件进行关联，第一步就是将所需要关联的多张表上传至平台，以保证需要关联的表在同一个系统。

(2) 新建数据集。数据集又称为资料集、数据集合或资料集合，是一种由数据组成的集合。data set(或 dataset)是一个数据的集合，通常以表格形式出现，表中每一列代表一个特定变量，每一行都对应于某一成员的数据集的问题。它列出的价值为每个变量，如身高和体重的一个物体或价值的随机数。每个数值被称为数据资料，对应于行数，该数据集的数据可能包括一个或多个成员。系统中可以新建的数据集有三种：关联数据集、追加数据集及 SQL 数据集。我们在这部分要进行数据关联，因此选择新建关联数据集并进行相应的命名。

(3) 添加关联数据表。这一步是数据关联非常重要的一步，需要将上传到平台的多张表根据要求选择连接方式进行连接，同时设置连接条件，通过关键字段或唯一标识将所需的信息从多张表连接到一张表中，方便后续的数据分析。

(4) 保存数据。在表连接完成后，系统默认表中的数据类型为文本类型(用 a，b，c 表示)，需要关联表内容并修改数据类型为数值型(用 1，2，3 表示)，修改完成后进行数据保存。

【小测试】

1. 按照数据的连接方式，数据库表连接可分为(　　)。(多选题)

　　A. 内连接　　　　B. 外连接　　　　C. 左向外连接　　　D. 交叉连接

2. 一般的数据关联有(　　)两种方式。(多选题)

　　A. 聚合　　　　　B. 连接　　　　　C. 合并　　　　　　D. 组合

3. 外连接可以分为(　　)。(多选题)

　　A. 左向外连接　　B. 交叉连接　　　C. 完整外连接　　　D. 右向外连接

4. SQL 语法中，(　　)不是内连接的关键字。(多选题)

　　A. LEFT JOIN　　B. RIGHT JOIN　　C. FULL JOIN　　　D. CROSS JOIN

5. (　　)是 SQL 中最常用的表连接方式，这种连接方式扩充了内连接的功能，会把内连接中删除表源的一些数据保留下来。

　　A. 内连接　　　　B. 外连接　　　　C. 左外部连接　　　D. 交叉连接

【实战演练】

任务：数据关联

【任务要求】

将"超市数据清洗结果表"和"城市表""省区表"建立关联。

【操作指导】

(1) 数据上传。

将下载的"超市数据清洗结果表""城市表""省区表"上传到分析云。

(2) 新建数据集。

① 在"数据集成实战演练"中，选择"02 数据关联"实战任务，单击"开始训练"按钮，如图 3-6-8-5 所示。

图 3-6-8-5

② 选择"超市数据与地区数据关联",单击"开始任务"按钮,如图 3-6-8-6 所示。

图 3-6-8-6

③ 单击左侧菜单栏中的"数据准备",单击"新建"按钮,如图 3-6-8-7 所示。

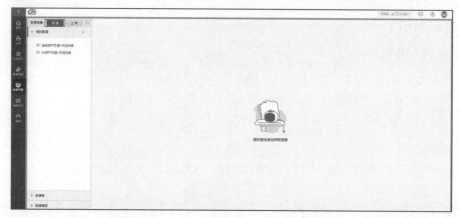

图 3-6-8-7

④ 在弹出的"创建数据集"对话框中选择"关联数据集",设置关联后的数据集名称为"超市省区关联",选择数据集所在文件夹的存放路径,单击"确定"按钮,如图 3-6-8-8 所示。

图 3-6-8-8

(3) 添加关联数据表。

① 将数据集下的"省区表""城市表""销售数据_清洗后"拖曳到右侧空白区,如图 3-6-8-9 所示。

图 3-6-8-9

② 选择"销售数据_清洗后"和"城市表",将连接方式设置为"左连接",设置关联字段为"销售数据_清洗后'城市'"="城市表'城市'",单击"确定"按钮,如图 3-6-8-10 所示。

③ 选择"城市表"和"省区表",将连接方式设置为"左连接",设置关联字段为"城市表'省自治区'"="省区表'省自治区'",单击"确定"按钮,如图 3-6-8-11 所示。

图 3-6-8-10

图 3-6-8-11

(4) 保存数据集。

① 单击右上角的"执行"按钮,进行数据预览,检查数据结果是否正确,如图 3-6-8-12 所示。

② 单击字段名称前的"abc",修改关联表"数量""折扣""利润"三列的数据类型,将"abc"改成"123"(由文本格式改为数值格式)。单击"执行"按钮,再单击"保存"按钮,如图 3-6-8-13 所示。

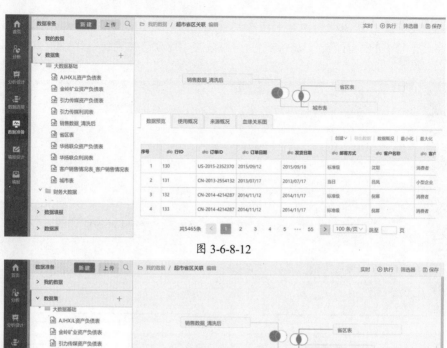

图 3-6-8-12

图 3-6-8-13

【情境小结】

在本情境中，我们学习了数据关联的概念、各种数据连接方式，并通过 Table A 和 Table B 的例子理解了各种连接方式的区别，最后通过 DBE 财务大数据分析与决策平台实战演练中的任务体验了数据关联的流程，明确了数据连接在数据预处理中的作用。

在下一情境中，我们将继续学习数据预处理中的数据合并，完成财务处理的最后一部分内容。

【参考答案】：1. ABD；2. BC；3. ACD；4. ABCD；5. B

情境 9　数据合并实战

【情境导读】

在实际工作中，为了提高效率，经常需要将一份数据分成几部分分别录入，最后为了研究分析，又需要将几个数据文件合并为一个总的数据文件。因此，在数据预处理中，数据合并是可能存在的非常重要的一环。完成数据合并，可方便后续进行数据分析。那么，数据合并的概念是什么？规则有哪些？带着诸多疑问，让我们来一起学习数据合并相关的内容吧！

【知识精讲】

1. 概念认知

数据整合是共享或合并来自两个或更多应用的数据，创建一个具有更多功能的企业应用的过程。传统的商业应用有很强的面向对象性，即它们依靠持续的数据结构为商业实体和过程建模。当这种情况发生时，逻辑方式是通过数据共享或合并进行整合，而其他情况下，来自一个应用的数据也可能需要重新构造后才能和另一个应用的数据进行结构匹配，然后被直接写入另一个数据库。数据合并将数据库表或文本文件与其他数据库表或文本文件按一定的条件进行合并，将数据输出至数据库表或文本文件，具体过程如图 3-6-9-1 所示。

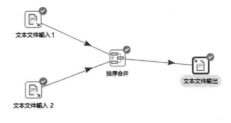

图 3-6-9-1

2. 数据合并的规则

SQL 语法中合并的关键字是 UNION。数据表的合并操作是将两个或多个表的行合并到一个表中，且不需要对这些行做任何更改。在构造合并查询时必须遵循以下规则。

- 两个 SELECT 语句选择列表中的列数必须一样多，而且对应位置上的列的数据类型必须相同或兼容。
- 列的名字或别名是由第一个 SELECT 语句的选择列表决定的。
- 可以为每个 SELECT 语句都增加一个表示行的数据来源的表达式。
- 可以将合并操作作为 SELECT INTO 命令的一部分使用，但是 INTO 关键字必须放在第一个 SELECT 语句中。
- SELECT 命令在默认情况下不会去掉重复行，除非明确地为它指定 DISTINCT 关键字。合并操作却与之相反，在默认情况下，合并操作将会去掉重复行；如果希望返回重复的行，就必须明确地指定 ALL 关键字。
- 用所有 SELECT 语句的合并操作结果进行排序的 ORDER BY 子句，必须放到最后一个 SELECT 后面，但它所使用的排序列名必须是第一个 SELECT 选择列表中的列名。

3. 使用 UNION 进行数据合并

1) 使用 UNION ALL 合并表

UNION 加上关键字 ALL 的功能是不删除重复行也不对行进行自动排序。因为加上 ALL 关键字需要的计算资源少，所以尽可能使用它，尤其在处理大型表时。在下列情况下应该使用 UNION ALL。

- 知道有重复行并想保留这些行。
- 知道不可能有任何重复行。
- 不在乎是否有任何重复行。

(1) 使用 UNION 合并不同类型的数据。

在合并表时，两个表源中相对应的列即使数据类型不一致也能合并，这时需要借助数据类型转换函数。

当合并的两个表源相对应的列数不一致时，例如，一个是数值型，另一个是字符型，如果数值类型被转换为文本类型，则完全可以合并这两个表。

(2) 使用 UNION 合并有不同列数的两个表。

当合并两个表源时，若列数不同，只要向其中一个表源中添加列，即可使两个表源的列数相同，这时就可以合并列了。

(3) 使用 UNION 进行多表合并。

可以把很多个表进行合并，表的数量可达到十多个，但仍要遵循合并表时的规则。

2) UNION 中的自动数据类型转换

合并表时，两个数源中对应的列数类型必须相同吗？答案是否定的，只要数据类型兼容就可以。

(1) 文本数据类型。假设合并的两个表源中的第一列数据类型都是文本类型，长度不一致，在合并表时，字符长度短的列等于字符长度长的列的长度，这样长度长的列不会丢失任何数据。

(2) 数值类型。当合并的两个表源中的第一列数据类型都是数值类型，长度相同，在合并表时，所有数字保持所有数字都允许的长度来消除其数据类型的差别。

因为这两种都是自动数据类型转换，所以说任何两个文本列都是兼容的，任何两个数字列也都是兼容的。

4. 数据合并与数据连接的区别

数据合并操作与数据连接相似，两者都是将两个或多个表合并起来形成另一个表。然而，这两种数据处理方法有本质上的不同，具体如下。

- 在数据合并中，两个表源列的数量、数据类型必须相同；在数据连接中，一个表的行可能与另一个表的行有很大区别，根据数据的连接方式不同，其结果表的列可能来自第一个表、第二个表，或者两个表都有。
- 在数据合并中，行的最大数量是两个表行的"和"；在数据连接中，行的最大数量是交叉连接中形成的两个表的"乘积"。

【小测试】

1. 在构造合并查询时必须遵循的规则有(　　)。(多选题)

    A. 两个 SELECT 语句选择列表中的列数必须一样多，而且对应位置上的列的数据类型必须相同或兼容

    B. 列的名字或别名是由第一个 SELECT 语句的选择列表决定的

    C. 可以为每个 SELECT 语句都增加一个表示行的数据来源的表达式

    D. 可以将合并操作作为 SELECT INTO 命令的一部分使用，但是 INTO 关键字必须放在第一个 SELECT 语句中

    E. 在默认情况下，合并操作将会去掉重复行；如果希望返回重复行，就必须明确地指定 ALL 关键字

    F. 用所有 SELECT 语句的合并操作结果进行排序的 ORDER BY 子句，必须放到最后一个 SELECT 后面，但它所使用的排序列名必须是第一个 SELECT 选择列表中的列名

2. 在下列情况中，应该使用 UNION ALL 进行数据合并操作的是(　　)。(多选题)

   A. 知道有重复行并想保留这些行　　B. 知道不可能有任何重复行

   C. 不在乎是否有任何重复行　　　　D. 不需要显示重复结果

3. 以下表的个数可以使用 UNION 进行合并的是(　　)。(多选题)

   A. 3　　　　　　B. 4　　　　　　C. 9　　　　　　D. 12

4. 在以下关于使用 UNION 进行数据合并的说法中，正确的是(　　)。(多选题)

   A. 两个表源中相对应的列的数据类型不一致，在数据类型转换后也可以合并

   B. 只要两个表源列数不同就不可以合并

   C. 合并表的数量可达到十多个

   D. 当合并表的数量足够多时，就不需要遵循合并表的规则

5. 以下关于数据合并与数据连接的区别的表述中，正确的是(　　)。(多选题)

   A. 在数据合并中，两个表源列的数量、数据类型必须相同

   B. 在数据连接中，根据连接方式不同，结果表的列可能来自第一个表、第二个表，或者两个表都有

   C. 在数据合并中，行的最大数量是两个表行的"和"

   D. 在数据连接中，行的最大数量是交叉连接中形成的两个表的"乘积"

【实战演练】

任务：数据合并

【任务要求】

现在有两份数据表，分别是母公司 AJHXJL 的财务利润表和行业标杆企业金岭矿业的利润表，这两家公司利润表内的数据指标字段基本类似，但不完全相同，现在需要对两份数据进行合并、分析，为了区分不同企业的数据，这两张利润表必须增加一列企业名称字段。

【操作指导】

(1) 数据上传。

将"利润表-AJHXJL"和"利润表-金岭矿业"上传到数据云。

(2) 创建数据集。

① 在"数据集成实战演练"中，选择"02 合并利润表数据"实战任务，单击开始训练"按钮，如图 3-6-9-2 所示。

图 3-6-9-2

② 单击"合并利润表",再单击"开始任务"按钮,如图 3-6-9-3 所示。

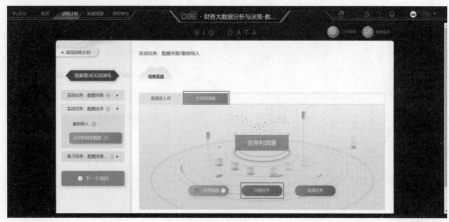

图 3-6-9-3

③ 单击左侧菜单栏中的"数据准备",再单击"新建"按钮,创建一个新的数据集,如图 3-6-9-4 所示。在弹出的"创建数据集"对话框中选择"关联数据集",设置名称为"AJHXJL 利润表",单击"确定"按钮,如图 3-6-9-5 所示。

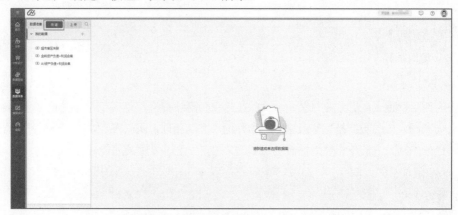

图 3-6-9-4

图 3-6-9-5

④ 选择"AJHXJL 利润表_利润表-AJHXJL"数据集,将其拖曳至数据编辑区,如图 3-6-9-6 所示。执行"创建"|"新建计算字段"命令,在弹出的"添加字段"对话框中,设置名称为"企业名称",字段类型为"字符",表达式为'AJHXJL 矿业'(注意使用英文单引号),设置完成后单击

"确定"按钮,如图 3-6-9-7 所示。执行"执行"|"保存"命令,结果如图 3-6-9-8 所示。

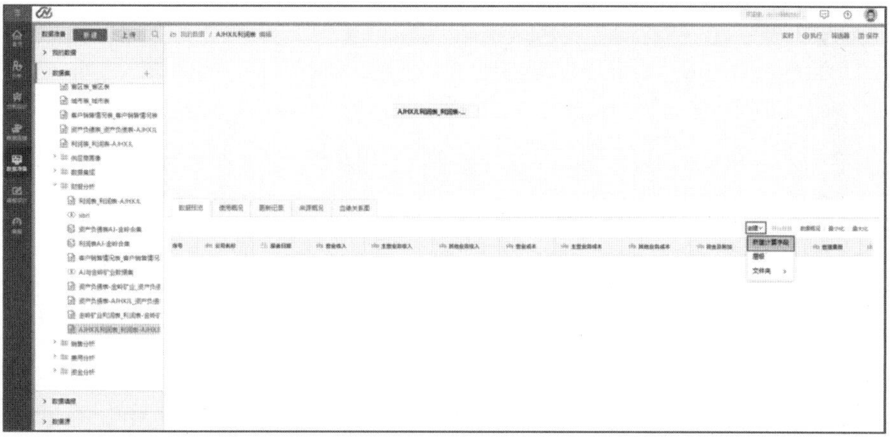

图 3-6-9-6

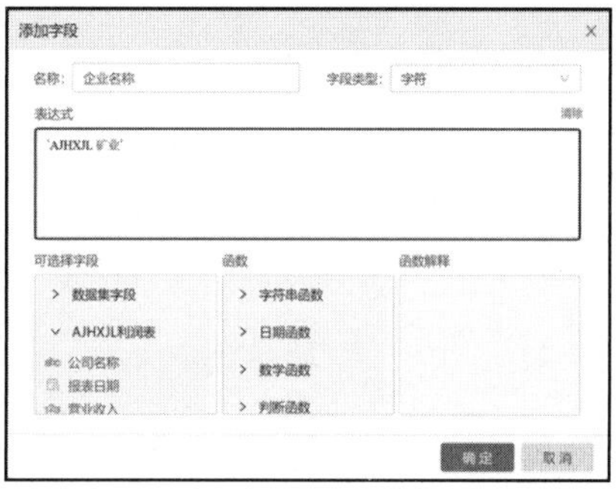

图 3-6-9-7

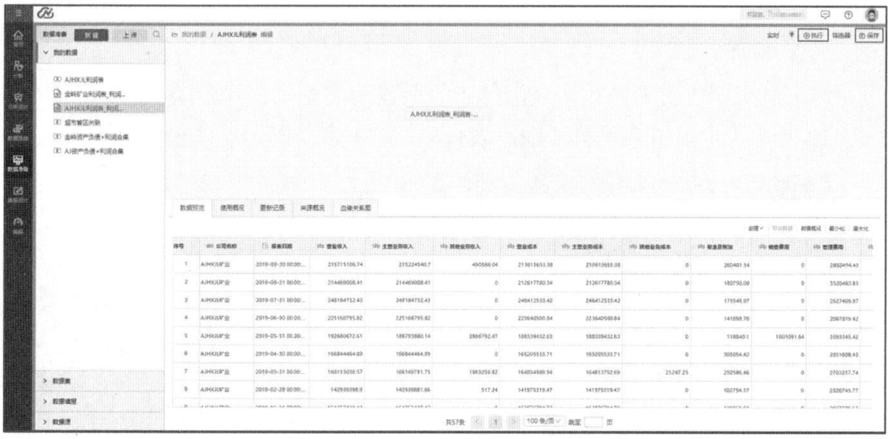

图 3-6-9-8

⑤ 选择"金岭矿业利润表",重复步骤③和步骤④的操作。
(3) 物化数据集。
① 选择"AJHXJL 利润表"数据集,单击页面右上角的"编辑"按钮,如图 3-6-9-9 所示。单击右上角的"实时"按钮,选中"数据物化"单选按钮,再单击"保存"按钮,如图 3-6-9-10 所示。

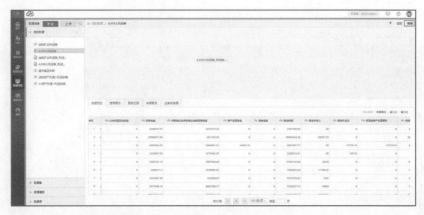

图 3-6-9-9

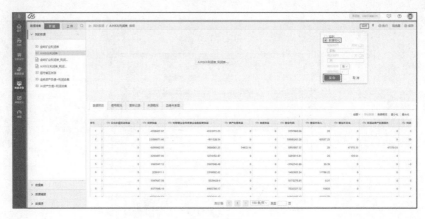

图 3-6-9-10

② 重复上述步骤，完成"金岭矿业利润表"数据物化。

(4) 添加连接规则。

① 选择"AJHXJL 利润表"数据集，单击"新建"按钮，在弹出的"创建数据集"对话框中选择"追加数据集"，设置名称为"利润表合集"，单击"确定"按钮，如图 3-6-9-11 所示。

图 3-6-9-11

② 选择"金岭矿业利润表"数据集，将其拖曳至数据编辑区，系统弹出"选择所需字段"对话框，根据分析需要选择合并表中的指标，如图 3-6-9-12 所示。单击"确定"按钮，页面右侧空白区会显示刚刚所选的指标字段，如图 3-6-9-13 所示。

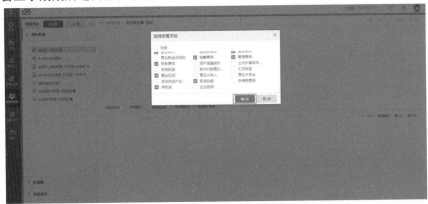

图 3-6-9-12

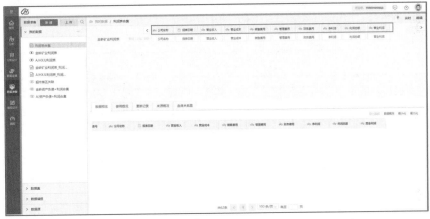

图 3-6-9-13

③ 选择"AJHXJL 利润表"数据集，重复步骤②的操作，在"选择所需字段"对话框中选择与"金岭矿业利润表"数据集字段一致的指标，单击"保存"按钮，结果如图 3-6-9-14 所示。

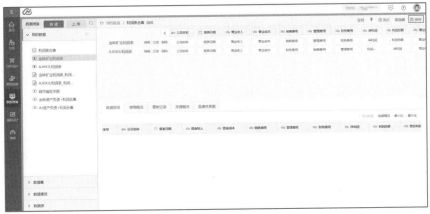

图 3-6-9-14

④ 检查两个利润表项目与数据集字段的对应情况，从图 3-6-9-15 中可以看出金岭矿业各项目与所选字段一一对应，而 AJHXJL 利润表除了"营业收入"和"营业成本"两个字段，其他字段均不对应，需要调整。单击 AJHXJL 利润表"财务费用"字段，在下拉列表框中选择"销售费用"字段，如图 3-6-9-15 所示。其他字段按相同的方法进行调整，结果如图 3-6-9-16 所示(注意两张图预览数据的对比)。

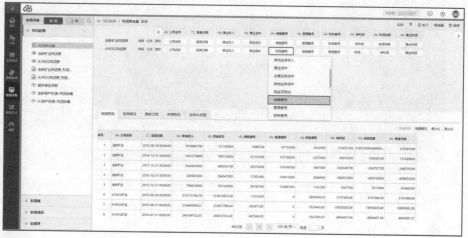

图 3-6-9-15

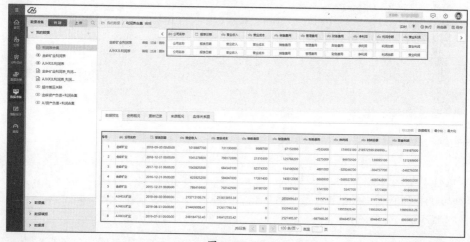

图 3-6-9-16

【情境小结】

在本情境中，我们学习了数据合并的概念和规则；学习了如何使用 UNION ALL 进行表合并，以及 UNION 中的自动数据类型的转换，并将本情境的数据合并与之前的数据连接进行了对比。此外，通过实战演练中的任务掌握了企业利润表的合并方法。

在下一情境中，我们将学习有关盈利能力的内容，并掌握运用盈利能力分析企业的方法。

【参考答案】：1. ABCDEF； 2. ABC； 3. BCD； 4. AC； 5. ABCD

第4章

大数据技术在财务分析中的应用

【章节导读】

与传统财务数据分析相比,利用大数据进行财务分析不仅能够网罗所有信息,还能够满足财务决策的实效性需求,使财务分析报告由原来的静态变为动态。依托大数据系统平台将获取的动态数据进行归类和整理,从中提取产品市场或营销战略所需要的数据,可以实现企业自动监控,降低人为因素对财务真实性造成的影响。大数据时代,财务分析能够突破数据信息样本分析的局限,实现数据信息的总体分析,利用数据分析工具构建多种模型,提高数据分析和决策的效率。例如,企业的财务人员可以利用动态的大数据对企业的行业市场情况进行周密的调查和分析,还可以利用财务数据的相关模型对比确定企业的生产规模、产品定位、财务管理计划等,从而有效提高企业的财务分析与预测的效率,缩短分析周期,发挥财务分析工作者的价值。数字经济时代企业如何利用从海量信息中识别出的有效信息为企业财务分析服务是本章要讨论的内容。

本章将从传统财务分析的维度引入利用大数据进行财务分析的内容,在此基础上总结大数据挖掘和财务分析的方法论,力求帮助读者快速理解大数据财务分析的新思路和新方法。

项目7 大数据+投资者角度的财报分析

情境10 上市公司行业竞争力分析:盈利能力

【情境导读】

利润是企业内外有关各方都关心的中心问题。它是投资者取得投资收益、债权人收取本息的资金来源,是经营者经营业绩和管理效能的集中表现,也是职工集体福利设施不断完善的重要保障。因此企业盈利能力分析十分重要。

【知识精讲】

1. 盈利能力的概念

盈利能力是指企业在一定时期内获取利润的能力。盈利能力是一个相对的概念,它与企业一定时期内的资源投入、资本结构、产品市场状态等均有关系。

企业的盈利能力越强，给投资者带来的回报就越高，企业价值也就越大。同时，企业盈利能力越强，带来的现金流量就越多，企业的偿债能力就会越强。企业盈利能力分析包含两个层次的内容：一是企业在一个会计期间内从事生产经营活动的盈利能力分析；二是企业在一个较长期间内稳定地获得较高利润能力的分析。也就是说，盈利能力涉及盈利水平的高低及盈利的稳定性和持久性。

2. 盈利能力分析的目的与内容

1) 盈利能力分析的目的

企业经营的主要目的在于使投资人获得较高的利润并使利润维持适度的增长。企业只有盈利才能扩大经营规模。因此，盈利能力是企业的投资人、债权人、经营管理者及政府机构共同关心的问题。

(1) 对投资人来说，企业盈利能力的强弱直接影响他们的权益。企业的盈利能力越强，其税后利润也就越多，在提取法定公积金之后分配给投资者的利润就越多。投资者的投资去向基本由投资报酬决定，投资报酬又以盈利为基础。另外，企业的盈利能力越高，企业价值就越大，其股票在股市上的价格也会越高，企业的股东在股票交易中就会获得资本收益。企业投资者和潜在投资者关注盈利能力，是因为他们的股息收入来源于利润，而且企业盈利能力的提升还能使股票价格上升，从而使股东获得资本增值。

(2) 对债权人来说，企业盈利能力的强弱也会影响他们的权益。一个具有良好盈利能力的企业在偿还短期债务与长期债务、支付利息方面一般不会存在问题，企业债权人的权益将会得到充分保障。如果企业利润枯竭，偿还各种债务的能力也就不复存在，企业债权人的权益保障自然就成为问题。企业债权人关注盈利能力，是因为企业利润是其债权安全性的保障，是企业偿债的主要来源。企业盈利能力的强弱反映了企业资产结构是否合理、营销策略是否成功，以及经营管理水平的高低，因此企业经营管理者为了提高业绩、发现问题、履行和承担受托责任，同样会非常关心企业盈利能力。

(3) 对经营管理者来说，盈利能力是企业财务结构和经营绩效的综合体现。经营管理者通过分析盈利能力，可以评价、判断企业的经营成果，分析其变化的原因，研究改进措施。如果管理者经营良好，企业就应该具有较高的利润水平，并且具有较强的盈利能力；如果管理者经营较差，企业利润就会很低，甚至出现亏损，在这种情况下，企业的盈利能力必然较弱。

(4) 对政府机构来说，企业盈利水平影响税收收入，盈利的多寡直接影响财政收入的实现。因此，盈利能力对所有报表使用者都有十分重要的影响。盈利能力的高低与企业营业收入有关，也与企业成本费用有关，并最终通过各种盈利能力指标体现出来。因此，通过对企业营业收入、成本费用的分析，以及盈利能力指标及其趋势和结构的分析，可以形成对企业盈利能力的整体评价。

2) 盈利能力分析的内容

企业盈利能力分析要考虑企业类型、所在行业、经营方式及企业是否上市等因素。

(1) 一般企业盈利能力分析。

一般情况下，企业的产出超过投入的金额越大、持续性越强，企业的盈利能力就越强。企业的产出是指企业可以从产品销售市场或服务提供市场获取的资源，也就是通常意义上的收入。

企业为了获取一定的收入，必然会耗费一定的资源，包括人工成本、折旧和原材料成本。在盈利能力分析中，资源消耗是指当期已经通过销售实现的收入所对应的资源消耗。对一般企业而言，可以通过比较资产投入与获得的收益来评价其盈利能力。

(2) 上市公司盈利能力分析。

对于上市公司，投资者特别关注其收益状况及未来的发展能力。如何评价公司的盈利能力和盈利质量一直是会计界、投资业的热门话题。随着我国社会主义市场经济体制的逐渐发展和完善，我国的企业管理体制正在由传统的管理体制向现代管理体制转变。在这种转轨经济特点下，公司股份制改造是建立现代企业制度的重要形式。随着股份制企业的增多和资本市场的完善，上市公司也越来越多。上市公司自身的特点决定了其盈利能力除了可以通过一般企业盈利能力的指标进行分析外，还应进行一些特殊指标的分析，特别是一些与企业股票价格或市场价值相关的指标。

3. 盈利能力分析的评价指标

在明确了企业盈利能力分析的内容后，就可以通过相关的指标来评价企业的盈利能力。这些指标的概念及其计算公式与含义如下。

1) 毛利率

(1) 指标概念及计算公式。

毛利是指企业营业收入扣除营业成本之后的差额，它在一定程度上反映了企业生产经营环节效率的高低。毛利率是指企业毛利占营业收入的比重。毛利率越大，说明在营业收入中营业成本所占的比重越小，企业通过营业获得利润的能力就越强。毛利是企业利润的基础，没有足够大的毛利率，企业便不可能盈利。毛利率的计算公式如下。

$$毛利率 = 毛利 \div 营业收入 \times 100\%$$

其中，毛利=营业收入-营业成本

(2) 指标含义。

第一，毛利率反映的是每一元的销售收入中，有多少可以在弥补期间费用后形成企业的利润，即每一元销售收入能为企业带来多少毛利。

第二，毛利率反映了企业销售的商品本身的盈利能力。毛利是形成利润的基础，毛利率越高，企业的盈利基础就越好。但是，不同行业的毛利率有很大的差异，这与行业特性有关。一般来说，零售行业的毛利率相对较低，制造行业的毛利率相对较高，这与行业的经营周期和资产占用率等有关。

第三，如果企业销售的某产品的毛利率过低，就应该考虑是否继续经营该产品，如果继续经营，就应该想办法提高毛利率；否则，企业的盈利能力很难得到保证。

对于毛利率的分析，应该注意以下两个问题。

第一，毛利率是企业营业定价政策依据的指标。企业获取利润的基本途径是经营业务，而经营业务中销售价格的确定取决于毛利的高低。通常情况下，只有营业毛利超出营业税金、销售费用、管理费用和财务费用等支出后，才会使企业获取利润。可以说，毛利是企业利润最基本、最主要的来源，毛利率的高低将对企业的盈利水平产生直接影响。当然，作为生产型企业，为了增加产品的市场份额，有时也会采取薄利多销的政策，使企业毛利率降低。

第二,毛利率指标有明显的行业特点。通常情况下,营业周期短、固定费用低的行业(如商品零售业),其毛利率比较低;营业周期长、固定费用高的行业(如制造业),其毛利率较高,以弥补其巨额固定成本。因此,在分析企业的毛利率时,必须与企业的目标毛利率、同行业毛利率均值及标杆企业的毛利率加以比较,以正确评价企业的盈利能力,并且分析差距及其产生的原因,寻找提高盈利能力的途径。

2) 营业利润率

(1) 指标概念及计算公式。

营业利润率是指企业在一定期间内营业利润占营业收入的比重。它反映了企业每单位营业收入能带来的营业利润,表明了企业经营业务的盈利能力,是评价企业销售业务盈利能力的主要指标。营业利润率计算公式如下。

$$营业利润率=营业利润\div营业收入\times100\%$$

(2) 指标含义。

第一,营业利润率反映的是每一元的销售收入中扣除成本费用后的企业利润。

第二,营业利润率反映了扣除相对占比较大的成本费用后的利润水平,即反映了相对稳定的利润水平,因此,更能反映企业的经营管理水平和盈利能力。营业利润率高,说明企业的盈利能力强。但是,不同行业的营业利润率有很大的差异,这与行业特性有关。

第三,企业营业利润率高的原因可能有:企业处于垄断行业中,垄断带来了较高的营业利润;企业处于新技术行业中,新兴行业的利润率往往比较高。

营业利润率指标体现了企业经营活动的盈利能力,如果一个企业没有足够的营业利润率,将很难形成企业的最终利润。因此,将营业利润率指标与企业的营业收入、营业成本等因素结合起来进行分析,能够充分揭示企业在成本控制、费用管理、业务推广及经营策略等方面的成绩与不足。营业利润率指标高,说明企业经营方针正确,营销策略得当,市场竞争力强,发展潜力大,盈利水平高。

通常,需要将营业利润率和毛利率同时进行分析,如果企业的毛利率较高,营业利润率相对较低,则说明企业的期间费用较高,其费用处于一个相对失控的状态,企业应该加强对期间费用的管理。

3) 营业净利率

(1) 指标概念及计算公式。

营业净利率是指企业净利润占营业收入的比重,这里的净利润是指企业的税后利润。营业净利率用来衡量企业的销售收入的盈利能力,计算公式如下。

$$营业净利率=净利润\div营业收入\times100\%$$

净利率低表明企业经营者未能创造足够多的营业收入或未能控制好成本费用,或者两方面兼而有之。营业净利率指标数值越高越好,数值越高表明企业的盈利能力越强。

(2) 指标含义。

第一,营业净利率反映的是每一元的销售收入中产生的企业净利润。

第二,营业净利率并非都由销售收入产生,其大小还受投资收益、营业外收支等因素影响,它反映的是企业整个商务活动的盈利能力。营业净利率是企业销售的最终获利能力指标,营业净利率高,说明企业的盈利能力强。但是,处于不同行业的企业营业净利率有很大的差异,这与行业特性有关。

第三,企业要想保持营业净利率不变,必须在增加投入、扩大销售收入的同时,提高经营管理水平、控制期间费用支出等,从而提升投入产出比。

营业净利率指标可以反映出在增加收入、加大投入时,企业的经营管理水平和盈利能力是否已经同步提升、是否与营业收入同步增长。

当运用营业利润率来分析企业的盈利能力时,不能简单地根据营业利润率的高低来判断企业的经营管理水平和经营管理成果,还应关注企业收益结构。如果大部分净利润来源于投资收益或营业外收益,就不代表企业的经营管理水平高,说明企业的收益稳定性差,这时,可以结合利润变动趋势进行综合分析。

4) 总资产报酬率

(1) 指标概念及计算公式。

总资产报酬率是反映企业平均总资产获得净利润和支付利息费用的能力,是企业一定期间内的息税前利润与平均总资产的比率,计算公式如下。

$$总资产报酬率=(净利润+利息费用)\div 平均总资产\times 100\%$$

$$平均总资产=(期初总资产+期末总资产)\div 2$$

(2) 指标含义。

第一,总资产报酬率反映每一元资产能够创造的息税前利润额,是反映企业资产综合利用效果的指标。总资产报酬率越高,表明企业资产利用率越高;资产利用率越高,资产的产出率就越高,创造的利润也越多,企业的盈利能力就越强。

第二,总资产报酬率的高低除了与净利润等因素有关之外,还与企业的资产结构有间接关系,因此在利用该指标时,一般同时使用资产结构来说明企业的经营管理状态和盈利能力。

第三,如果总资产报酬率过低,企业就应该分析是经营管理、资产投入量出现了问题,还是资产投入产出比出现了问题,从而有针对性地提出解决方案。

5) 净资产报酬率

(1) 指标概念及计算公式。

净资产报酬率是净利润与平均所有者权益的比率,计算公式如下。

$$净资产报酬率=净利润\div 平均所有者权益\times 100\%$$

$$平均所有者权益=(年末所有者权益-年初所有者权益)\div 2$$

(2) 指标含义。

第一,净资产报酬率反映了企业所有者权益获得报酬的水平,也反映企业所有者权益的实现程度,是全体股东最关心的指标。

第二,一般将净资产报酬率与总资产报酬率同时使用来分析企业的盈利能力。在相同的总资产报酬率下,由于资产结构不同,净资产报酬率会不相同。净资产报酬率越高,企业的股东权益的实现程度就越高。

第三,净资产报酬率高,企业资本运营的效果就好,股东权益的保障程度就大。在分析净资产报酬率时,一般对连续几年的净资产报酬率的变动趋势进行分析,如果趋势是持续增长的,那么企业的资本盈利能力就较强。

第四,净资产报酬率是综合性的、比较具有代表性的反映企业盈利能力的核心指标,该指标不受行业限制,因此,其通用性最强、适用范围最广。

6) 资本金收益率

(1) 指标概念及计算公式。

资本金收益率是净利润与实收资本的比率。资本金收益率与净资产报酬率是同一类指标,都是反映所有者权益收益的指标。它们之间的区别是,资本金收益率衡量实收资本的收益状况,而净资产报酬率衡量所有者权益的收益状况。资本金收益率的计算公式如下。

$$资本收益率=净利润÷实收资本×100\%$$

(2) 指标含义。

第一,资本金收益率反映了企业实收资本获得报酬的水平,该指标越高,说明投资人投入资本的收益率越高。

第二,资本金收益率是投资人比较关心的核心指标,该指标的高低在一定程度上会影响投资人的投资倾向,从而影响企业的外部融资方式。

第三,资本金收益率会因财务杠杆原理的应用而获得更高的收益,但是其只反映收益状况,不代表利润分配状况。

7) 成本费用利润率

(1) 指标概念及计算公式。

成本费用利润率是指在一定时期内,企业的利润总额与企业该时期成本费用总额的比率。成本费用总额是指营业成本、销售费用、管理费用和财务费用的总和。成本费用利润率的计算公式如下。

$$成本费用利润率=利润总额÷成本费用总额×100\%$$
$$成本费用总额=营业成本+销售费用+管理费用+财务费用$$

(2) 指标含义。

第一,成本费用利润率反映了每一元成本费用支出带来的利润总额,该指标越大,说明企业耗费的成本费用产生的利润越高。

第二,成本费用属于耗费项目,而利润属于产出项目,因此,该指标是衡量支出和产出平衡的最好指标。费用利润率的高低,既可以反映企业的盈利状态和盈利能力,也可以反映企业的经营管理水平。如果企业在增加收入的同时努力控制费用,那么企业的费用利润率就会很高。

4. 影响盈利能力的因素

影响企业盈利能力的因素有三个,即企业所处的行业、企业的经营管理能力、企业产品的盈利能力。

1) 企业所处的行业

各行业的盈利能力是不一样的,如制造业、服务行业、物流行业、零售行业等的盈利能力就各不相同。不同行业对企业的毛利率、利润率等都有一定的影响。

2) 企业的经营管理能力

在企业的经营中,经营管理能力的不同体现在经营模式的选择和管理效率的高低上。经营模式受企业规模、管理者风格等因素影响。企业管理效率与企业管理的现代化程度、规范性程度等直接相关。管理模式和管理效率的不同会使企业的成本控制模式、费用管理能力、市场拓展能力等产生明显的差异,从而进一步影响企业的盈利能力。

3) 企业产品的盈利能力

如果企业建立良好的经营管理模式,那么其市场拓展能力就会增强,企业产品的市场占有率就会提高,进而提升企业产品的销售量,从量的角度保证了企业产品的盈利能力。当然,企业产品的盈利能力还与产品的市场价格密切相关。

产品价格直接影响企业产品的销售收入,是企业盈利能力的直接影响因素。企业产品的市场价格受市场竞争程度、产品的科技含量、产品本身的市场容量等因素影响,同时还受企业的市场策略、销售政策和销售渠道等因素影响。

价格和销售量直接决定销售收入,进而影响企业的盈利能力,因此,企业经营管理决策层应该重点把握产品的定价、市场策略、销售渠道和销售方式等。

【知识点拨】

总资产报酬率用于衡量企业全部资本的收益率,在评价特定企业的总资产报酬率时,应当与同行业的平均水平进行比较。同时,资本金收益率还可以用于判断企业举债经营究竟是否为"有利财务杠杆",从而为企业筹资决策和资本结构选择提供依据。

值得一提的是,对于那些固定资产规模较大的行业或企业(如电信企业),其固定资产折旧和无形资产摊销的数额较大,过分追求提高资产报酬率可能会抑制其基础设施(如固定资产)投资的积极性,从而不利于该行业或企业的可持续发展。为此,财务报表分析者需要考察以息税折旧及摊销前利润(EBITDA)为基础的益比达比率。

固定资产折旧及无形资产摊销是一种成本补偿,而不是投资所实现的报酬。益比达比率的设计原本是有违财务比率设计原则的,因而没有分析意义。但是,当被比较的两个企业或两个年度之间因折旧政策的差异而使得息税前利润变得不可比时,益比达比率就比资产收益率更具有分析意义了。在企业集团各子公司的长期投资决策权由母公司控制的情况下,为了鼓励各子公司提高经营周转率,降低流动资产占用水平,运用益比达比率进行评估很有用。因为在固定资产和无形资产规模既定,固定资产折旧及无形资产摊销也既定的情况下,子公司想要提高益比达比率,除了增加息税前利润之外,只有控制流动资产占用水平才能控制总资产规模。

另外,在财务报表分析实务中,固定资产规模越大、固定资产在总资产中所占比重越高的公司,其管理层越乐于以益比达比率展示其业绩。这是因为这类公司往往因为巨大的固定资产折旧及无形资产摊销而出现微利甚至亏损的情况。若计算资产报酬率,业绩可能会显得不太乐观,但若计算益比达比率,业绩就会有所改观。

【小测试】

1. 企业权益资金是指企业的(　　)。
   A. 资产总额　　　　B. 负债总额　　　　C. 所有者权益总额　　　　D. 实收资本总额
2. 企业长期资金是指企业的(　　)。

A. 资产总额+负债 B. 负债总额+所有者权益总额

C. 所有者权益总额+长期负债 D. 实收资本总额+长期负债

3. 企业的息税前利润与平均总资产的比率是指( )。

A. 净资产收益率 B. 总资产报酬率 C. 资产利润率 D. 资产收益率

4. ( )是反映企业盈利能力的核心指标。

A. 总资产报酬率 B. 股利发放率 C. 总资产周转率 D. 净资产收益率

5. 计算总资产报酬率的收益口径包括( )(多选题)。

A. 净利润 B. 净利润+所得税

C. 净利润+利息 D. 净利润+所得税+利息

E. 净利润+所得税+货币资金

【实战演练】

任务：盈利能力分析

【任务要求】

2019年1月5日，根据公司要求，从给定的上市公司数据源中提取数据，对有色金属冶炼及压延加工业进行盈利能力分析。

分析指标包括营业收入、毛利率、净利润、营业利润率、总资产报酬率、营业净利率。

提示：盈利能力分析可分为两类：报表项目分析和财务比率分析。其中，报表项目分析以营业收入为例，财务比率分析以毛利率为例。

【操作指导】

1. 营业收入

(1) 建立可视化。

① 进入用友分析云，单击左侧菜单栏中的"分析设计"，单击"新建"按钮新建故事板，如图 4-7-10-1 所示。在弹出的"新建故事板"对话框中，将故事板名称设置为"盈利能力分析"，在"全部目录"下选择"我的故事板"，单击"确认"按钮，如图 4-7-10-2 所示。

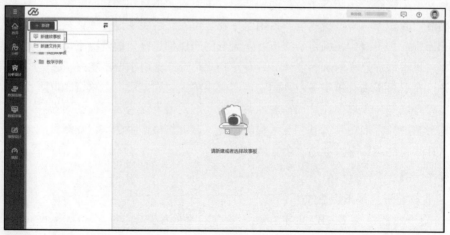

图 4-7-10-1

图 4-7-10-2

② 单击"可视化"右侧的下三角按钮,选择"新建"选项,系统弹出"选择数据集"对话框,在搜索框中输入"xbrl"进行搜索,选择"数据集——xbrl",单击"确定"按钮,如图 4-7-10-3 所示。

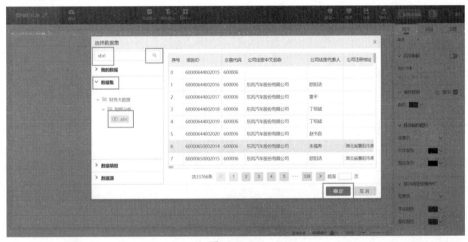

图 4-7-10-3

(2) 选择维度与指标。

① 新建可视化看板,并将其命名为"营业收入",将维度"企业简称"拖曳到右侧"维度"栏相应位置,如图 4-7-10-4 所示。

② 将指标"营业收入"拖曳到右侧"指标"栏相应位置,如图 4-7-10-5 所示。

(3) 添加过滤条件。

执行"过滤"|"设置"命令,系统弹出"添加过滤条件"对话框,添加如图 4-7-10-6 所示的过滤条件,单击"确定"按钮。

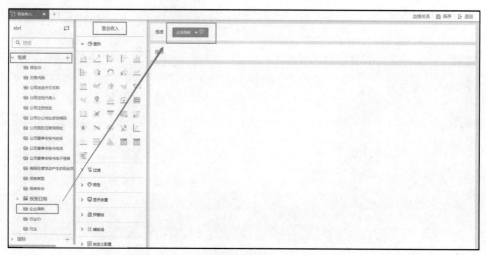

图 4-7-10-4

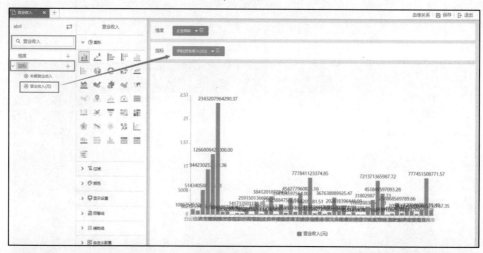

图 4-7-10-5

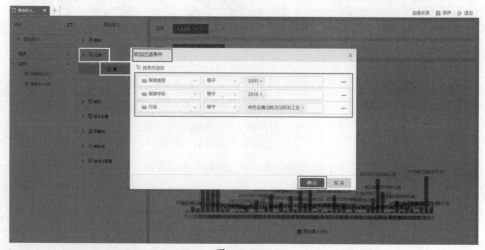

图 4-7-10-6

(4) 将指标按升序排序。

单击指标"营业收入"右侧的下三角按钮,将指标排序设置为"升序",如图 4-7-10-7 所示。

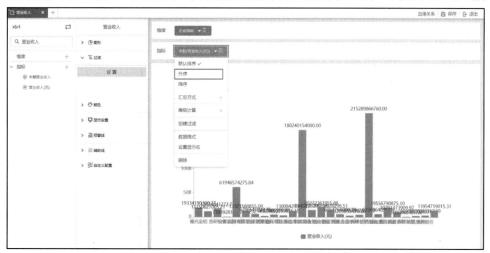

图 4-7-10-7

(5) 更改图形显示。

在"图形"下拉菜单中选择"条形图" ,更改图形显示,如图 4-7-10-8 所示。

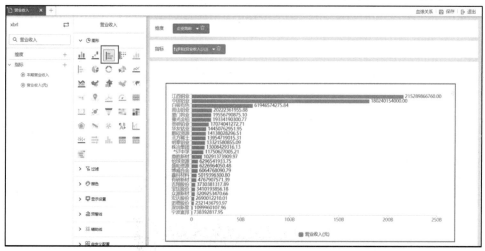

图 4-7-10-8

(6) 显示设置。

单击"显示设置",取消勾选"显示前"复选框;勾选"显示后"复选框并输入 20,如图 4-7-10-9 所示。

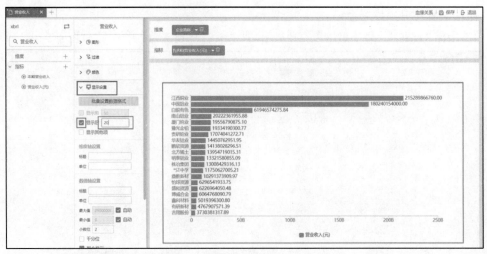

图 4-7-10-9

(7) 保存可视化。

单击右上角的"保存"按钮，然后单击"退出"按钮，完成营业收入的可视化设置，如图 4-7-10-10 所示。

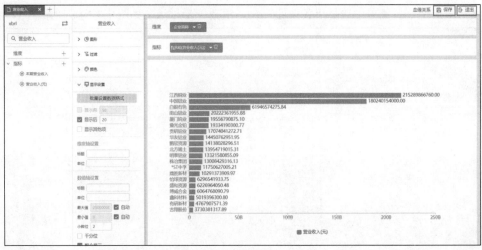

图 4-7-10-10

2. 毛利率

(1) 建立可视化。

① 单击"可视化"右侧的下三角按钮，选择"新建"选项，如图 4-7-10-11 所示。

② 系统弹出"选择数据集"对话框，在搜索框中输入"xbrl"进行搜索。选择"数据集——xbrl"，然后单击"确定"按钮，如图 4-7-10-12 所示。

③ 新建可视化看板并将其命名为"毛利率"，如图 4-7-10-13 所示。

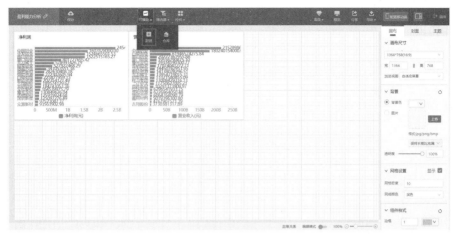

图 4-7-10-11

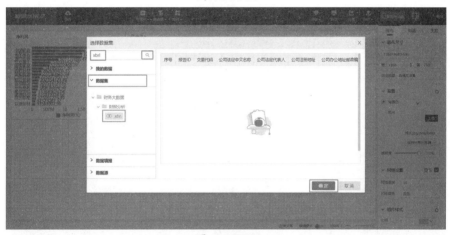

图 4-7-10-12

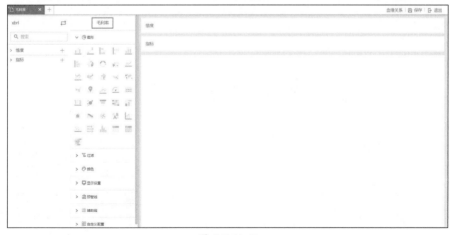

图 4-7-10-13

(2) 新建字段。

① 单击"指标"右侧的"+"按钮,选择"计算字段"选项,系统弹出"添加字段"对话

框，设置名称为"毛利率"、字段类型为"数字"，如图 4-7-10-14 和图 4-7-10-15 所示。

图 4-7-10-14

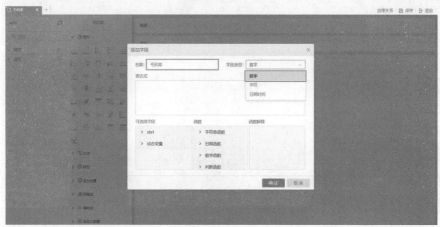

图 4-7-10-15

② 在"函数"列表框中，执行"数字函数"|"sum"命令，单击"确定"按钮，如图 4-7-10-16 和图 4-7-10-17 所示。

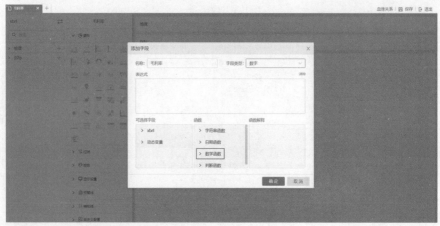

图 4-7-10-16

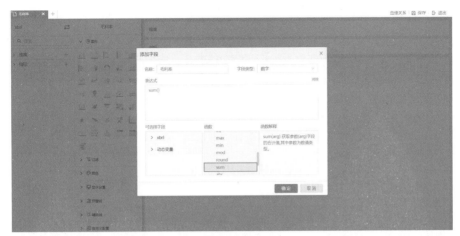

图 4-7-10-17

③ 在"sum"函数中输入参数。在"可选字段"列表框中,执行"xbrl"|"营业收入(元)"命令,单击"确定"按钮,如图 4-7-10-18 和图 4-7-10-19 所示。

图 4-7-10-18

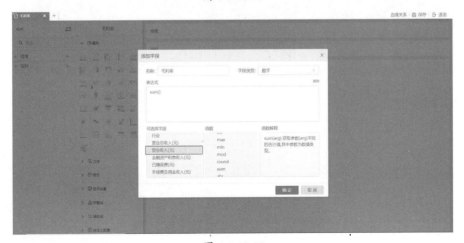

图 4-7-10-19

④ 重复步骤③的操作,输入表达式"(sum(营业收入(元))-sum(营业成本(元)))*100/sum(营业收入(元))"。输入完成后单击"确定"按钮,如图4-7-10-20所示。

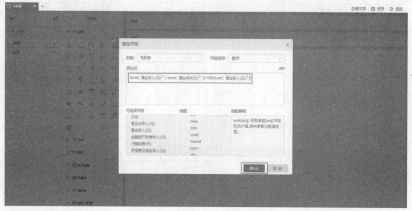

图 4-7-10-20

(3) 选择维度与指标。

① 将维度"企业简称"拖曳到右侧"维度"栏相应位置,如图4-7-10-21所示。

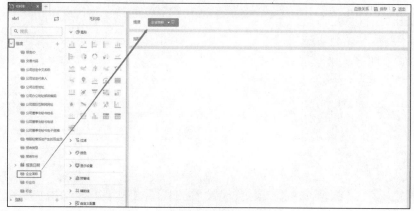

图 4-7-10-21

② 将指标"毛利率"拖曳到右侧"指标"栏相应位置,如图4-7-10-22所示。

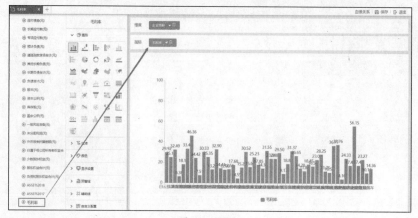

图 4-7-10-22

(4) 添加过滤条件。

执行"过滤"|"设置"命令，系统弹出"添加过滤条件"对话框，添加如图 4-7-10-23 所示的过滤条件，单击"确定"按钮。

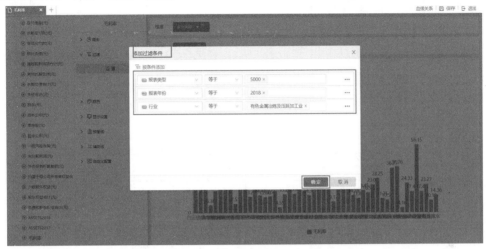

图 4-7-10-23

(5) 将指标按升序排序。

单击指标"毛利率"右侧的下三角按钮，将指标排序设置为"升序"，如图 4-7-10-24 所示。

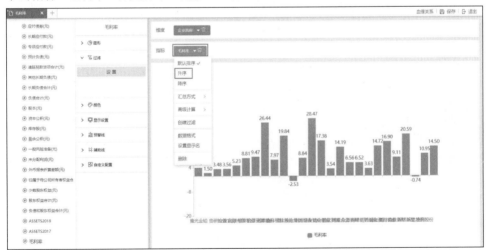

图 4-7-10-24

(6) 更改图形显示。

在"图形"下拉菜单中选择"条形图"，将指标以条形图显示，结果如图 4-7-10-25 所示。

(7) 显示设置。

单击"显示设置"，取消勾选"显示前"复选框；勾选"显示后"复选框并输入 20，如图 4-7-10-26 所示。

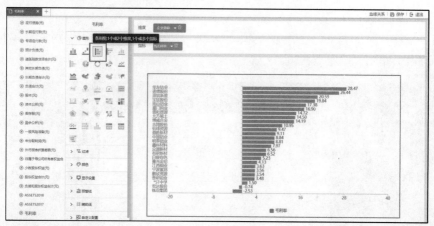

图 4-7-10-25

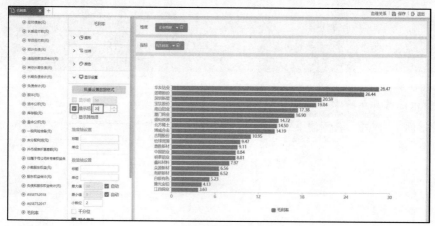

图 4-7-10-26

(8) 保存可视化。

单击右上角的"保存"按钮，然后单击"退出"按钮，如图 4-7-10-27 所示。

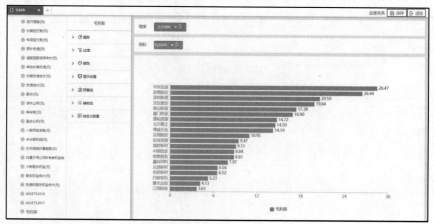

图 4-7-10-27

任务中的其他指标，参照以上两类指标的操作步骤完成。

【情境小结】

在本情境中,我们学习了盈利能力的概念;学习了盈利能力分析的目的与内容;学习了盈利能力分析的评价指标;学习了影响盈利能力的因素;最后还通过实战演练中的任务亲身体验了企业盈利能力分析的操作过程。

在下一情境中,我们将学习有关偿债能力的内容,并掌握运用偿债能力分析企业的方法。

【参考答案】:1. C; 2. C; 3. B; 4. D; 5. AC

情境 11　上市公司行业竞争力分析:偿债能力

【情境导读】

随着我国社会主义市场经济体制的建立,企业所面临的外部环境与内部条件日趋复杂,偿债能力直接关系到企业持续经营能力的高低,是企业利益相关者比较关心的财务能力之一,是衡量企业财务管理水平的核心内容,也是财务分析的一个重要方面。

【知识精讲】

1. 偿债能力的概念

偿债能力是指企业在一定会计期间内偿还各种到期债务的能力。企业的资本来源于股东权益和负债。负债要求企业到期还本并支付利息,因此,负债对于企业来说是一个沉重的负担,关系到企业的生存和发展。企业的偿债能力按债务到期时间的长短分为短期偿债能力和长期偿债能力。

2. 偿债能力分析的作用与内容

1) 偿债能力分析的作用

企业偿债能力分析与企业债权人、投资者及相关利益者的利益密切相关。对企业内部而言,检验自身的偿债能力有利于科学、合理地进行筹资和投资决策;对企业外部而言,债权人将根据企业偿债能力的强弱对是否给予企业贷款进行决策。

企业进行偿债能力分析主要有以下几点作用。

- 有利于投资者进行正确的投资决策。投资者在进行投资时,首先要考虑企业能否盈利,而企业盈利的高低主要取决于偿债能力的强弱。
- 有利于经营者进行正确的经营决策。企业通过分析偿债能力,可以看出自己的资金循环状况和周转情况,发现企业在经营过程中存在的问题,并及时采取相应措施,保证企业正常的生产经营活动。
- 有利于债权人进行正确的借贷决策。债权人进行资金借贷的目的是收回本金和利息,因此,要全面了解企业的财务状况,特别是偿债能力,以便做出正确的借贷决策。
- 除了投资者、经营者、债权人,其他相关利益者也会因为各种需要分析企业的偿债能力,以便更好地做出决策。

2) 偿债能力分析的内容

偿债能力分析的内容包括短期偿债能力分析和长期偿债能力分析,如图 4-7-11-1 所示。

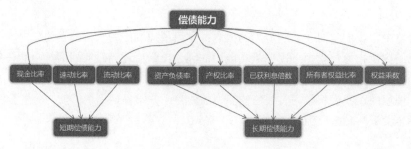

图 4-7-11-1

(1) 短期偿债能力。

短期偿债能力是指一个企业以其流动资产偿还流动负债的能力。短期偿债能力分析也称为企业支付能力分析。进行短期偿债能力分析首先要明确影响短期偿债能力的因素，影响因素包括企业营运资金的多少和流动资产变现速度的快慢。

(2) 长期偿债能力。

长期偿债能力是指一个企业偿还长期债务本金和利息的能力。企业在进行长期偿债能力分析时要结合长期负债的特点，明确影响因素。首先要分析企业的获利能力，关键要分析企业未来的现金流入量。企业未来的现金流入量取决于企业的盈利能力，企业盈利能力强，就可以获取大量的现金。其次要分析企业的资本结构。企业的资金来源于所有者权益和负债两方面。如果负债多，企业偿还不起债务的可能性就越大，风险就转移到了债权人的头上，企业的财务风险也就越大。

(3) 短期偿债能力与长期偿债能力的关系。

短期偿债能力和长期偿债能力有一定的区别。首先，从偿还债务的期限上看，短期偿债能力反映的是企业对偿还期在一年或超过一年的一个营业周期以内的短期债务的偿付能力；长期偿债能力反映的是企业对偿还期在一年以上的债务的偿付能力。其次，短期偿债能力反映的是企业用流动资产来偿还流动负债的能力；长期偿债能力反映的是企业用未来盈利所取得的现金流入量来偿还债务的能力。

短期偿债能力与长期偿债能力也有一定的联系。无论是短期偿债能力还是长期偿债能力，都可以反映企业保障债务及时、有效得以偿付的能力。企业应该合理安排资本结构和债务水平。短期偿债能力和长期偿债能力之间可以相互转化。

3. 偿债能力分析方法

偿债能力分析方法主要有比率分析法、趋势分析法和结构分析法。

比率分析法是将同一期财务报表上若干重要项目的相关数据相互比较，求出比率，用以分析和评价企业的经营活动以及公司目前和历史状况的一种方法，是财务报表分析最基本的工具。由于进行财务报表分析的目的不同，各种分析者所采取的分析方法的侧重点也不同。

趋势分析法是指对企业的短期偿债能力进行连续几期的计算，观察若干年度的短期偿债能力，分析短期偿债能力的稳定性及变化趋势，并把最坏年度值作为判断标准，估计短期偿债能力状况。

结构分析法是指计算总体中各组成部分占总体的比重，进而分析某一总体现象的内部结构特征、总体的性质、总体内部结构依时间推移而表现出的变化规律性的统计方法。

1) 短期偿债能力指标的计算和分析评价

(1) 流动比率。

流动比率表明企业每一元流动负债有多少流动资产作为偿还的保证，反映了企业用可在短期内转变为现金的流动资产偿还到期流动负债的能力，计算公式如下。

$$流动比率=流动资产 \div 流动负债 \times 100\%$$

流动比率是某个时点的相对数，表示一个企业每一元流动负债能够有多少流动资产来抵偿，一般应该大于1，保持在2∶1左右才能说明企业财务状况比较稳定。应该注意，流动比率反映的是流动资产和流动负债在数量上的比例关系，没有考虑两者在时间上的一致性。一般认为，当流动比率为2时，企业偿还短期债务的能力比较强，企业在短期内偿还债务是比较轻松的；流动比率小于1则是警告信号，说明企业有可能无法及时偿还即将到期的债务。流动比率太高，又会导致企业的流动资产闲置，影响企业的盈利能力。

在分析流动比率时应该注意的事项如下。

- 在计算流动比率时，没有考虑流动资产和流动负债的内容结构，因此不同时期流动比率相同或同一时期不同企业流动比率相同时，短期偿债能力不一定相同。
- 企业流动资产有较多的不确定性，会影响企业的短期偿债能力。较高的流动比率只能说明企业有足够的可变现资产来偿债，并不能说明企业有足够的现金来偿债。
- 不同行业对于流动比率的要求是不相同的。
- 应该考虑流动负债的真实性。例如，预提费用、预收账款过大都会影响企业的流动比率，进而影响企业的短期偿债能力。

(2) 速动比率。

流动比率是评价流动资产总体变现能力的指标，如果要进一步考察企业能否有足够的现金偿还短期债务，还需要研究速动比率。速动比率是速动资产与流动负债的比值，用于衡量企业流动资产立即变现来偿付流动负债的能力。速动比率的计算公式如下。

$$速动比率=速动资产 \div 流动负债 \times 100\%$$

速动资产是指现金和容易变现、几乎可以随时用来偿还债务的流动资产。速动资产的计算公式如下。

$$速动资产=流动资产-存货$$

速动比率是反映企业偿债能力的重要指标之一，最能体现企业的实际偿债能力。当速动比率保持在1∶1左右时，表明企业具有良好的财务状况和短期偿债能力。这里所说的速动比率一般指工业制造业，由于不同行业的经营特点不同，速动比率会有较大的差异。

在分析速动比率时应该注意的事项如下。

- 尽管速动比率比流动比率更能反映企业偿还流动负债的安全性和稳定性，但并不能认为速动比率较低的企业，其流动负债到期绝对不能偿还。
- 速动比率虽然以速动资产作为清偿债务的保障，但是速动资产并不完全等同于企业的现实支付能力，因为即使是速动资产也存在难以短期变现的可能。

- 速动比率与流动比率一样容易被粉饰。如果速动资产中有大量不良的应收账款,企业的短期偿债能力就会减弱。

(3) 现金比率。

现金比率也称为现金资产比率,该指标反映了公司在不依靠存货销售及应收款的情况下,支付当前债务的能力。现金比率的计算公式如下。

$$现金比率=现金资产÷流动负债×100\%$$
$$=(货币资金+交易性金融资产等)÷流动负债×100\%$$
$$=(速动资产-存货-应收账款)÷流动负债×100\%$$

现金比率最能反映企业随时偿付流动负债的能力,现金比率不是越高越好,此比率过高虽然会使企业偿债能力增强,但会影响企业的盈利能力。现金比率的作用主要是对企业在财务状况极坏时的短期偿债能力进行分析和评价。现金比率的合理水平要根据企业的流动资金需求及即将到期的债务情况而定。

2) 长期偿债能力指标的计算和分析评价

长期偿债能力是指一个企业偿还长期债务的本金和利息的能力,对其进行分析时主要采用的指标有资产负债率、产权比率、已获利息倍数、所有者权益比率和权益乘数。

(1) 资产负债率。

资产负债率是指负债总额占资产总额的百分比,用于反映企业的资产总额中有多少资产是通过负债得到的,体现的是一个企业偿还债务的综合能力。资产负债率越高,企业面临的财务风险就越大。资产负债率的计算公式如下。

$$资产负债率=负债总额÷资产总额×100\%$$

在分析资产负债率时应该注意的事项如下。

- 不同行业、不同类型的企业的资产负债率有较大差异。一般情况下,如果企业的资产负债率高于65%,债权人的利益就缺乏保障;如果企业的资产负债率低于50%,在企业盈利时则可以通过适度增加借款来实施新的经营项目、进行新产品的推广,以获取额外的利润,但前提是要确保新的项目盈利,增强企业的盈利能力。
- 如果企业资金不足,依靠欠债维持经营,导致资产负债率特别高,则说明企业偿债能力弱,财务风险大,经营者应特别关注。
- 若资产负债率保持在55%~65%,则表明企业的财务状况比较稳健;若资产负债率达到70%以上,则企业应该予以重视。

(2) 产权比率。

产权比率是指负债总额与所有者权益总额的比率,该比率反映每一元股东权益借入的债务数额,计算公式如下。

$$产权比率=负债总额÷所有者权益总额×100\%$$

产权比率反映了债权人所提供的资金与所有者所提供的资金的比例关系,它可以揭示企业的财务风险及所有者权益对债务的保障程度。产权比率低,说明企业长期财务状况良好、长期偿债能力强。

在分析产权比率时应该注意的事项如下。
- 产权比率越低，表明企业长期偿债能力越强，债权人权益保障程度越高，企业承担的风险越小。一般认为，当产权比率为1∶1(即100%)以下时，企业是有偿债能力的，但还应该结合企业的具体情况加以分析。
- 当企业的资产收益率大于负债成本率时，负债经营有利于提高企业资金收益率，使企业获得额外的利润，这时的产权比率可适当提高。
- 产权比率高，表明企业是高风险、高报酬的财务结构；产权比率低，表明企业是低风险、低报酬的财务结构。

(3) 已获利息倍数。

已获利息倍数又称为利息保障倍数，是指企业生产经营所获得的息税前利润与利息费用的比率。已获利息倍数越高，说明企业偿还长期债务的能力越强。已获利息倍数反映了企业经营所得支付债务利息的能力，若该指标太小，则说明企业难以保证用经营所得来支付债务利息，计算公式如下。

$$已获利息倍数=息税前利润总额÷利息费用$$
$$=(净利润+所得税费用+利息费用)÷利息费用$$

在分析已获利息倍数时应该注意的事项如下。
- 一般情况下，企业的已获利息倍数要大于1，否则就难以偿债，会直接威胁企业的生存和发展。
- 该指标用来衡量企业偿付借款利息的能力，该指标如果足够大，则说明企业偿付借款利息的能力就强，企业偿付债务利息的压力就小；如果该指标太小，则说明企业将面临不能及时偿还债务利息及本金，甚至亏损的风险。
- 已获利息倍数从盈利角度评价企业偿还债务利息的能力，在评价企业综合偿债能力时需要同时从资产和盈利的角度进行考虑。

(4) 所有者权益比率。

所有者权益比率是指企业所有者权益总额与资产总额的比率，反映的是股东权益在资产总额中所占的比重，又称为权益比率，计算公式如下。

$$所有者权益比率=所有者权益总额÷资产总额×100\%$$

在分析所有者权益比率时应该注意的事项如下。
- 所有者权益比率与资产负债率之和按同口径计算应等于1。
- 所有者权益比率越大，负债率就越小，企业的财务风险也就越小，所有者对企业的控制越稳固。所有者权益比率从另一个侧面反映了企业的长期财务状况和长期偿债能力。
- 所有者权益比率反映的是企业全部资金中有多少是由股东提供的，揭示的是股东对企业资产的净权益。

(5) 权益乘数。

权益乘数是指企业资产总额与所有者权益总额的倍数关系，它又是所有者权益比率的倒数。权益乘数的计算公式如下。

$$权益乘数=资产总额÷所有者权益总额=1÷(1-资产负债率)$$

在分析权益乘数时应该注意的事项如下。

- 权益乘数越大，表明所有者投入企业的资本占全部资产的比重越小，企业负债的程度越高；权益乘数越小，表明所有者投入企业的资本占全部资产的比重越大，企业的负债程度越低，债权人权益受保护的程度越高。
- 所有者权益比率、权益乘数与资产负债率都用于衡量企业的长期偿债能力，可以互相补充。
- 权益乘数揭示的是资产总额与所有者权益总额的倍数关系，倍数越大，说明企业资产对负债的依赖程度越高，风险越大。

4．影响偿债能力的因素

1) 影响短期偿债能力的因素

影响企业短期偿债能力的因素有企业内部因素和企业外部因素。

(1) 企业内部因素。

① 流动资产的规模和质量。企业流动资产的规模越大，短期偿债能力越强。流动资产的质量是指它的流动性和变现能力。流动性取决于流动资产转换为现金所需要的时间。变现能力是指将资产不受损失地转换为现金的能力，变现能力最强的资产项目有货币资金、交易性金融资产、应收票据等。

② 流动负债的规模和质量。流动负债的规模越大，企业在短期内需要偿还的债务越多，企业的负担越重。流动负债的质量是指企业偿还流动负债的顺序，一般分为以下几种情况：有固定偿还日期的，如短期借款、应付票据、应交税费；有估计支付日期的，如应付账款、预收账款。

③ 企业生产经营中的现金流入量。当企业生产经营状况良好时，会有稳定的现金收入，企业随时可以偿还到期债务，偿债压力小；否则，企业的现金短缺，偿债能力下降。

(2) 企业外部因素。

① 国家的宏观经济政策。当一个国家的经济呈现稳定、持续的上升趋势时，产品就容易在市场上销售，存货就会很容易转换为现金，企业的短期偿债能力就强。

② 银行的信贷政策和证券市场的完善程度。大多数企业在从事生产经营活动时都会向银行举债，如果银行采取宽松的信贷政策支持企业生产，企业就会很容易获得信贷资金，企业各项资产的周转速度就快，偿债能力就越高。如果一个国家的证券市场很发达，企业随时可以将手中持有的有价证券转换为现金，也就是说，如果有价证券和现金之间的转换很容易实现，那么企业就会很轻松地取得现金，偿债能力就强。

2) 影响长期偿债能力的因素

(1) 资本结构。

企业的资本可以分为负债和股东权益两部分。负债比重越高，财务风险就越大，不能偿还长期债务的可能性就越大。股东权益比重越高，企业资产的稳定性就越强，财务风险就越小，对债务的保障程度就越高。负债比重越高，企业资金成本就越低，收益就越高，因为债务资金能起到抵减所得税的作用。股东权益的比重越高，企业资金成本就越高，收益就越低，因为股东权益不能起到抵税的作用，它是在税后支付的。

(2) 企业盈利状况。

企业的盈利状况就是企业赚取利润的能力，利润是偿还长期债务的基础，企业长期的盈利水平和未来的现金流入量才是偿还长期债务最稳定、最可靠的保障，因此，企业的盈利状况是影响其长期偿债能力的重要因素。

(3) 长期经营租赁。

企业在缺乏资金的状况下，可以通过长期经营租赁的方式解决固定资产的使用问题。企业的租赁形式分为经营租赁和融资租赁。融资租赁的固定资产视同企业自有资产。长期经营租赁的设备被企业长期占有，形成企业固定的租赁费用，这其实是一种长期的融资行为。如果企业有这种行为就会对企业的长期偿债能力产生影响，这时就必须关注企业的资产和负债，并要在一定期间做出相应的调整。

(4) 或有事项。

或有事项是指过去的交易或事项形成的潜在义务，其存在必须通过未来不确定事项的发生或不发生予以证实；或过去的交易或事项形成的现时义务，履行该义务不一定导致经济利益流出企业或该义务的金额不能可靠地计量。它的特点是现存条件的最终结果不确定，一旦或有事项发生，就会影响企业的财务状况，形成未做记录的或有负债，如未决诉讼，企业可能败诉，但企业并没有预计损失。因此，在分析企业长期偿债能力时，应该考虑或有事项的潜在影响。

(5) 担保责任。

担保分为短期担保和长期担保。在分析企业的偿债能力时也应该考虑因对外提供担保可能引发的连带责任。

(6) 承诺。

承诺是指企业对外发出的将要承担的某种经济责任和义务。企业为了经营的需要常常需要做出某些承诺，这种承诺有时会增加企业的潜在负债或承诺义务，却没有通过资产负债表反映，因此，在进行企业长期偿债能力分析时，报表分析者应根据报表附注及其他有关资料，判断企业承诺变成真实负债的可能性，并以此做出准确的决策。

【知识点拨】

现行偿债能力分析指标存在一定的局限性，虽然其在总体上揭示了企业的偿债能力，但在计算过程中并没有充分考虑企业资产和企业负债的属性、质量，以及会计核算上的计量属性，也没有考虑表外事项的影响。影响企业偿债能力的表外因素包括企业的品质和偿债声誉、准备很快变现的长期资产、可动用的银行贷款指标、增发股票的政策、股利政策、或有负债情况、提供担保引起的负债、已贴现的商业汇票引起的负债等。

现行偿债能力分析指标的计算是以息税前利润为基础的，不能反映企业的实际现金周转情况，应以现金流量作为衡量企业偿债能力的依据。企业实际偿债能力的关键衡量标准并不是账面利润，而要看其有无实际的现金，因为有利润的年份并不一定有多余的现金用于维持企业的发展和偿债。

【小测试】

1. 下列属于短期偿债能力指标的是(　　)。(多选题)
   A. 现金比率　　　B. 流动比率　　　C. 速动比率　　　D. 流动资产周转率

2. 速动比率的计算公式是(　　)。
   A. =流动资产÷流动负债
   B. =(货币资金+交易性金融资产+应收账款+应收票据+其他应收款)÷流动负债
   C. =(货币资金+交易性金融资产)÷流动负债
   D. =(货币资金+交易性金融资产+应收账款)÷资产总额
3. 债权人是企业财务使用者之一，其最关心的是(　　)。
   A. 投资收益率　　　B. 资产保值率　　　C. 债券的安全　　　D. 总资产收益率
4. 下列关于流动资产比率的表述中，正确的是(　　)。(多选题)
   A. 流动资产比率越高，资产的变现能力越强
   B. 流动资产比率越高，企业偿债能力越强
   C. 流动资产比率越高，资产的盈利能力越强
   D. 流动资产比率越高越好
5. 企业采用备抵法核算坏账损失，如果实际发生一笔坏账，冲销应收账款，则(　　)。(多选题)
   A. 流动比率提高　　　B. 流动比率下降
   C. 流动比率不变　　　D. 速动比率不变　　　E. 速动比率提高

【实战演练】

任务：偿债能力分析

【任务要求】

2019年1月5日，根据公司要求，从给定的上市公司数据源中提取数据，对有色金属冶炼及压延加工业进行偿债能力分析。

分析指标包括流动比率、速动比率、现金比率、资产负债率。

【操作指导】

1. 流动比率

(1) 可视化设置。

① 执行"训练计划"|"投资者角度的财报分析"命令，选择"01偿债能力分析"，再单击"开始训练"按钮，进入任务实战，单击"开始任务"按钮，如图4-7-11-2和图4-7-11-3所示。

图 4-7-11-2

第 4 章　大数据技术在财务分析中的应用

图 4-7-11-3

② 单击左侧菜单栏中的"分析设计",然后执行"新建"|"新建故事板"命令,系统弹出"新建故事板"对话框,将故事板名称设置为"偿债能力指标分析",如图 4-7-11-4 和图 4-7-11-5 所示。

图 4-7-11-4

图 4-7-11-5

③ 进入故事板,单击"可视化"右侧的下三角按钮,选择"新建"选项,选择"数据集——xbrl",单击"确定"按钮,新建可视化看板并将其命名为"流动比率",如图 4-7-11-6~图 4-7-11-8 所示。

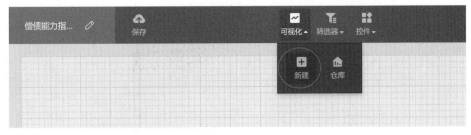

图 4-7-11-6

107

图 4-7-11-7

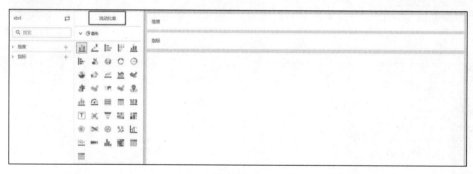

图 4-7-11-8

(2) 新建字段。

单击"指标"右侧的"+"按钮，选择"计算字段"选项，系统弹出"添加字段"对话框，设置名称为"流动比率"，字段类型为"数字"，表达式为"avg(流动资产合计(元))/avg(流动负债合计(元))"，单击"确定"按钮，如图 4-7-11-9 和图 4-7-11-10 所示。

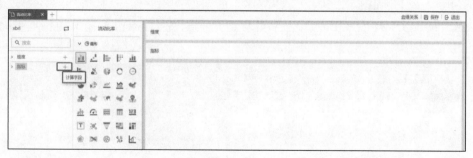

图 4-7-11-9

图 4-7-11-10

(3) 选择维度与指标。

将维度"企业简称"拖曳到"维度"栏相应位置；将指标"流动比率"拖曳到"指标"栏相应位置，如图 4-7-11-11 所示。

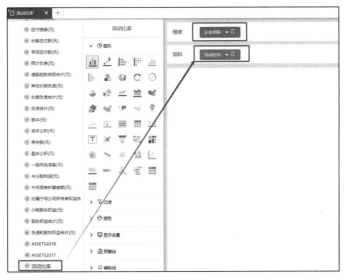

图 4-7-11-11

(4) 添加过滤条件。

执行"过滤"|"设置"命令(见图 4-7-11-12)，系统弹出"添加过滤条件"对话框，添加如图 4-7-11-13 所示的过滤条件，单击"确定"按钮。

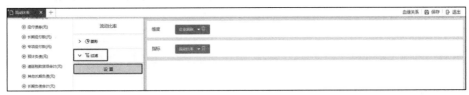

图 4-7-11-12

图 4-7-11-13

(5) 指标按升序排序。

单击指标"流动比率"右侧的下三角按钮,将指标排序设置为"升序",如图 4-7-11-14 所示。

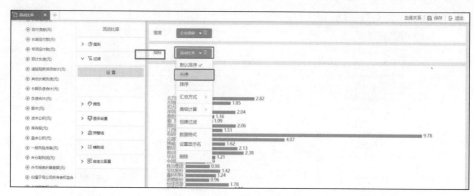

图 4-7-11-14

(6) 更改图形显示。

在"图形"下拉菜单中选择"条形图",更改图形显示,如图 4-7-11-15 所示。

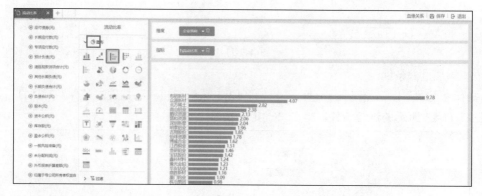

图 4-7-11-15

(7) 显示设置。

单击"显示设置",勾选"显示后"复选框并输入 20,如图 4-7-11-16 所示。

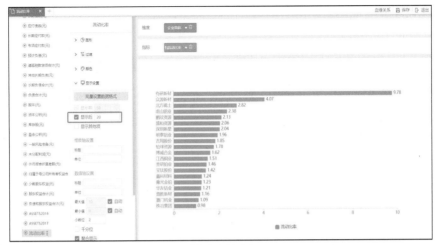

图 4-7-11-16

(8) 添加辅助线。

单击"辅助线",将"流动比率"拖曳到框中,设置辅助线计算方式为"固定值 1.5",单击"确认"按钮,如图 4-7-11-17 所示。单击"保存"按钮后退出,最终结果如图 4-7-11-18 所示。

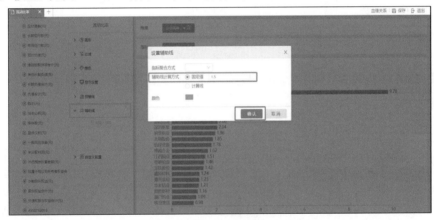

图 4-7-11-17

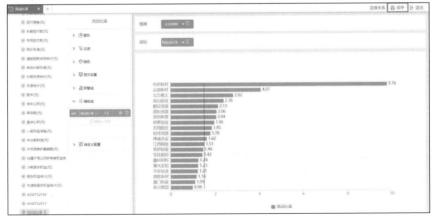

图 4-7-11-18

2. 速动比率

(1) 复制可视化看板。

① 单击"流动比率"右侧的"…"按钮，选择"复制"选项，如图 4-7-11-19 所示。

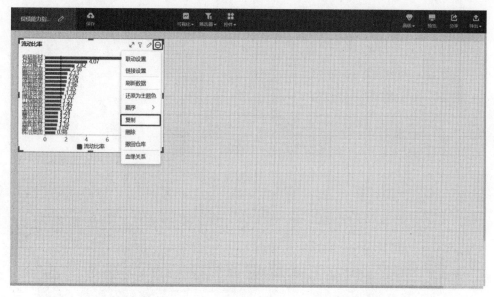

图 4-7-11-19

② 将复制的可视化看板重新命名为"速动比率"，如图 4-7-11-20 所示。

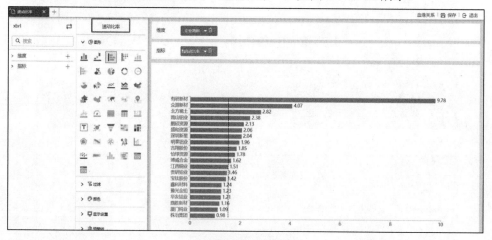

图 4-7-11-20

(2) 新建字段。

单击"维度"右侧的"+"按钮，选择"计算字段"选项，系统弹出"添加字段"对话框，设置名称为"速动比率"，字段类型为"数字型"，表达式为"(avg(流动资产合计(元))-avg(存货(元)))/avg(流动负债合计(元))"，如图 4-7-11-21 和图 4-7-11-22 所示。

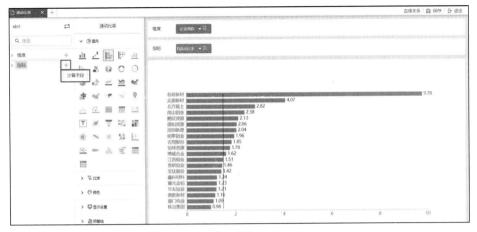

图 4-7-11-21

图 4-7-11-22

(3) 选择维度与指标。

将维度"企业简称"拖曳到"维度"栏相应位置；将指标"速动比率"拖曳到"指标"栏相应位置，如图 4-7-11-23 所示。

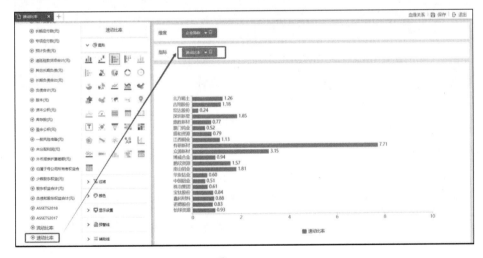

图 4-7-11-23

(4) 将指标按升序排序。

单击指标"速动比率"右侧的下三角按钮，将指标排序设置为"升序"，如图 4-7-11-24 所示。

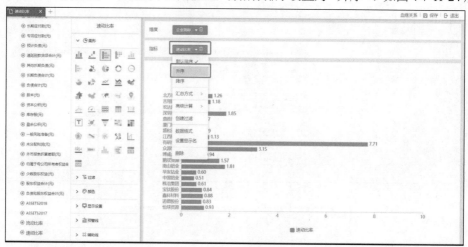

图 4-7-11-24

(5) 添加辅助线。

单击"辅助线"，将"速动比率"拖曳到框中，设置辅助线计算方式为"固定值 1"，如图 4-7-11-25 所示。单击"保存"按钮后退出。

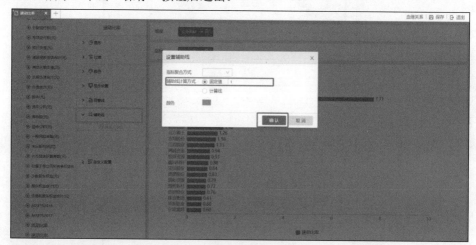

图 4-7-11-25

任务中的现金比率、资产负债率指标，参照速动比率的操作步骤完成。

【情境小结】

在本情境中，我们学习了偿债能力的概念，偿债能力分析的作用、内容和方法；学习了偿债能力分析的评价指标，懂得了如何用正确的方法去分析公司目前的处境；学习了影响偿债能力的因素；最后还通过实战演练中的任务体验了企业偿债能力分析的操作步骤。

在下一情境中，我们将学习有关营运能力的内容，并掌握运用营运能力分析企业的方法。

【参考答案】：1. ABC；2. B；3. C；4. AB；5. CD

情境 12　上市公司行业竞争力分析：营运能力

【情境导读】

随着信息技术的不断提升，国家经济快速发展，各行业不断涌现新力量，行业的竞争压力越来越大。在一个企业中，营运能力是衡量其经营运作能力的指标。在企业经营过程中必然会有一些因素影响企业的运作，要想进行全面的分析，必须对企业各部门的资源进行整合，因此，企业营运能力分析十分重要。

【知识精讲】

1. 营运能力的概念

营运能力是指通过企业生产经营资金周转速度的有关指标所反映出来的企业资金利用的效率，可以反映一个企业经营者经营管理、运用资金的能力。企业资金周转速度越快，资金的利用率就越高，经营能力就越强。常用的营运能力分析指标主要有应收账款周转率、存货周转率、流动资产周转率、固定资产周转率、总资产周转率等。

2. 营运能力分析的作用

企业营运能力分析就是对反映企业资产营运效率与效益的指标进行计算与分析，评价企业的营运能力，为企业提高经济效益指明方向。

企业进行营运能力分析的作用如下。

- 通过营运能力分析可以评价企业资产营运的效率。
- 通过营运能力分析可以发现企业在资产营运中存在的问题。
- 营运能力分析是盈利能力分析和偿债能力分析的基础与补充。

3. 营运能力分析的内容与方法

营运能力分析包括应收账款周转情况分析、存货周转情况分析、流动资产周转速度分析、固定资产周转情况分析和总资产周转情况分析。

1) 应收账款周转情况分析

(1) 应收账款周转率。

应收账款周转率是指企业在一定时期内(通常为 1 年)赊销收入净额与应收账款平均余额的比率，是反映应收账款周转速度的指标，也称为应收账款周转次数。应收账款周转率的计算公式如下。

$$应收账款周转率(次数)=赊销收入净额÷应收账款平均余额×100\%$$
$$赊销收入净额=赊销收入-赊销退回-赊销折让-赊销折扣$$
$$应收账款平均余额=(期初应收账款+期末应收账款)÷2$$

分析应收账款周转率时应该注意的事项如下。

- 企业内部分析适用赊销收入净额，外部分析则可以用销售收入净额代替。要注意企业业务的一贯性和可比性。

- 如果企业形成应收账款,意味着企业提前交税,而税金都是以现金方式支付的,这会使企业的经营性现金流减少,从而影响企业的资金周转速度;如果应收账款和存货的增加导致企业的经营性现金流为负数,企业就要通过银行贷款来补充经营中短缺的现金,企业负债增加,需要支付相应的利息费用,从而导致企业偿债风险加大,盈利能力减弱。
- 企业的应收账款周转率越高,周转次数就越多,表明企业应收账款回收度越好,坏账损失和收账费用越少。反之,表明企业有大量流动资金停滞在应收账款上,资金周转受到影响,收账费用增加,坏账损失增加。

(2) 应收账款周转期(天数)。

应收账款的周转期(天数)是指企业自产品销售出去开始,至应收账款收回为止所需的时间,周转期越短,应收账款变现的速度越快,企业资金被占用的时间越短。计算、分析应收账款周转期(天数)的目的在于促进企业通过制定合理的赊销政策、严格进行购销合同管理、及时结算货款等途径,加强对应收账款的前、中、后期管理,加快应收账款回收速度。应收账款周转期(天数)的计算公式如下。

$$应收账款的周转期(天数)=计算期天数÷应收账款周转率$$

其中,计算期天数通常为1年,按360天计算。

2) 存货周转情况分析

(1) 存货周转率。

存货周转率是指企业一定时期内营业成本与平均存货余额的比率,用于反映存货的周转速度,说明存货的流动性及存货资金占用量是否合理,促使企业在保证生产经营连续性的同时,提高资金的使用效率。存货周转速度的快慢,能够反映企业采购、储存、生产、销售各环节管理工作的好坏。存货周转率的计算公式如下。

$$存货周转率=营业成本÷平均存货余额×100\%$$

$$平均存货余额=(存货期初余额+存货期末余额)$$

通常,存货周转率高,表示企业资产因销售顺畅而具有较高的流动性,存货转换为现金或应收账款的速度快,存货占用水平低。

分析存货周转率时应注意的事项如下。

- 存货周转率指标反映了企业存货管理水平,提高存货周转率是企业生产经营活动的重要内容。
- 要对影响存货周转速度的重要项目进行分析,如原材料周转率、在产品周转率等。
- 存货周转率不但反映了存货周转速度、存货占用水平,而且在一定程度上反映了企业销售实现的快慢。存货周转率越高,说明企业从投入生产到完成销售的时间越短,存货转换为货币资金或应收账款等的速度越快,资金的回收速度越快。

(2) 存货周转期。

存货周转期是指企业从取得存货开始,至消耗、销售为止所经历的天数,其计算公式如下。

$$存货周转期=计算期天数÷存货周转率=(存货平均余额×360)÷营业成本$$

其中,计算期天数通常为1年,按360天计算。

分析存货周转期时应该注意的事项如下。
- 存货周转期越短,说明存货变现的速度越快。
- 存货周转期是存货周转率的辅助性指标,周转天数越短,说明存货资产使用效率越高。
- 企业需要将该指标与企业历史数据及同行业其他企业的数据进行对比后才能判断其优劣。

3) 流动资产周转速度分析

(1) 流动资产周转率(次数)。

流动资产周转率(次数)是指企业一定时期内营业收入与平均流动资产总额的比率,反映了流动资产周转速度和流动资产利用效果。分析流动资产的周转情况可以了解企业流动资金的使用效率,考核企业经营者在生产经营中运用流动资金的能力。流动资产周转率(次数)的计算公式如下。

$$流动资产周转率(次数)=营业收入÷平均流动资产总额×100\%$$
$$平均流动资产总额=(流动资产年初数+流动资产年末数)÷2$$

其中,营业收入是指企业当期从事销售产品、商品,提供劳务等主要经营活动取得的收入减去销售折扣与折让后的数额。平均流动资产总额是指企业流动资产总额的年初数与年末数的平均值。

分析流动资产周转率时应注意的事项如下。
- 流动资产周转率反映了企业流动资产的周转速度,是从企业资产流动性的角度对企业资产的使用效率进行分析的,揭示了影响企业资产质量的重要因素。
- 若要实现该指标的良性变动,应确保营业收入增幅高于流动资产增幅。通过对比分析该指标,可以促使企业加强内部管理,充分、有效地利用流动资产,如降低成本、调动暂时闲置的货币资金用于短期投资创造收益等;还可以促进企业采取措施扩大销售,提高流动资产的综合使用效率。
- 一般情况下,该指标越高,表明企业流动资产周转速度越快,流动资产利用效果越好。在较快的周转速度下,流动资产会相对节约,相当于流动资产投入的增加,在一定程度上增强了企业的盈利能力;如果周转速度过低,就会造成资产的浪费,使企业的现金过多地被存货、应收账款等非现金资产占用,变现速度慢,影响企业资产的流动性及偿债能力。

(2) 流动资产周转天数。

流动资产周转天数是指企业的流动资产每周转一次所需要的时间,是反映企业流动资产周转速度的重要指标。流动资产周转天数的计算公式如下。

$$流动资产周转天数=计算期天数÷流动资产周转率$$

其中,计算期天数通常为1年,按360天计算。

在分析流动资产周转天数时应注意,流动资产周转天数越少,说明流动资产每周转一次所需要的时间越短,即流动资产在生产经营过程中占用的时间越短,其周转速度越快,营运效果越好。

4) 固定资产周转情况分析

固定资产是企业的重要资产,在总资产中所占的比重非常大,直接关系企业的盈利能力,企业必须对固定资产周转情况进行分析。一般通过固定资产周转率和固定资产周转天数两个指标对固定资产周转情况进行分析。

(1) 固定资产周转率。

固定资产周转率是指企业营业收入与固定资产平均净值的比率,是反映企业固定资产周转情况、衡量固定资产使用效率的一项重要指标。该比率越高,表明固定资产使用效率越高,利用固定资产的效果越好。固定资产周转率高,表明企业固定资产投资得当,固定资产结构合理,能够充分发挥固定资产效率。反之,则表明固定资产使用效率不高,固定资产提供的生产成果不多,企业营运能力不强。固定资产周转率的计算公式如下。

$$固定资产周转率=营业收入÷固定资产平均净值×100\%$$

$$固定资产平均净值=(固定资产期初净值+固定资产期末净值)÷2$$

分析固定资产周转率时应注意的事项如下。

- 该指标的分母采用固定资产平均净值,因此该指标的比较将受到折旧方法和折旧年限的影响,应注意其可比性问题。
- 该指标越高,说明固定资产利用率越高,企业管理水平越高。如果固定资产周转率与同行业平均水平相比偏低,则说明固定资产的利用率较低,可能影响企业的获利能力。
- 要想提高固定资产周转率,首先,要使固定资产规模得当,固定资金规模太大容易使设备闲置,造成资产浪费;固定资产规模过小,生产能力就小,不能形成规模效益;其次,要使固定资产结构合理,在固定资产中生产性和非生产性的资产结构安排要合理、有效。

(2) 固定资产周转天数。

固定资产周转天数是反映固定资产周转情况的又一重要指标,其计算公式如下。

$$固定资产的周转天数=计算期天数÷固定资产周转率$$

其中,计算期天数通常为 1 年,按 360 天计算。

固定资产周转天数越少,表明企业对固定资产的利用越充分,固定资产投资越得当,企业越能够发挥固定资产的使用效率。

5) 总资产周转情况分析

总资产周转情况分析就是对企业总资产及其构成要素的营运能力进行分析,一般通过总资产周转率和总资产周转天数这两个指标来进行分析。

(1) 总资产周转率。

总资产周转率是指企业一定时期内营业收入与平均资产总额的比率,它表明企业总资产在一定时期内(通常为 1 年)周转的次数,是综合评价企业全部资产经营质量和使用效率的重要指标,反映了企业单位资产创造的营业收入,体现了企业在一定期间全部资产从投入到产出周而复始的流转速度。总资产周转率的计算公式如下。

$$总资产周转率=营业收入÷平均资产总额×100\%$$

$$均资产总额=(期初资产总额+期末资产总额)$$

通常,总资产周转率越高,总资产周转天数就越短,表明企业总资产周转速度越快。

分析总资产周转率时应注意的事项如下。
- 在企业盈利能力较高的前提下，通过适当降低产品售价、提高销售量、加快资金的周转速度，可以提高企业的总资产周转率，从而提高企业的盈利能力。
- 在企业资产规模不变、生产效率不变的情况下，通过提高产品销售价格、增加销售收入，可以提高企业的总资产周转率。
- 企业通过处置闲置的固定资产、减小资产规模，也会提高企业的总资产周转率。
- 在企业资产规模不变的情况下，通过提高生产效率、提高产能利用率，同样可以提高企业的总资产周转率。

【知识点拨】

总资产周转率是衡量企业资产管理效率的重要财务比率，在财务报表分析指标体系中具有重要地位。这一指标通常被定义为营业收入与平均资产总额之比。该指标的计算公式虽然简单、易于操作，但含义模糊，据此所得出的结论常常不能准确反映实际情况。说它含义模糊，主要是因为其计算公式中分子、分母的计算口径不一致。公式中的分子是营业收入，是企业从事经营活动所得收入的净额；而分母是指企业的各项资产的总和，包括流动资产、投资性房地产、持有至到期投资、长期股权投资、固定资产等。众所周知，总资产中的对外投资，给企业带来的应该是投资收益，并不能形成营业收入。这一指标前、后期及不同企业之间会因资产结构的不同而失去可比性。随着资本市场的发展，我国企业对外投资的占比会逐渐提高，但各企业的发展很不平衡。在这种情况下，如果仍按原方法计算总资产周转率，所得出的总资产周转率便会失去参考价值。

(2) 总资产周转天数。

总资产周转天数是反映企业总资产周转情况的另一个重要指标，它是计算期天数与总资产周转率之比。总资产周转天数的计算公式如下。

$$总资产周转天数=计算期天数÷总资产周转率$$

通常，总资产周转天数越少对企业越有利。

4. 影响营运能力的因素

1) 资产结构

企业资产的结构会影响企业的营运能力。例如，流动资产与非流动资产的比率会影响企业的营运能力，因为流动资产的周转速度要快于非流动资产，所以流动资产比重高的企业资产周转速度就快，营运能力就更强。目前，对营运能力的衡量主要研究存货周转率、应收账款周转率、流动资产周转率和总资产周转率，这些比率涉及的营业收入、营业成本、应收账款平均值、存货平均值、流动资产平均值和总资产平均值就是报表表层因素。在进行财务报表分析时应该通过报表表层因素来追究其具体因素。

2) 经营周期

不同行业具有不同的经营周期。例如，商品零售业的经营周期明显短于生产制造业的经营周期，因此商品零售企业的资产周转能力要强于生产制造业。在分析企业营运能力时，必须考虑各行业之间的差距。

3) 资产构成及其质量

企业的营运资产包括流动资产和固定资产。当流动资产总额大于固定资产总额时，营运资金的周转速度就快。随着现代化工业的发展，无形资产占企业总资产的比重越来越高，对提高企业的经济效益发挥着重要作用。

4) 管理水平与公司财务政策

企业各项资产的管理政策也会影响各项资产的周转情况。例如，企业在对应收账款进行管理时，企业的信用政策越严，收款速度越快，应收账款的周转速度就会越快，企业营运能力就越强。另外，企业计提折旧方法的不同，也会影响资产周转速度。

5) 行业性质

行业性质是影响资产周转速度的外部因素。不同行业具有不同的经营背景，资产的占用规模也会有较大的差异。例如，制造业资产占用量大，资产周转速度相对较慢；第三产业中的服务行业需要大量的人力资源，资产占用量就小，资产的周转速度就会较快。

【小测试】

1. 某企业 2010 年营业收入净额为 36 000 万元，流动资产平均余额为 4000 万元，固定资产平均余额为 8000 万元，假设没有其他资产，则该企业 2006 年总资产周转率为(　　)。

　　A. 3 次　　　　　　B. 8 次　　　　　　C. 4.5 次　　　　　　D. 6 次

2. 下列反映资产周转速度的指标不包括(　　)。

　　A. 速动比率　　　　　　　　　　B. 应收账款周转率

　　C. 流动资产周转率　　　　　　　D. 存货周转率

3. 下列反映流动资产周转速度的指标有(　　)。(多选题)

　　A. 流动资产周转率　　B. 流动资产垫支周转率

　　C. 存货周转率　　　　D. 存货构成率　　　E. 应付账款周转率

4. 当流动资产占用量不变时，流动资产周转速度加快会形成流动资金的(　　)。

　　A. 绝对浪费额　　　　　　　　　B. 相对浪费额

　　C. 绝对节约额　　　　　　　　　D. 相对节约额

5. 下列影响应收账款周转率下降的原因有(　　)。(多选题)

　　A. 销售收入下降　　　　　　　　B. 客户故意拖延

　　C. 企业扩大赊销政策范围　　　　D. 客户财务困难

【实战演练】

任务：营运能力分析

【任务要求】

2019 年 1 月 5 日，根据公司要求，从给定的上市公司数据源中提取数据，对有色金属冶炼及压延加工业进行营运能力分析。

分析指标包括总资产周转天数、存货周转天数、流动资产周转天数、应收账款周转天数。

【操作指导】

1. 总资产周转天数

(1) 新建计算字段。

① 执行"首页"|"项目：投资者角度的财报分析"|"进入项目"命令，选择"营运能力分析"，单击"开始任务"按钮，如图 4-7-12-1 和图 4-7-12-2 所示。

图 4-7-12-1

图 4-7-12-2

② 进入用友分析云，单击左侧菜单栏中的"分析设计"，执行"新建"|"新建故事板"命令，系统弹出"新建故事板"对话框，将故事板名称设置为"营运能力分析"，然后单击"确定"按钮，如图 4-7-12-3~图 4-7-12-5 所示。

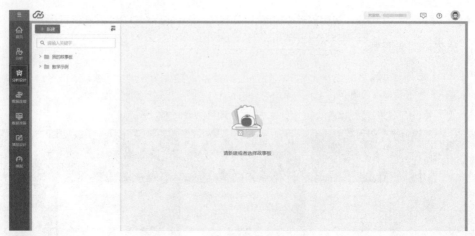

图 4-7-12-3

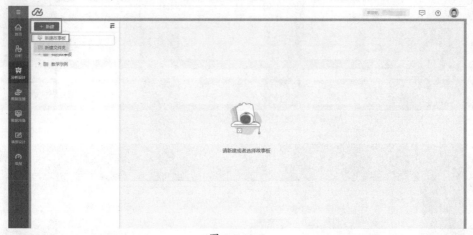

图 4-7-12-4

图 4-7-12-5

③ 进入故事板，单击"可视化"右侧的下三角按钮，选择"新建"选项，选择"数据集——xbrl"，然后单击"确定"按钮，如图 4-7-12-6 和图 4-7-12-7 所示。

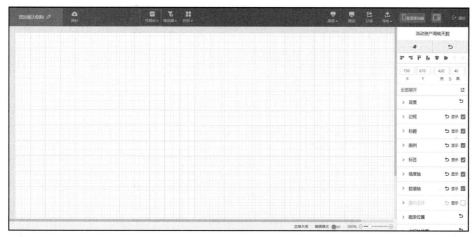

图 4-7-12-6

图 4-7-12-7

④ 将可视化看板命名为"总资产周转天数"。单击"指标"右侧的"+"按钮,新建计算字段,设置名称为"总资产周转天数",字段类型为"数字",表达式为"365*avg(资产合计(元))/sum(营业收入(元))",单击"确定"按钮,如图 4-7-12-8 所示。

图 4-7-12-8

(2) 选择维度与指标。

将维度"企业简称"拖曳到"维度"栏相应位置；将指标"总资产周转天数"拖曳到"指标"栏相应位置，如图 4-7-12-9 和图 4-7-12-10 所示。

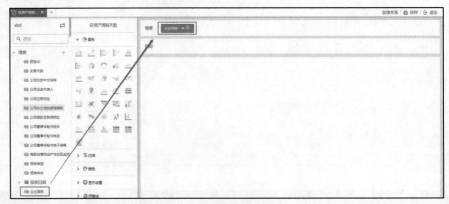

图 4-7-12-9

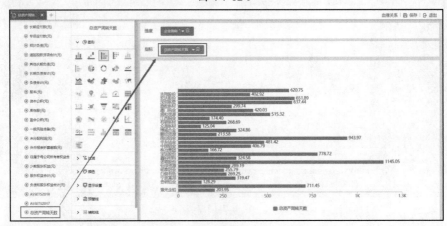

图 4-7-12-10

(3) 设置过滤条件。

① 将指标"总资产周转天数"的排列方式设置为"降序"，如图 4-7-12-11 所示。

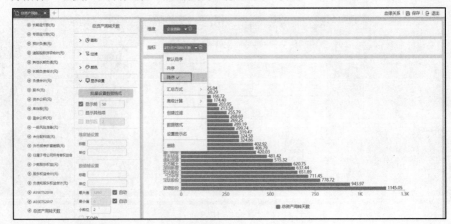

图 4-7-12-11

② 勾选"显示前"复选框并输入 50，如图 4-7-12-12 所示。

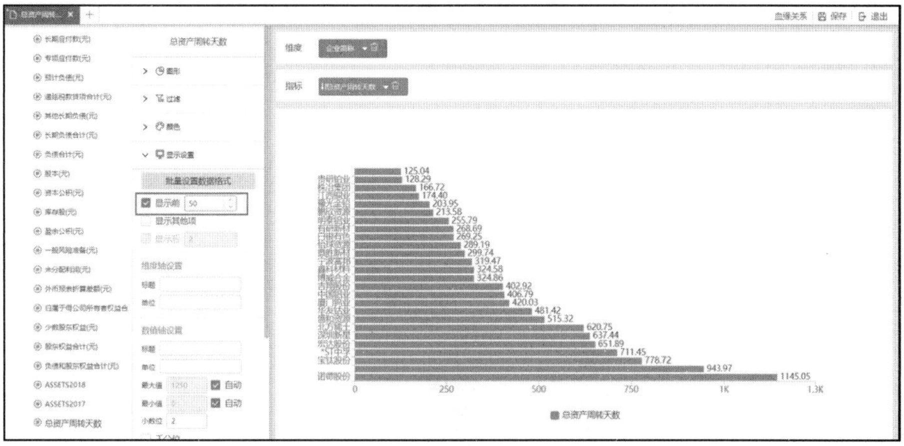

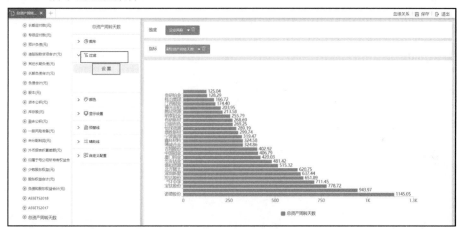

图 4-7-12-12

③ 执行"过滤"|"设置"命令(见图4-7-12-13)，系统弹出"添加过滤条件"对话框，添加如图 4-7-12-14 所示的过滤条件。

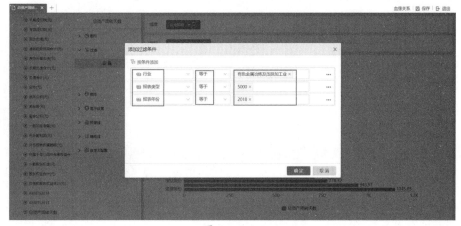

图 4-7-12-13

图 4-7-12-14

(4) 更改图形显示。

将图形显示设置为"条形图";将指标排序设置为"升序";设置显示后20位,如图4-7-12-15和图4-7-12-16所示。单击"保存"按钮并退出。

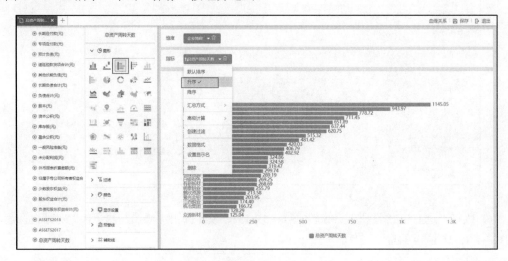

图 4-7-12-15

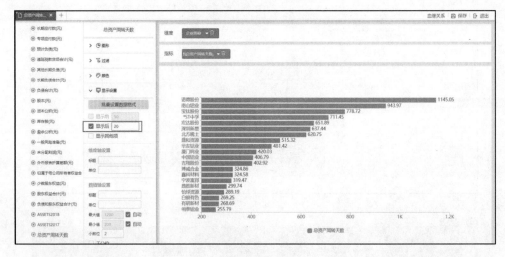

图 4-7-12-16

2. 存货周转天数

(1) 新建计算字段。

① 单击"总资产周转天数"看板右侧的"…"按钮,选择"复制"选项,再单击"总资产周转天数-副本"右侧的"编辑"按钮,将复制的可视化看板重新命名为"存货周转天数",如图4-7-12-17~图4-7-12-19所示。

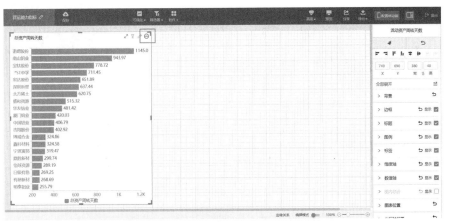

图 4-7-12-17

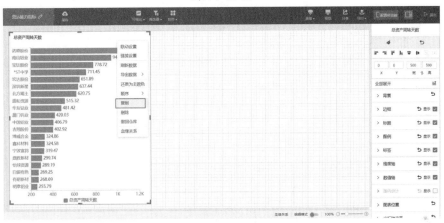

图 4-7-12-18

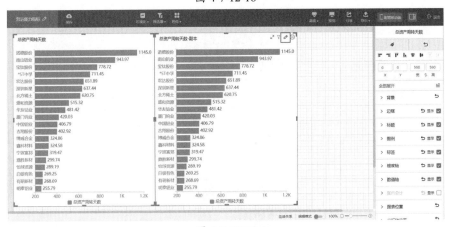

图 4-7-12-19

② 单击"指标"右侧的"+"按钮，新建计算字段，设置名称为"存货周转天数"，字段类型为"数字"，表达式为"365*avg(存货(元)/sum(营业成本(元))"，单击"确定"按钮，如图 4-7-12-20 所示。

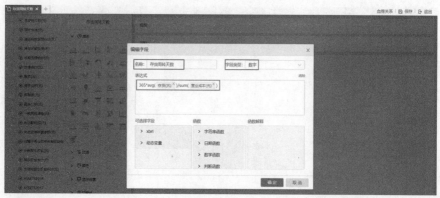

图 4-7-12-20

(2) 选择维度与指标。

① 将维度"企业简称"拖曳到"维度"栏相应位置;将指标"存货周转天数"拖曳到"指标"栏相应位置,如图 4-7-12-21 所示。

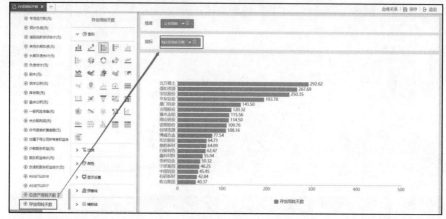

图 4-7-12-21

② 将"存货周转天数"设置为"升序";勾选"显示后"复选框并输入 20,如图 4-7-12-22 所示,单击"保存"按钮并退出。

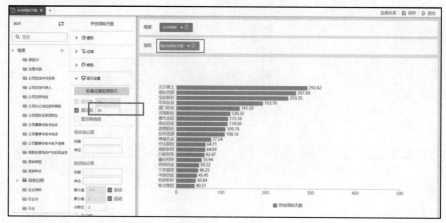

图 4-7-12-22

注:"设置过滤条件"和"更改图形显示"这两步在第一个指标"总资产周转天数"中已设置过,因此在复制的看板中进行其他指标分析时无须再次设置。

任务中的流动资产周转天数、应收账款周转天数指标,参照存货周转天数的操作步骤完成。

【情境小结】

在本情境中,我们学习了营运能力的概念;学习了营运能力分析的作用;学习了营运能力分析的内容与方法;学习了影响营运能力的因素;最后还通过实战演练中的任务体验了企业营运能力分析的操作步骤。

在下一情境中,我们将学习有关发展能力的内容,并掌握运用发展能力分析企业的方法。

【参考答案】:1. B; 2. A; 3. ABE; 4. C; 5. BCD

情境13　上市公司行业竞争力分析:发展能力

【情境导读】

随着社会主义市场经济的发展和经济体制改革的不断深入,企业的经营方式、组织方式等发生了重大的变化,并对企业财务决策的制定和财务行为的展开提出了更高的要求。发展能力是企业持续发展和未来价值的源泉,是企业的生存之本、获利之源,因此,对企业发展能力进行分析与评价有很重要的现实意义。

【知识精讲】

1. 发展能力的概念

企业发展的内涵是企业价值的增长,企业的发展能力是企业通过自身的生产经营活动,不断扩大积累而形成的发展潜能。为了生存和竞争,企业需要不断发展,而增加营运资本、更新工艺设备、扩大生产规模和应对市场竞争风险等,都需要企业有能力投资,有投资才能实现较大发展。这就要求企业有能力筹集投资所需资金,资金充足才能保证企业稳步发展。企业筹集资本的途径有两条:一是依靠企业经营、通过实现利润等内部渠道筹集所需资金,企业的这种能力称为自我发展能力;二是通过向外借款、发行债券、发行股票等方式筹集资金,企业的这种能力称为筹资发展能力。企业的发展能力是企业自我发展能力和筹资发展能力的组合。

一个企业的经营业绩集中表现为该企业的经营成果,企业的经营成果又可以进一步表现为经营成果的规模和经营成果的稳定性。在财务评价体系中,运用盈利能力指标反映企业经营成果规模的大小,运用偿债能力指标反映企业经营成果的稳定性程度。通过分析企业资产的运用效率,可以考核一个企业管理效率的高低。管理效率越高,企业资产的周转速度就越快,资产的变现速度也就越快,偿债能力就越强。

企业的偿债能力、盈利能力和管理效率是从不同的侧面对企业发展能力的具体分解,较强的偿债能力是企业发展的前提条件,较强的盈利能力则是实现企业发展的关键,提高管理效率又是提高盈利能力的必由之路,因此增强企业的偿债能力、盈利能力,提高企业的管理效率,都是为了实现企业未来的生存和发展,并增强企业的发展能力。可以说,将发展能力进一步分解,就是企业的偿债能力、盈利能力和管理效率,将偿债能力、盈利能力和管理效率概括起来,就是企业的发展能力。可见,考核企业的经营业绩,就是考核企业的偿债能力、盈利能力和管理效率,即考核企业的发展能力。发展能力指标是企业经营业绩评价指标体系中的核心内容。

2. 发展能力分析的目的和内容

1) 发展能力分析的目的

对企业的发展能力进行分析的目的在于保证企业长远发展,抑制企业经营中的短期行为。在企业的财务评价体系中加入发展能力的考核指标,对于完善现代企业制度、实现现代企业的理财目标,具有极其重要的意义。

考核企业的发展能力,可以抑制企业的短期行为,有利于完善现代企业制度。企业的短期行为集中地表现为追求眼前利润,忽视企业资产的保值与增值。为了实现短期利润,有些企业不惜损耗设备,少计费用和成本。增加了对企业发展能力的考核后,不仅要考核企业目前实现的利润,还要考核企业资产的保值和增值情况,这样就可以在一定程度上抑制企业的短期行为,真正增强企业的经济实力,从而完善现代企业制度。

考核企业的发展能力,有利于实现现代企业的理财目标。现代企业的理财目标应该是实现企业价值的最大化,为了实现企业价值最大化的目标,企业一方面要追求利润、扩大财务成果;另一方面则要不断地改善财务状况,增强经营成果的稳定性。为此,不仅要分别对企业的财务状况和财务成果进行考核,而且要将财务状况和财务成果结合起来综合地考核企业的发展能力。

2) 发展能力分析的内容

企业的发展性是指企业发展的潜力和趋势。发展性指标主要反映企业经营活动的发展变化趋势,对其进行分析就是对企业的经营状态进行动态分析,以便能够对企业未来的发展情况做出准确预测。

企业发展能力分析主要采用两种分析框架。一种分析框架是成长性指标分析,这种分析框架以形成企业成长力的价值变动因素为切入点,通过对众多财务指标进行分类分项的对比,描绘企业的成长速度和发展趋势,将财务指标分为销售、资产、收益、资本扩张四大类,具体分析指标包括销售收入增长率、资产增长率、净资产增长率、净利润增长率、资本积累率、股利分配率等;另一种分析框架是企业可持续成长分析,这种分析框架引入可持续增长率这一重要概念,以各价值变动因素的综合作用对留存收益的影响作为分析的切入点,全面分析企业的经营策略和财务策略,具体分析要素包括销售利润率、资产周转率、权益乘数、股利支付率。

3. 发展能力分析的主要财务指标

1) 营业收入增长率

营业收入增长率即与基期相比,本期主营业务收入的相对增长水平,通常以百分数的形式表示。营业收入增长率的计算公式如下。

营业收入增长率=本期主营业务收入增长额÷基期主营业务收入×100%

=(本期主营业务收入-基期主营业务收入)÷基期主营业务收入×100%

[例13-1] 某公司2019年营业收入为448.40亿元,其中主营业务收入为440.14亿元;该公司2020年营业收入为300.7亿元,其中主营业务收入为292.94亿元。计算该公司2020年营业

收入增长率。

$$2020 年营业收入增长率=(440.14-292.94)÷292.94×100\%=50.25\%$$

营业收入不断增加是企业生存的基础和发展的条件。因此，在各种反映企业发展能力的财务指标中，营业收入增长率是最关键的指标，因为只有实现企业销售额的不断增长，企业的净利润增长率和净权益增长率才有保障，企业规模的扩大才能建立在一个稳固的基础之上。

分析营业收入增长率还应分析销售收入增长的具体原因，即要弄清楚企业销售增长的来源，其来源包括：销售更多的产品或服务(最容易的方法)、提高价格(需要拥有强势的品牌或垄断的市场地位才能维持长久)、销售新的产品或服务、收购其他公司。

营业收入增长率可以用来衡量企业的产品生命周期，判断企业发展所处的阶段。一般来说，如果营业收入增长率超过 10%，则说明企业产品处于发展期，企业拥有较好的增长势头，尚未面临产品更新的风险，属于发展型企业。如果营业收入增长率为 5%～10%，则说明企业产品已进入稳定期，不久将进入衰退期，企业需要着手开发新产品。如果该比率低于5%，则说明企业产品已进入衰退期，企业保持市场份额已经很困难，销售利润开始下滑，如果没有已开发好的新产品，企业发展将进入衰退期。

2) 总资产增长率

总资产增长率是指企业资产总额的期末数相对于期初数的增长百分比，以百分数的形式表示。总资产增长率的计算公式如下。

$$总资产增长率=本期总资产增长额÷期初资产总额×100\%$$
$$=(期末资产总额-期初资产总额)÷期初资产总额×100\%$$

[例 13-2] 某公司 2020 年总资产账面价值为 176.57 亿元，2019 年该项指标为 98.33 亿元，试计算该公司 2020 年总资产增长率。

$$2020 年总资产增长率=(176.57-98.33)÷98.33×100\%=79.57\%$$

总资产增长率用于从企业资产总量扩张方面衡量企业的发展能力，可以反映企业规模增长水平对企业发展的影响。总资产增长率大于零，说明企业本年度资产增加，生产经营规模扩大。总资产增长率越高，说明企业本年内资产规模扩张的速度越快，获得规模效益的能力越强。但应注意资产规模扩张的质与量之间的关系以及企业的后续发展能力，避免盲目扩张。影响企业规模变化的因素主要有两个：一是企业对外举债而使企业规模扩大；二是企业所有者权益增加而使企业规模扩大，包括企业实现了盈利而增加了企业资产，还包括企业吸收了新的投资而扩大了规模。具体是什么原因引起企业规模的扩大，在评价总资产增长率指标时，应予以考虑。

3) 固定资产成新率

固定资产成新率即平均固定资产净值占平均固定资产原值的比重，通常以百分数的形式表示，反映了企业所拥有的固定资产的新旧程度，体现了企业固定资产更新速度的快慢和企业的持续发展能力。企业也可以根据自身的需要对生产用固定资产和非生产用固定资产进行区分，这样可以更好地反映固定资产更新速度较快的部分，使分析具有针对性。固定资产成新率的计算公式如下。

$$固定资产成新率=平均固定资产净值÷平均固定资产原值×100\%$$
$$=[(期初净值+期末净值)÷2]÷[(期初原值+期末原值)÷2]×100\%$$

固定资产成新率揭示了企业固定资产的更新速度变化情况。固定资产成新率越高,企业固定资产的更新水平越高,如果企业处于加速成长阶段,那么较高的成新率可以为企业扩大生产提供较好的支持。该指标越低,说明企业固定资产越老化。

[例13-3] 某公司2020年初固定资产原值为42.94亿元,当年年末固定资产原值为51.22亿元;当年固定资产净值期初额为31.80亿元,期末额为36.48亿元。试计算该公司2020年固定资产成新率。

平均固定资产净值=(31.80 + 36.48)÷2＝34.14(亿元)
平均固定资产原值=(42.94 + 51.22)÷2＝47.08(亿元)
固定资产成新率=34.14÷47.08×100%=72.51%

固定资产成新率高表明企业的设备比较新,技术性能较好,可以为企业服务较长时间,对扩大再生产做好了充分准备,发展的可能性较大;反之,表明企业设备陈旧,技术性能落后,将严重制约企业未来的发展。在应用固定资产成新率指标分析固定资产新旧程度时应注意折旧方法、企业生命周期等因素对固定资产成新率的影响。例如,加速折旧法下的固定资产成新率小于平均年限法下的固定资产成新率;处于成长期的企业的固定资产成新率通常高于处于衰退期的企业的固定资产成新率。

4) 主营业务利润增长率

主营业务利润是主营业务收入减去主营业务成本和主营业务税金及附加费用得来的利润。主营业务利润增长率是企业本年主营业务利润增长额同上年主营业务利润的比率,是评价企业经营发展能力和盈利状况的综合指标,通常以百分数的形式表示。主营业务利润增长率的计算公式如下。

主营业务利润增长率=本期主营业务利润增长额÷基期主营业务利润×100%

[例13-4] 某公司2020年主营业务收入为440.14亿元,主营业务成本为390.97亿元;2019年该公司主营业务收入为292.94亿元,主营业务成本为269.42亿元。试计算该公司2020年主营业务利润增长率。

2020年主营业务利润=440.14-390.97＝49.17(亿元)
2019年主营业务利润=292.94-269.42＝23.52(亿元)
2020年主营业务利润增长率=(49.17-23.52)÷23.52×100%＝109.06%

主营业务利润增长率反映了与去年相比本年主营业务利润增长的程度,该比率越高,表明主营业务利润较去年增加得越多。若主营业务利润增长率超过了主营业务收入增长率,则说明企业的主营业务收入弥补成本费用的能力进一步提高,企业抵御价格降低、成本升高和销售下降的能力进一步增强。若该比率小于主营业务收入增长率,则说明企业取得的收入不能抵御成本费用的上涨,主营业务的获利能力有所下降。

5) 净利润增长率

企业发展的内涵是企业价值的增长,企业价值表现为给企业带来未来现金流的能力,因此可以用净利润的增长来近似代替价值的增长,以净利润增长率为核心来分析企业的发展能力。净利润增长率可以反映企业获利能力的提高情况和企业长期的盈利能力趋势,采用百分数的形式表示。净利润增长率的计算公式如下。

净利润增长率=本期净利润增长额÷基期净利润×100%

=(本期净利润-基期净利润)÷基期净利润×100%

[例 13-5] 某公司 2020 年实现净利润 10.37 亿元，2019 年实现净利润 3.46 亿元。试计算该公司 2020 年净利润增长率。

2020 年净利润增长率=(10.37-3.46)÷3.46×100%=199.71%

净利润增长率是用来考核企业净利润(即税后利润增长情况)的财务指标，该指标通常越大越好。只有净利润增长了，企业所有者权益的增长才有保证，企业的发展才有根基。通常，企业发展所需资本的基本来源有三个：投资者注入新资本、向金融机构举债、靠自我积累。对于投资者来说，注入新资本意味着风险和代价。而企业向金融机构举债，不但需要支付筹资费用，增加了经营的投资风险，而且不能由企业单方面决定。因此，对于企业而言，自我积累是最安全、代价最低的资本来源。企业自我积累的最大限度是企业的全部净利润。只有净利润不断增长，企业的自我积累才能逐年增加。随着自我积累逐年增加，企业发展资本增多、经营规模不断扩大、发展后劲不断增强，发展前景将越来越好。

企业的发展能力表现为企业未来的发展趋势和发展速度，包括企业的资产、利润和所有者权益的增长趋势和增长速度。企业可持续发展性的外在表现之一是良好的财务数据和财务指标的增长。用来考核企业发展能力的财务指标主要有营业收入增长率、总资产增长率、固定资产成新率、主营业务利润增长率和净利润增长率。

【知识点拨】

生理学家把人的生命周期分为生长发育期、成长期和老年期三个阶段，经济学家也给企业赋予了"生命"的含义，将企业生命周期划分为初生期、成长期、成熟期和衰退期。在企业生命周期的各个阶段中，企业具有不同的财务特征。在利用同样的分析公式、同样的分析过程，对同样的指标进行分析时，在企业生命周期的不同阶段，指标所代表的含义是不同的。因此，企业进行综合财务报表分析时要认真研究企业所处的生命周期阶段的特点，避免在分析时就指标论指标而不考虑企业所处的不同生命周期阶段对指标的影响。在不同的生命周期阶段，企业的基本财务特征如下。

(1) 企业初生期的财务特征。一般来说，在创立阶段，企业投入大、收入少、发展速度不稳定、失败概率高、经营风险最大，但是创新意识强。另外，财务结构可能不尽合理，如资产负债率较高、自有资产比率较低、长期偿债能力不足、筹资和投资指标不高，这些都是正常现象，因为处于初生期的企业基本无资本积累。为扩大企业规模、开发产品、发展业务和开辟市场等，举债经营甚至是必须的，其结果必然导致企业长期偿债能力不足、筹资和投资指标不高。

(2) 企业成长期的财务特征。处于成长期的企业，实力逐步增强，主导产品已研制成功，经营风险有所降低。为了扩大企业规模、开发新产品、发展业务和开辟市场等，举债经营仍然是必需的，其结果必然导致企业在短期内偿债能力不足，财务结构仍可能不尽合理。此时，企业的自我积累仍然有限，但因处于成长期，已经有盈利，故其筹资和投资指标应有所改善。

在企业成长阶段，因企业急于抢占市场、扩大生产能力，投资规模猛增、负债急剧膨胀、财务风险日益增大成为威胁企业生存的主要因素。因此，对财务风险的控制成为管理的重中之重。相应地，在对企业进行评价时也更加注重揭示企业财务风险类的指标，如资产负债率、流动比率、负债结构和资产结构等。

(3) 企业成熟期的财务特征。进入成熟期后，企业发展速度变慢甚至停滞，但此时企业市场形象已形成，因此客户较为固定，盈利能力较强，现金流入量较高，且因资金需求量减少，企业负债总额占资金来源的比重也会相应减少，短期偿债能力和长期偿债能力均较好，财务风险降低，企业处于收获的阶段。企业整体财务结构已趋向于合理，其筹资和投资指标表现良好，同时具备较强的盈利能力、资产管理能力、成本和费用控制能力和成长能力。

在成熟阶段，企业经营的基本目标是长期保持这种稳定状态，因此，财务评价更偏重于当前盈利能力与风险水平的协调。此外，由于处于该阶段的企业很可能步入衰退期，在分析时还应注意企业机动财力指标，该指标可用现金净流入量表示，机动财力意味着企业应对变化所具有的潜力。另外，也应注意对企业创新和开拓意识的分析，其意味着企业保持稳定发展的能力。这种能力主要依靠产品品种结构变化、销售费用变化和生产成本变化等指标来判断。

(4) 企业衰退期的财务特征。在衰退期，企业生产工艺已呈落后状态，产品逐渐老化，生产萎缩，各种负担加重，亏损严重，负债增加，财务状况逐步恶化。但此时，企业短期偿债能力和长期偿债能力还较好，筹资和投资指标也较好。

在衰退期，企业面临着破产衰亡和重获新生两种命运。因此，在分析时要更倾向于判定企业将步入哪种命运。判断的主要指标包括产品结构调整能力、研究开发和销售费用的变化状况等。

企业在生命周期中的不同阶段有不同的财务特征，因此，针对企业所处的不同阶段也应有不同的分析评价标准。应根据企业所处的发展时期，选择相应的财务报表分析指标，这样更符合企业的实际情况。当企业处于初生期时，企业应主要采取销售增长率和经营现金流量等财务指标来加以分析评价。此外，还要充分重视客户满意度和服务质量等非财务指标的分析。当企业处于成长期时，企业应主要采用销售增长率、目标市场收入增长率、投资收益率等财务指标来加以分析评价。当然，还应该关注企业创新能力和产品质量等非财务指标的分析。当企业处于成熟期时，企业应采用净利润、经营现金流量净额、经营现金流量净额与净利润的比率等财务指标来加以分析评价，这一阶段至关重要。当企业处于衰退期时，企业应主要采用净利润和经营现金流量等财务指标来加以分析评价。

【小测试】

1. 衡量企业发展能力的指标包括(　　)。(多选题)

    A. 营业收入增长率　B. 总资产增长率　C. 营业利润增长率　D. 资本保值增值率

2. 总资产增长率的计算公式为(　　)。

    A. =年末资产总额÷年初资产总额×100%

    B. =(年末资产总额-年初资产总额)÷年初资产总额×100%

    C. =年末所有者权益总额÷年初资产总额×100%

    D. =(年末所有者权益总额-年初所有者权益总额)÷年初所有者权益总额×100%

3. 下列反映企业收益增长能力的财务指标有(　　)。(多选题)

    A. 净利润增长率　　B. 三年利润平均增长率

    C. 权益净利率　　　D. 资本积累增值率

4. 下列反映企业发展能力的首要指标是( )。
   A. 销售增长率　　　B. 权益增长率　　　C. 资产增长率　　　D. 收益增长率
5. 某公司 2020 年销售收入为 5000 万元，销售成本为 4000 万元；2021 年销售收入为 6000 万元，销售成本为 3000 万元，该公司 2021 年销售增长率为( )。
   A. 20%　　　　　　B. 16.7%　　　　　C. 25%　　　　　　D. 33%

【实战演练】
任务：发展能力分析

【任务要求】

2019 年 1 月 5 日，根据公司要求，从给定的上市公司数据源中提取数据，对有色金属冶炼及压延加工业进行发展能力分析。

分析指标包括总资产增长率、销售收入增长率、净利润增长率、总资产增长量、销售收入增长量、净利润增长量。

【操作指导】

1. 总资产增长率

(1) 可视化设置。

① 执行"训练计划"|"投资者角度的财报分析"命令；选择"01 发展能力分析"，如图 4-7-13-1 所示；单击"开始任务"按钮，进入分析云，如图 4-7-13-2 所示。

② 单击左侧菜单栏中的"分析设计"，然后执行"新建"|"新建故事板"命令，如图 4-7-13-3 所示；在弹出的"新建故事板"对话框中，将故事板名称设置为"发展能力分析"，在"全部目录"下选择"我的故事板"，最后单击"确认"按钮，如图 4-7-13-4 所示。

图 4-7-13-1

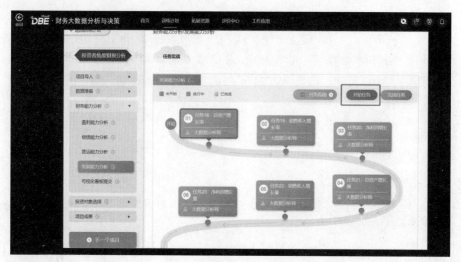

图 4-7-13-2

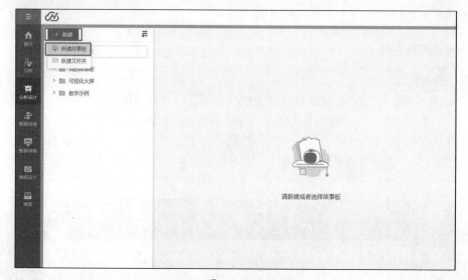

图 4-7-13-3

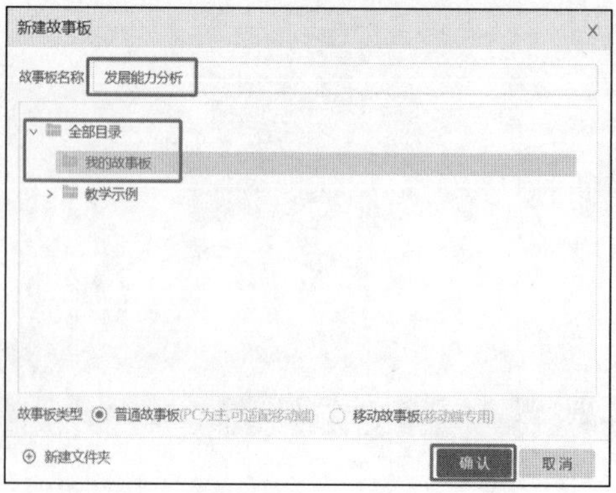

图 4-7-13-4

③ 进入故事板，单击"可视化"右侧的下三角按钮，选择"新建"选项，如图 4-7-13-5 所示。系统弹出"选择数据集"对话框，在搜索框中输入"xbrl"进行搜索，选择"数据集——xbrl"，然后单击"确定"按钮，如图 4-7-13-6 所示。

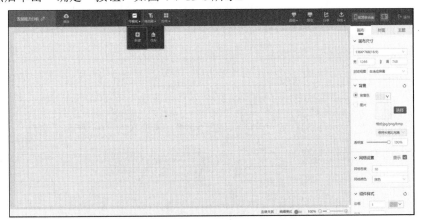

图 4-7-13-5

图 4-7-13-6

④ 将可视化看板命名为"总资产增长率"。

(2) 选择维度与指标。

将维度"企业简称"拖曳到"维度"栏相应位置，如图 4-7-13-7 所示；将指标"资产总计"拖曳到"指标"栏相应位置，如图 4-7-13-8 所示。

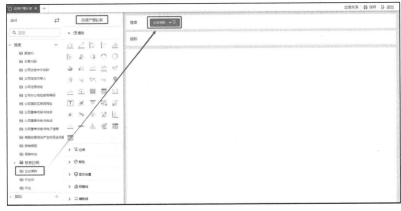

图 4-7-13-7

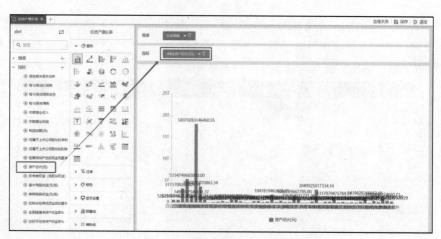

图 4-7-13-8

(3) 添加过滤条件。

执行"过滤"|"设置"命令(见图 4-7-13-9),系统弹出"添加过滤条件"对话框,添加如图 4-7-13-10 所示的过滤条件。

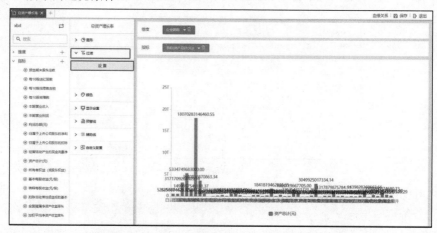

图 4-7-13-9

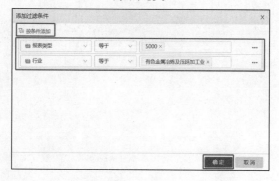

图 4-7-13-10

(4) 更改图形显示。

将图形显示设置为"条形图",如图 4-7-13-11 所示。

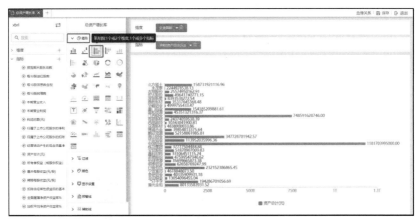

图 4-7-13-11

(5) 高级设置。

单击指标"资产总计"右侧的下三角按钮,执行"高级计算"|"同比/环比"命令(见图 4-7-13-12),系统弹出"同比/环比设置"对话框,按照如图 4-7-13-13 所示的内容完成设置,单击"确定"按钮。

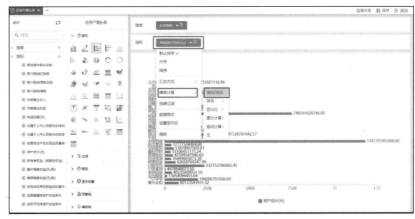

图 4-7-13-12

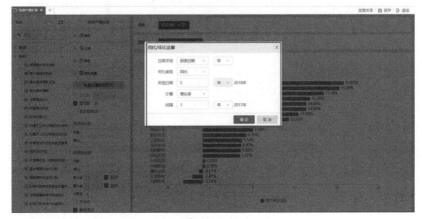

图 4-7-13-13

(6) 指标按升序排序。

单击指标"资产总计"右侧的下三角按钮,将指标排序设置为"升序",如图 4-7-13-14 所示。

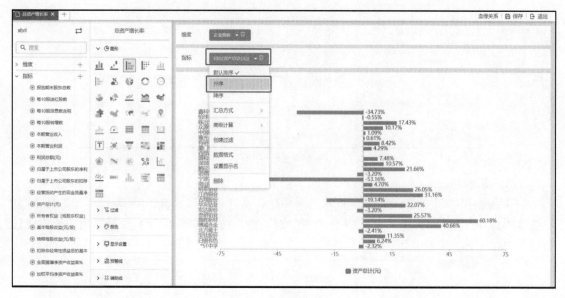

图 4-7-13-14

(7) 显示设置。

单击"显示设置",取消勾选"显示前"复选框;勾选"显示后"复选框并输入"20",如图 4-7-13-15 所示。

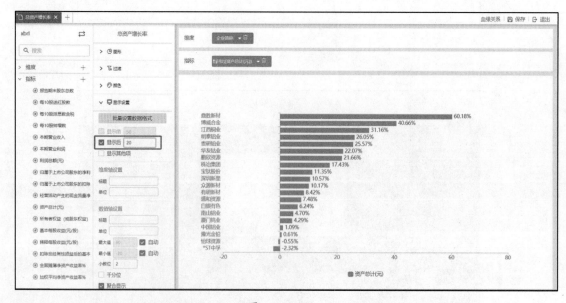

图 4-7-13-15

(8) 二次过滤。

执行"过滤"|"设置"命令(见图 4-7-13-16),系统弹出"添加过滤条件"对话框,添加如图 4-7-13-17 所示的过滤条件,单击"确定"按钮。最后单击"保存"按钮,再单击"退出"按钮。

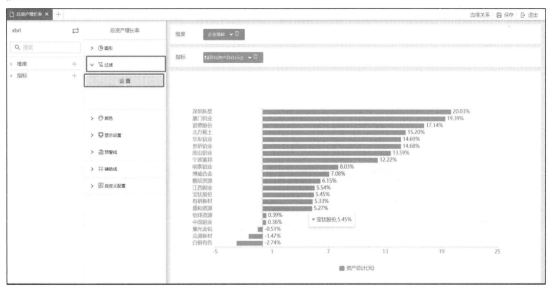

图 4-7-13-16

图 4-7-13-17

2. 销售收入增长率

① 销售收入增长率指标所使用的数据表还是"xbrl",且增长率相关条件相同,因此可以复制"总资产增长率"看板进行修改。单击"总资产增长率"看板右侧的"…"按钮,选择"复制"选项,如图 4-7-13-18 所示;完成后单击左上角的"保存"按钮,效果如图 4-7-13-19 所示。

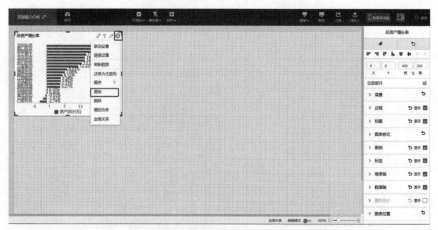

图 4-7-13-18

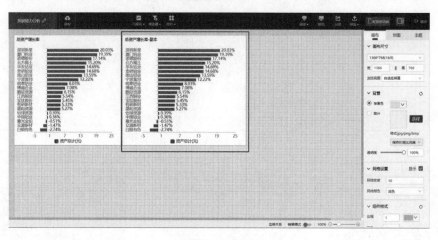

图 4-7-13-19

② 单击副本右侧的"编辑"按钮，如图 4-7-13-20 所示；将可视化看板名称"总资产增长率-副本"更改为"销售收入增长率"，如图 4-7-13-21 所示。

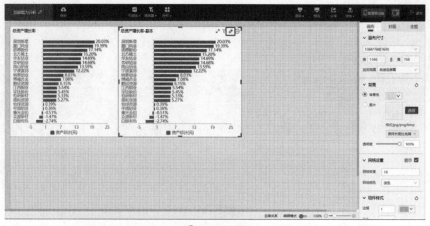

图 4-7-13-20

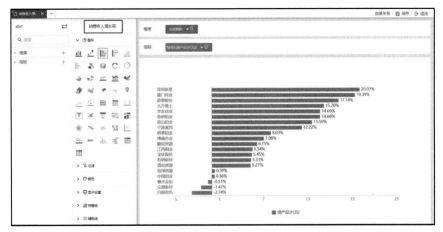

图 4-7-13-21

③ 单击指标"资产总计"右侧的"删除"按钮,如图 4-7-13-22 所示;将指标"营业收入"拖曳到"指标"栏相应位置,如图 4-7-13-23 所示。

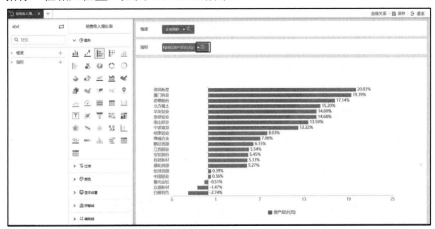

图 4-7-13-22

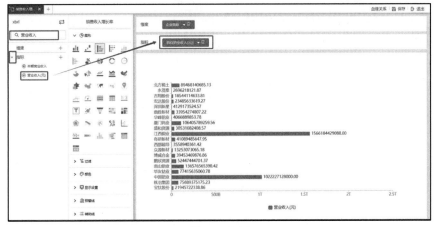

图 4-7-13-23

④ 单击指标"营业收入"右侧的下三角按钮,执行"高级计算"|"同比/环比"命令(见图 4-7-13-24),系统弹出"同比/环比设置"对话框,按照如图 4-7-13-25 所示的内容完成设置,单击"确定"按钮。

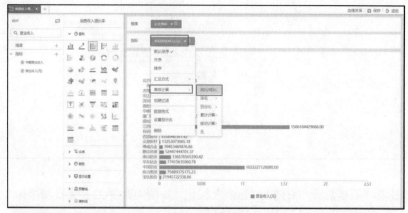

图 4-7-13-24

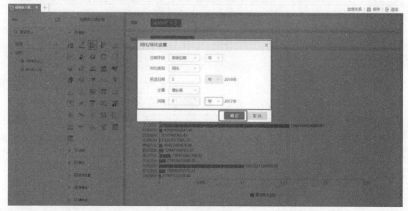

图 4-7-13-25

⑤ 单击指标"营业收入"右侧的下三角按钮,将指标排序设置为"升序",如图 4-7-13-26 所示;单击"保存"按钮,然后单击"退出"按钮。

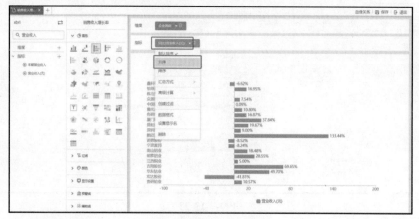

图 4-7-13-26

任务中的净利润增长率、总资产增长量、销售收入增长量、净利润增长量指标，参照总资产增长率的操作步骤完成。

【情境小结】

在本情境中，我们学习了发展能力的概念；学习了发展能力分析的目的与内容；学习了发展能力分析的主要财务指标；最后还通过实战演练中的任务体验了企业发展能力分析的操作步骤。

【参考答案】：1. ABCD； 2. B； 3. ABD； 4. A； 5. A

项目 8　大数据+经营者角度的财报分析

情境 14　企业盈利能力分析、异常值监控与数据挖掘

【情境导读】

对于平时在企业工作的财务人员来说，进行对外财务报表分析的机会并不多，我们在网上经常看到的对上市公司财务报表的分析，是基于投资人的角度来对这家公司披露的财务及经营信息所做的分析。在实际工作中，大家应用更多的其实是内部经营分析。内部经营分析的目的是检查企业业绩完成情况，对异常情况进行追踪溯源，为经营决策提供数据支持。让我们先来看一下企业盈利能力分析吧！

【知识精讲】

1. 内部经营分析的流程与方法

1) 内部经营分析流程

内部经营分析可以分为以下三个步骤。

第一步：本期财务指标计算。根据报表数据进行盈利、偿债、营运、发展四大能力的本期指标计算，展示本期的经营绩效。

第二步：财务指标纵向分析。通过同比、环比、预算比等，分析各项目增减变化的趋势，同时对成本、收入等的变化继续深入分析、发现问题，并要求相关功能部门做出分析或解释。

第三步：财务指标横向对比。横向对比一般是和同行的竞争对手(或行业均值)进行对比，进行横向对比分析，可以知己知彼，学习别人的长处，克服自己的短处，使企业发展得更好。

2) 纵向分析

经营者在分析企业内部财务指标时，常用的分析方法是纵向分析，即同比或环比。简单地说，就是将本期数据与去年同期的数据进行比较，或者将本期数据与上月的数据进行比较。通常，我们会使用同比或环比的分析方法观察企业财务指标数据的趋势变化。例如，相比于基期数据，分析本期数据是增长还是减少、是什么原因导致的数据变化等。指标仅仅是一个数值，作为一个经营者，找出指标变化背后的真正原因是必须要做的事情。

同比分析：一般是指本期水平与上年同期水平对比分析，也就是与历史同期比较。同比增长率是指与去年同期相比较的增长率。

$$同比增长率=(本期数-同期数)÷同期数×100\%$$

环比分析：一般是指本期水平与上期水平对比分析。环比增长率是指与上期相比较的增长率。

$$环比增长率=(本期数-上期数)÷上期数×100\%，$$

3) 横向对比

横向分析是指一个企业与其他企业在同一时点(或时期)进行比较。对比企业的选择从业务可比性与财务可比性两方面进行筛选。业务可比性是指该公司与可比公司属于同一行业，提供的产品与服务相同或类似，并且累计经营当前业务已经有一定的年限，有着相同的客户与终端市场。财务可比性主要是指该公司与可比公司在盈利能力、偿债能力、营运能力等方面具有可比性。

2. 企业盈利能力分析

盈利能力就是公司赚取利润的能力。一般来说，公司的盈利能力只涉及正常的营业状况。反映公司盈利能力的指标很多，经常使用的主要有销售净利率、销售毛利率、净资产收益率、资产净利率等。

1) 销售净利率

销售净利率是指净利润与销售收入的百分比，其计算公式如下。

$$销售净利率=(净利润÷销售收入)×100\%$$

销售净利率用于反映每一元销售收入带来多少净利润，表示销售收入的收益水平。从销售净利率的指标关系看，净利润与销售净利率成正比关系，而销售收入额与销售净利率成反比关系。公司在增加销售收入额的同时，必须要相应地获得更多的净利润，才能使销售净利率保持不变或有所提高。通过分析销售净利率的升降变动，可以促使公司在扩大销售业务的同时，注意改进经营管理，提高盈利水平。

2) 销售毛利率

销售毛利率是指销售毛利占销售收入的百分比，其中销售毛利是销售收入与销售成本的差。销售毛利率的计算公式如下。

$$销售毛利率=销售毛利÷销售收入×100\%$$
$$销售毛利=销售收入-销售成本$$

销售毛利率表示每一元销售收入扣除销售成本后，可用于支付各项期间费用、实现盈利的比率。销售毛利率是企业销售净利率的基础，没有足够大的毛利率便不能盈利。

3) 净资产收益率

净资产收益率用于反映企业所有者投入资本的盈利能力，又称为所有者权益报酬率或净资产利润率。

$$净资产收益率=净利润÷所有者权益平均余额×100\%$$
$$所有者权益平均余额=(期初所有者权益余额+期末所有者权益余额)÷2$$

净资产收益率越高，说明企业所有者权益的盈利能力越强。影响该指标的因素，除了企业的盈利水平以外，还有企业所有者权益的大小。对所有者来说，该比率越大，投资者投入资本的盈利能力越强。在中国，该指标既是上市公司对外必须披露的信息之一，也是决定上市公司能否配股进行再融资的重要依据。

4) 资产净利率

资产净利率又称为资产报酬率、投资报酬率或资产收益率，是企业在一定时期内的净利润和资产平均总额的比率，计算公式如下。

$$资产报酬率=净利润÷资产平均总额×100\%$$

$$资产平均总额=(期初资产总额+期末资产总额)÷2$$

资产净利率主要用来衡量企业利用资产获取利润的能力，反映了企业总资产的利用效率，表示企业每单位资产能获得净利润的数量，这一比率越高，说明企业全部资产的盈利能力越强。该指标与净利润成正比，与资产平均总额成反比。影响资产净利率的因素主要有：产品价格、单位成本、产品的产量和销售数量及资金占用量等。

【小测试】

1. 下列资产经营盈利能力分析指标计算公式正确的是(　　)。

    A. 净利润÷平均净资产×100%

    B. (利润总额+利息支出)÷平均总资产×100%

    C. 利润总额÷平均总资产×100%

    D. 营业利润÷营业成本×100%

2. 财务分析中的横向比较法，比较的对象一般是(　　)。(多选题)

    A. 行业平均水平

    B. 行业中的标杆企业

    C. 竞争对手

    D. 上游企业

3. 以下关于同比、环比分析说法正确的有(　　)。(多选题)

    A. 同比和环比的侧重点不同，环比会突出显示数据的短期趋势，会受季节等因素的影响

    B. 同比更加侧重于反映长期的大趋势，也就规避了季节的因素

    C. 同比是指本期数据和上月数据进行比较

    D. 环比是指本期数据和上年同期数据进行比较

【实战演练】

任务1

【任务要求】

分析 AJHXJL 公司 2019 年前三季度的营业收入、营业成本、营业利润和息税前利润。

【操作指导】

① 新建故事板，将故事板名称设置为"盈利能力本期指标"，并将其保存在"我的故事板"中，如图 4-8-14-1 所示。

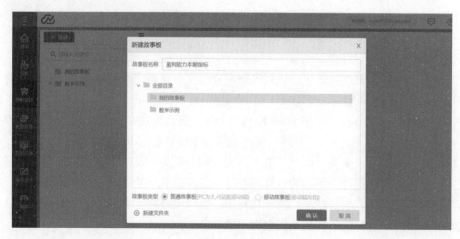

图 4-8-14-1

② 将可视化看板命名为"2019年前三季度的营业收入",选择"数据集——利润表_利润表-AJHXJL",将其设置成数据源,如图 4-8-14-2 所示。

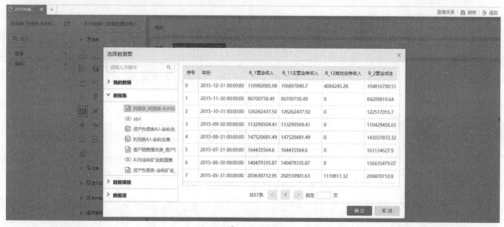

图 4-8-14-2

③ 选择维度与指标。将"维度"设置为空;将指标"营业收入"拖曳到"指标"栏相应位置,如图 4-8-14-3 所示。

图 4-8-14-3

④ 添加过滤条件。添加如图 4-8-14-4 所示的过滤条件。

⑤ 单击"保存"按钮,再单击"退出"按钮,结果如图 4-8-14-5 所示。

图 4-8-14-4

图 4-8-14-5

⑥ 2019 年前三季度的营业成本、营业利润的设置步骤同营业收入的设置步骤相同，结果如图 4-8-14-6 所示。

图 4-8-14-6

⑦ 2019 年前三季度息税前利润的设置步骤也同营业收入的设置步骤相同，但要注意，息税前利润需要设置计算字段：息税前利润=利润总额+利息支出(可用财务费用替代)。最终结果如图 4-8-14-7 所示。

图 4-8-14-7

任务 2

【任务要求】

将本期营业收入、营业成本、营业利润、息税前利润进行环比、同比分析；找出指标环比、同比值下降的原因。

【操作指导】

(1) 环比分析(2019 年 9 月与 2019 年 8 月相比)。

① 单击"指标"右侧的"+"按钮，选择"计算字段"选项，系统弹出"添加字段"对话框，设置名称为"息税前利润"，字段类型为"数字"，表达式为"财务费用+利润总额"，单击"确定"按钮，结果如图 4-8-14-8 所示。

图 4-8-14-8

② 选择维度与指标：将"维度"设置为空；将指标"营业收入""营业成本""营业利润""息税前利润"拖曳到"指标"栏相应位置。添加过滤条件："年"="2019"。更改图形显示：将图形显示设置为"表格"。结果如图 4-8-14-9 所示。

图 4-8-14-9

③ 执行"高级计算"|"同比/环比"命令(见图 4-8-14-10)，系统弹出"同比/环比设置"对话框，按照如图 4-8-14-11 所示的内容完成设置，单击"确定"按钮。

第4章 大数据技术在财务分析中的应用

图 4-8-14-10

图 4-8-14-11

④ 单击"保存"按钮，再单击"退出"按钮，结果如图 4-8-14-12 所示。

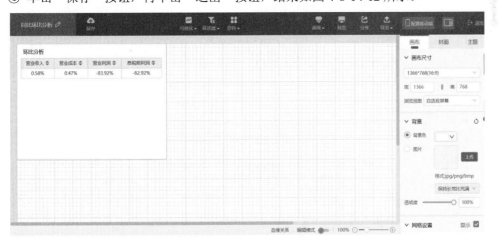

图 4-8-14-12

(2) 环比值下降原因洞察设置。

①选择维度与指标：将维度"年""月"拖曳到"维度"栏相应位置；将指标"营业利润"拖曳到"指标"栏相应位置。添加过滤条件："年"＝"2019"。更改图形显示：将图形显示设

151

置为"折线图"。结果如图 4-8-14-13 所示。

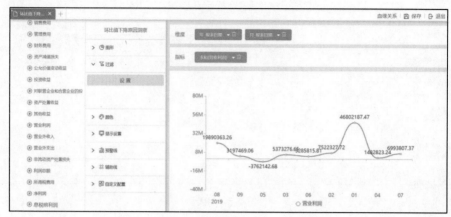

图 4-8-14-13

② 在"指标"栏中依次添加影响营业利润的指标：销售费用、管理费用、财务费用，如图 4-8-14-14 所示。直至发现一个指标的变动趋势与营业利润的变动趋势基本吻合。

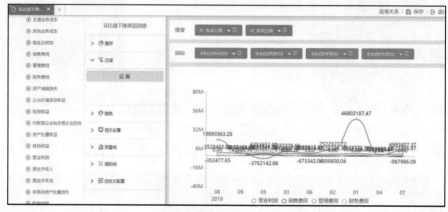

图 4-8-14-14

③ 增加指标"投资收益"，其变动趋势与营业利润的变动趋势基本吻合，如图 4-8-14-15 所示。

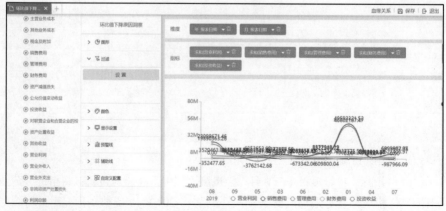

图 4-8-14-15

④ 单击"保存"按钮,再单击"退出"按钮,结果如图 4-8-14-16 所示。

图 4-8-14-16

(3) 同比分析与同比值下降原因洞察设置。

同比分析与同比值下降原因洞察设置的操作步骤,请参照"环比分析""环比值下降原因洞察设置"操作步骤完成。最终结果如图 4-8-14-17 和图 4-8-14-18 所示。

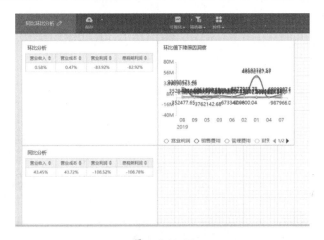

图 4-8-14-17

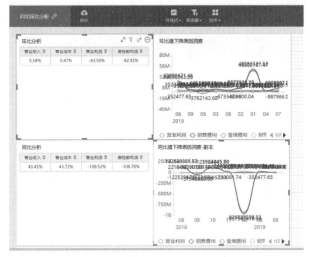

图 4-8-14-18

任务3

【任务背景】

2019年10月8日，财务大数据分析师对公司盈利能力进行分析。

【任务要求】

将本期营业收入、营业成本、营业利润、投资收益指标与同行企业(金岭矿业)的相应指标进行比较。

【操作指导】

① 打开数据表"AJ与金岭矿业数据集"(提示：若找不到该数据表，需要先创建数据集，通过追加数据的方式将AJ公司的利润表和金岭矿业的数据表合并成一张表)。

② 选择维度与指标：将维度"公司名称""年"拖曳到"维度"栏相应位置；将指标"营业收入"拖曳到"指标"栏相应位置。更改图形显示：将图形显示设置为"柱状图"。将两个公司的柱状图设置为不同的颜色。最终结果如图4-8-14-19所示。

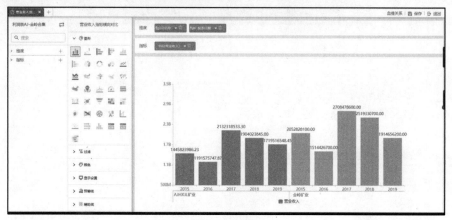

图4-8-14-19

③ 按照同样的步骤，做出营业成本、营业利润、投资收益指标的横向对比图。最终结果如图4-8-14-20所示。

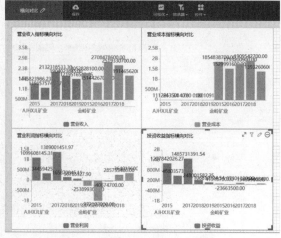

图4-8-14-20

【情境小结】

在本情境中,我们学习了企业内部经营分析的流程与方法,可以根据企业财务数据中的收入、成本、利润、资产、所有者权益等项目进行销售净利率、销售毛利率、净资产收益率、资产净利率分析。最后,在实战演练中制作了企业营业收入、营业成本、营业利润、息税前利润等指标的可视化看板,探究其变动趋势与原因,进而掌握了企业盈利能力分析的方法。

【参考答案】:1. B; 2. ABC; 3. AB

情境 15 企业偿债能力分析、异常值监控与数据挖掘

【情境导读】

筹资、投资、运营与资本收益的分配是企业财务活动的基本环节。企业筹集资金的数量,既取决于生产经营情况,也受制于债务偿还。对于到期的债务,可以用企业自有资金偿还,也可以借新债还旧债。因此,通过对企业偿债能力的分析,可以准确了解企业当前的现金与可变现资产状况,合理安排企业的财务活动,提高资产的利用效果。

【知识精讲】

从经营者的角度分析企业的偿债能力,对于企业而言,借入资金越大(当然不是盲目地借款),越显得企业活力充沛。因此,经营者希望资产负债率稍高些,通过举债经营,扩大生产规模,开拓市场,增强企业活力,获取较高的利润。如果企业不举债或负债比例很小,说明企业对前途信心不足,利用债权人资本进行经营活动的能力很差。

从财务管理的角度来看,企业经营者应当审时度势,通盘考虑,在利用资产负债率制定借入资本决策时,必须充分估计预期的利润和增加的风险,在两者之间权衡利害得失,做出正确且恰当的决策。

事实上,我们通过解读和分析上市公司资产负债率指标,可以得知其经营者的态度。有的上市公司资产负债率很高,是主动为之,代表的是一种扩张的野心,一旦看好前景,就不惜大肆举债、大笔投入,当然,这也要看公司管理层的眼光是否准确,在上市公司中投入资金打"水漂"的事件也时有发生。然而,有的上市公司负债很高,是被动接受,代表的是一种生存压力。

关于企业偿债能力的相关指标的定义及计算公式,在情境 11 中已有所述及,在此不再赘述。

【小测试】

1. 下列指标中可以反映企业长期偿债能力的是(   )。

  A. 已获利息倍数   B. 营业利润率
  C. 净资产收益率   D. 资本保值增值率

2. 下列关于已获利息倍数的说法中错误的是(   )。(多选题)

  A. 已获利息倍数是指企业息税前利润与利息支出的比率
  B. 已获利息倍数计算公式分母的利息支出指实际支出的借款利息、债券利息等
  C. 已获利息倍数应当小于 1 为好
  D. 已获利息倍数越小,说明企业支付负债利息的能力越强

3. 若某企业流动比率为2.5，存货与流动负债的比率为1.2，则下列说法正确的有(　　)。(多选题)

　　A. 存货占流动资产的48%　　　　B. 速动比率为1.3

　　C. 营运资金大于零　　　　　　　D. 企业的偿债能力很强

4. 与速动比率的可信性密切相关的因素有(　　)。(多选题)

　　A. 速动资产　　　　　　　　　　B. 存货

　　C. 应收账款的变现速度　　　　　D. 现金

5. 在计算速动资产时，之所以要扣除存货等项目，是因为(　　)。

　　A. 这些项目价值变动较大　　　　B. 这些项目质量难以保证

　　C. 这些项目数量不易确定　　　　D. 这些项目变现能力较差

6. 下列说法正确的是(　　)。

　　A. 速动比率比流动比率更能反映企业的短期偿债能力

　　B. 营运资金越多，企业的偿债能力就越强

　　C. 流动比率越大越好

　　D. 如果流动比率小于2，则说明企业的偿债能力一定较差

【实战演练】

任务1

【任务要求】

分析AJHXJL公司2019年的资产负债率、流动比率、速动比率和现金比率。

【操作指导】

(1) 资产负债率。

① 新建故事板，将故事板名称设置为"偿债能力本期指标"，并将其保存在"我的故事板"中，如图4-8-15-1所示。

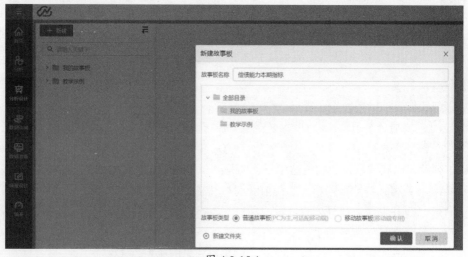

图 4-8-15-1

② 将可视化看板命名为"资产负债比率指标",选择"数据集——资产负债表-AJHXJL_资产负债表",如图 4-8-15-2 所示。

图 4-8-15-2

③ 编辑字段,设置名称为"资产负债率",字段类型为"数字",表达式为"avg(负债合计)/avg(资产总计)",如图 4-8-15-3 所示。

图 4-8-15-3

④ 将"维度"设置为空;将指标"资产负债率"拖曳到"指标"栏相应位置,如图 4-8-15-4 所示。

⑤ 添加过滤条件:"年"="2019",如图 4-8-15-5 所示。将图形显示设置为"指标卡"。

图 4-8-15-4

图 4-8-15-5

⑥ 单击"保存"按钮,再单击"退出"按钮。最终结果如图 4-8-15-6 所示。

图 4-8-15-6

(2) 流动比率、速动比率、现金比率。

重复以上操作步骤,做出本期流动比率、速动比率、现金比率的看板,各指标的表达式如下。最终结果如图 4-8-15-7 所示。

流动比率=avg(流动资产合计)/avg(流动负债合计)

速动比率=avg(流动资产合计-存货-预付账款)/avg(流动负债合计)

现金比率=avg(货币资金+以公允价值计算且其变动计入当期损益的金融资产)/avg(流动负债合计)

图 4-8-15-7

任务 2

【任务要求】

使用上市公司 XBRL 的数据源计算"采矿业"资产负债率、流动比率、速动比率、现金比率的行业平均值。

【操作指导】

(1) 资产负债率指标行业对比。

① 打开"资产负债比率行业均值"可视化看板,选择"数据集——xbrl",如图 4-8-15-8 所示。

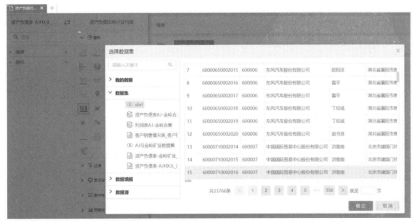

图 4-8-15-8

② 编辑字段,设置名称为"资产负债率",字段类型为"数字",表达式为"avg(负债合计)/avg(资产总计)",如图 4-8-15-9 所示。

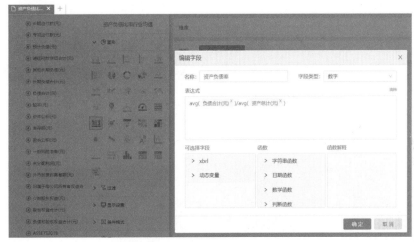

图 4-8-15-9

③ 将"维度"设置为空;将指标"资产负债率"拖曳到"指标"栏相应位置,如图 4-8-15-10 所示。

④ 添加过滤条件:"行业"="采矿业";"报表类型"="5000";"报表年份"="2018",如图 4-8-15-11 所示。将图形显示设置为"指标卡"。

图 4-8-15-10

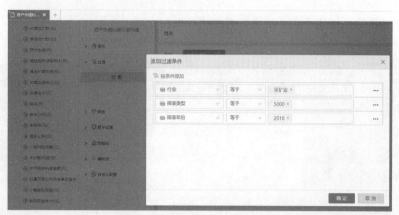

图 4-8-15-11

⑤ 单击"保存"按钮,再单击"退出"按钮。最终结果如图 4-8-15-12 所示。

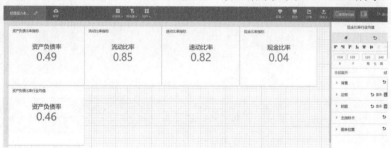

图 4-8-15-12

(2) 流动比率、速动比率、现金比率指标行业对比。

重复以上操作步骤,做出该行业本期流动比率、速动比率、现金比率的看板,各指标的表达式如下。最终结果如图 4-8-15-13 所示。

流动比率=avg(流动资产合计)/avg(流动负债合计)

速动比率=avg(流动资产合计-存货-预付账款)/avg(流动负债合计)

现金比率=avg(货币资金+交易性金融资产)/avg(流动负债合计)

图 4-8-15-13

任务 3

【任务要求】

分析企业的负债结构。

【操作指导】

(1) 本期负债结构分析。

① 打开"本期负债结构"可视化看板,选择"数据集——资产负债表-AJHXJL_资产负债表",如图 4-8-15-14 所示。

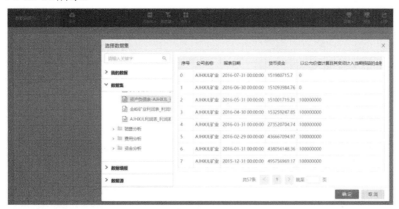

图 4-8-15-14

② 新建"有息负债"和"无息负债"两个字段,其表达式分别如下,如图 4-8-15-15 所示。

有息负债=短期借款+应付票据+长期借款

无息负债=应付账款+预收账款+应付职工薪酬+应交税费+应付利息+应付股利+其他应付款

图 4-8-15-15

③ 将"维度"设置为空;将指标"有息负债""无息负债"拖曳到"指标"栏相应位置,如图 4-8-15-16 所示。

图 4-8-15-16

④ 添加过滤条件："年"="2019",如图 4-8-15-17 所示。

图 4-8-15-17

⑤ 将图形显示设置为"环形图",单击"保存"按钮,再单击"退出"按钮。最终结果如图 4-8-15-18 所示。

图 4-8-15-18

(2) 有息负债结构、无息负债结构、现金比率纵向分析、现金比率影响因素分析。

重复以上操作步骤,做出有息负债结构、无息负债结构、现金比率纵向分析、现金比率影响因素分析的看板。最终结果如图 4-8-15-19~图 4-8-15-22 所示。

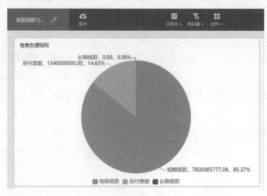

图 4-8-15-19

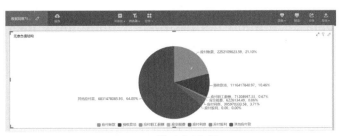
图 4-8-15-20

图 4-8-15-21

图 4-8-15-22

【情境小结】

在本情境中，我们从经营者的角度了解了企业进行偿债能力分析的必要性，还通过实战演练中的任务亲身体验了运用资产负债率、流动比率、速动比率、现金比率等指标分析企业负债结构的方法。

【参考答案】：1. A；2. CD；3. ABC；4. BC；5. D；6. A

情境 16　企业营运能力分析、异常值监控与数据挖掘

【情境导读】

企业营运能力主要体现为企业营运资产的效率与效益。营运资产的效率是指营运资产的周转速度。营运资产的效益是指营运资产的利用效果。对企业现有股东和潜在投资者而言，对企业营运能力进行分析有助于判断企业财务的安全性、资本的保全程度，以及资产实现收益的能力，从而帮助他们进行相应的投资决策。

【知识精讲】

1. 全部资产营运能力分析

企业全部资产营运能力主要是指投入或使用全部资产所取得的产出的能力。从生产能力角度考虑，企业的总产出可用总产值表示；从满足社会需要角度考虑，企业的总产出可用总收入表示。因此，反映全部资产营运能力的指标主要有全部资产产值率、全部资产收入率和全部资产周转率。

1) 全部资产产值率

全部资产产值率是指企业占用每百元资产所创造的总产值。全部资产产值的计算公式如下。

$$全部资产产值率=总产值÷平均总资产×100\%$$

在一般情况下,该指标值越高,说明企业资产的投入产出率越高,企业全部资产运营状况越好。

2) 全部资产收入率

全部资产收入率是指占用每百元资产所取得的收入额。全部资产收入率的计算公式如下。

$$全部资产收入率=总收入÷平均总资产×100\%$$

全部资产收入率反映了企业收入与资产占用之间的关系。通常,全部资产收入率越高,表明企业全部资产营运能力越强、营运效率越高。企业总产值既包括完工产品产值,又包括在产品产值;既包括已销售的商品产值,又包括库存产品产值。在市场经济条件下,企业的产品只有被销售出去并实现收入才能真正视为产出。

对全部资产收入率进行分析,就是考虑收入与产值的关系。全部资产收入率又可以表示为:

$$全部资产收入率=(总产值÷平均总资产)×(总收入÷总产值)×100\%$$
$$=全部资产产值率×产品销售率$$

可见,企业要取得较高的资产收入率,一方面要提高全部资产产值率,另一方面要提高产品销售率。

3) 全部资产周转率

全部资产收入率从周转速度角度看,也称为全部资产周转率(总资产周转率),全部资产周转率的计算方法与全部资产收入率相同。

$$全部资产周转率=总周转额(总收入)÷平均总资产×100\%$$

在全部资产中,周转速度最快的应属流动资产,因此,全部资产周转速度受流动资产周转速度影响较大。

2. 流动资产营运能力分析

1) 流动资产周转率

流动资产周转率是指企业在一定时期内流动资产占用资金可周转的次数,或者流动资产每周转一次所需要的天数。

$$流动资产周转率(次数)=营业收入÷平均流动资产总额×100\%$$
$$流动资产周转天数(周转期)=计算期天数(360)÷流动资产周转次数$$
$$=流动资产平均余额×计算期天数(360)÷流动资产周转额$$

流动资产周转期的计算必须利用"计算期天数""流动资产平均余额""流动资产周转额"三个数据。对于计算期天数,全年按 360 天计算,全季按 90 天计算,全月按 30 天计算。

流动资产的周转次数或天数均表示流动资产的周转速度。流动资产在一定时期的周转次数越多,即每周转一次所需要的天数越少,周转速度就越快,流动资产营运能力就越强;反之,周转速度越慢,流动资产营运能力就越弱。

2) 存货周转率

存货周转率是指企业在一定时期内存货占用资金可周转的次数,或者存货每周转一次所需要的天数。

$$存货周转率=营业成本÷平均存货余额×100\%$$
$$存货周转天数=计算期天数(360)÷存货周转次数$$
$$=计算期天数(360)×平均存货÷销售成本$$

影响存货周转率的因素很多,如材料周转率、在产品周转率和产成品周转率等。

$$材料周转率=当期材料消耗额÷平均材料库存×100\%$$
$$在产品周转率=当期完工产品成本÷平均在产品成本×100\%$$
$$产成品周转率=销售成本÷平均产成品库存×100\%$$

这三个周转率的评价标准与存货周转率的评价标准相同,都是周转次数越多越好、周转天数越少越好。通过对不同时期的存货周转率进行比较,可评价存货管理水平,找出影响存货利用效果的原因,不断提高存货管理水平。

3) 应收账款周转率

应收账款周转率是指企业在一定时期内应收账款占用资金可周转的次数,或者应收账款每周转一次所需要的天数。

$$应收账款周转率(次数)=赊销收入净额÷应收账款平均余额×100\%$$
$$赊销收入净额=赊销收入-赊销退回-赊销折让-赊销折扣$$

应收账款平均余额为未扣除坏账准备的应收账款余额。

应收账款周转率越高越好,周转天数越短越好。应收账款周转率可以用来估计应收账款变现的速度和管理的效率。回收迅速既可以节约资金,也说明企业信用状况良好,不易发生坏账损失。反映应收账款周转速度的另一个指标是应收账款周转天数,也称为应收账款平均收款期。应收账款周转天数的计算公式如下。

$$应收账款周转天数=计算期天数(360)÷应收账款周转次数$$
$$=应收账款平均余额×计算期天数(360)÷赊销收入净额$$

3. 固定资产营运能力分析

1) 固定资产产值率

固定资产产值率是指一定时期内总产值与固定资产平均总值之间的比率。固定资产产值率的计算公式如下。

$$固定资产产值率=总产值÷固定资产平均总值×100\%$$

固定资产产值率表示每百元固定资产提供多少产值,提供得越多,表明固定资产利用效果越好。总产值与固定资产的关系还可用另一指标表示,即百元产值占用固定资金。百元产值占用固定资金表示每百元产值占用多少固定资产,占用得越少,表明固定资产利用效果越好。百元产值占用固定资金的计算公式如下。

$$百元产值占用固定资金=固定资产平均总值÷总产值×100\%$$

2) 固定资产收入率

固定资产收入率是指一定时期所实现的收入同固定资产平均总值之间的比率。固定资产收入率的计算公式如下。

$$固定资产收入率=销售收入÷固定资产平均总值(或固定资产平均净值)×100\%$$

固定资产收入率指标的数值越高,表示一定时期内固定资产提供的收入越多,说明固定资产利用效果越好。收入指标比总产值和销售收入更能准确地反映经济效益,因此固定资产收入率能更好地反映固定资产的利用效果。

【小测试】

1. 流动资产占总资产的比重是影响(　　)变动的重要因素。
   A. 总资产周转率　　　　　　　　B. 总资产产值率
   C. 总资产收入率　　　　　　　　D. 总资产报酬率
2. 影响流动资产周转率的因素是(　　)。
   A. 产出率　　　B. 销售率　　　C. 成本收入率　　　D. 利率
3. 当流动资产占用量不变时,流动资产周转加快会形成流动资金的(　　)。
   A. 绝对浪费额　B. 相对浪费额　C. 绝对节约额　　　D. 相对节约额
4. 从一定意义上讲,流动性比收益性更重要。(　　)(判断题)
5. 在其他条件不变时,流动资产比重越高,总资产周转速度越快。(　　)(判断题)
6. 资产周转次数越多或周转天数越多,表明资产周转速度越快。(　　)(判断题)
7. 使用营业收入作为周转额用来说明垫支的流动资产周转速度。(　　)(判断题)
8. 成本收入率越高,流动资产周转速度越快。(　　)(判断题)
9. 营业收入增加的同时,流动资产存量减少所形成的节约额是绝对节约额。(　　)(判断题)

【实战演练】

任务1

【任务要求】

分析 AJHXJL 公司 2019 年应收账款周转天数、存货周转天数、流动资产周转天数和总资产周转天数。

【操作指导】

(1) 应收账款周转天数。

① 新建"营运能力指标分析"故事板,并将其保存在"我的故事板"中,如图 4-8-16-1 所示。

图 4-8-16-1

② 将可视化看板命名为"应收账款周转天数本期数",选择"我的数据——AJ 资产负债+利润合集",将其作为数据源,如图 4-8-16-2 所示。

注意:
该数据表需要新建数据集,将 AJ 公司的资产负债表和利润表建立关联。

图 4-8-16-2

③ 编辑字段,设置名称为"应收账款周转天数",字段类型为"数字",表达式为"360*avg(应收账款)/avg(营业收入)",如图 4-8-16-3 所示。

④ 将"维度"设置为空;将指标"应收账款周转天数"拖曳到"指标"栏相应位置,如图 4-8-16-4 所示。

图 4-8-16-3

图 4-8-16-4

⑤ 添加过滤条件:"年"="2019",如图 4-8-16-5 所示。将图形显示设置为"指标卡"。

图 4-8-16-5

⑥ 单击"保存"按钮，再单击"退出"按钮。最终结果如图4-8-16-6所示。

图 4-8-16-6

(2) 存货周转天数、流动资产周转天数、总资产周转天数。

重复以上操作步骤，做出本期存货周转天数、流动资产周转天数、总资产周转天数的看板，各指标的表达式如下。最终结果如图4-8-16-7所示。

存货周转天数=360*avg(存货)/sum(营业成本)
流动资产周转天数=360*avg(流动资产总计)/sum(营业收入)
总资产周转天数=360*avg(资产总计)/sum(营业收入)

图 4-8-16-7

任务2

【任务要求】

将分析指标应收账款周转天数、存货周转天数、流动资产周转天数、总资产周转天数进行横向对比(对比企业：金岭矿业)。

【操作指导】

① 新建可视化看板，选择数据源。新建"应收账款周转天数横向对比"可视化看板，选择数据集"AJ资产负债+利润合集"，如图4-8-16-8所示。

注意：

该数据表需要新建数据集，先将金岭矿业的资产负债表和利润表进行关联。

图 4-8-16-8

② 横向对比数据。重复任务1的操作步骤，做出应收账款周转天数、存货周转天数、流动资产周转天数、总资产周转天数的横向对比数据看板，各指标的表达式如下。最终结果如图 4-8-16-9 所示。

应收账款周转天数 = 360*avg(应收账款)/sum(营业收入)

存货周转天数=360*avg(存货)/sum(营业成本)

流动资产周转天数=360*avg(流动资产总计)/sum(营业收入)

总资产周转天数=360*avg(资产总计)/sum(营业收入)

图 4-8-16-9

任务 3

【任务要求】

将分析指标应收账款周转天数、存货周转天数、流动资产周转天数、总资产周转天数进行纵向对比(5年)；对异常指标(周转天数、非流动资产)进行原因洞察。

【操作指导】

(1) 周转天数纵向对比。

① 复制"应收账款周转天数本期数"看板，修改看板名称为"应收账款周转天数历年趋势"。进行可视化设置，将维度"年"拖曳到"维度"栏相应位置；将指标"应收账款周转天数"拖曳到"指标"栏相应位置。单击维度"年"右侧的下三角按钮，将维度排序设置为"升序"，如图 4-8-16-10 所示。

图 4-8-16-10

② 将图形显示设置为"折线图"。

③ 单击"保存"按钮，再单击"退出"按钮。最终结果如图 4-8-16-11 所示。

图 4-8-16-11

④ 重复以上操作步骤，做出存货周转天数历年趋势、流动资产周转天数历年趋势、总资产周转天数历年趋势看板。

(2) 周转天数下降原因洞察。

① 创建"周转天数下降原因洞察"可视化看板。选择数据集"AJ 资产负债+利润合集"。进行可视化设置，将"维度"设置为空；将指标"营业收入""应收账款""流动资产合计""非流动资产合计""资产总计"拖曳到"指标"栏相应位置。指标按平均值汇总，按年做 2019 年与 2018 年的同比分析设置，如图 4-8-16-12 所示。将图形显示设置为"表格"。

图 4-8-16-12

② 单击"保存"按钮，再单击"退出"按钮。最终结果如图 4-8-16-13 所示。

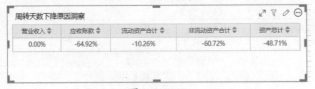

图 4-8-16-13

③ 重复以上操作步骤，做出非流动资产下降原因洞察看板。

【情境小结】

在本情境中，我们学习了企业全部资产营运能力、流动资产营运能力、固定资产营运能力的分析指标。在实战演练中，通过制作企业应收账款周转天数、存货周转天数、流动资产周转天数、总资产周转天数的可视化看板，并进行横向和纵向对比，掌握了企业营运能力分析的方法。

【参考答案】：1. A；2. C；3. D；4. √；5. √；6. ×；7. ×；8. √；9. ×

情境 17　企业发展能力分析、异常值监控与数据挖掘

【情境导读】

企业的发展能力是企业通过自身的生产经营活动，不断扩大积累而形成的发展潜能。企业能否健康发展取决于多种因素，包括外部经营环境、企业内在素质及资源条件等。在竞争压力巨大的市场机制下，对企业发展能力进行分析和评价，不但可以预测、评估企业绩效，还有助于制定企业中长期发展计划和决策。为了发现影响企业未来发展的关键因素，真正提高企业经营业绩，要注意适度控制和管理企业的发展能力。

【知识精讲】

发展能力是指企业扩大规模、壮大实力的潜在能力，又称为成长能力。评价企业发展能力的指标有营业收入增长率、总资产增长率和营业利润增长率等。

1. 营业收入增长率

营业收入增长率是衡量企业经营状况、市场占有能力、企业成长状况的重要指标。营业收入增长率的计算公式如下。

$$营业收入增长率 = 本年营业收入增长额 \div 上年营业收入 \times 100\%$$

其中：本年营业收入增长额＝本年营业收入－上年营业收入

当营业收入增长率大于零时，表明企业本年营业收入有所增长。该指标值越高，表明企业营业收入的增长速度越快，企业市场前景越好。

2. 总资产增长率

总资产增长率是衡量当期公司规模状况的指标，其计算公式如下。

$$总资产增长率 = 本年资产增长额 \div 年初资产总额 \times 100\%$$

其中：本年资产增长额＝年末资产总额－年初资产总额

总资产增长率越高，表明企业一定时期内资产经营规模扩张的速度越快。但在分析时，需要关注资产规模扩张的质和量的关系，以及企业的后续发展能力，避免盲目扩张。

3. 营业利润增长率

营业利润增长率是企业本年营业利润增长额与上年营业利润总额的比率，反映了企业营业利润的增减变动情况。营业利润增长率的计算公式如下。

$$营业利润增长率 = 本年营业利润增长额 \div 上年营业利润总额 \times 100\%$$

其中：本年营业利润增长额＝本年营业利润－上年营业利润

【小测试】

1. 下列指标中，属于增长率指标的是(　　)。
　　A. 产权比率　　　　　　　　　　B. 资本收益率
　　C. 不良资产比率　　　　　　　　D. 资本积累率

2. 从根本上看，一个企业的股东权益增长应主要依赖于(　　)。
   A. 净资产收益率　　　　　　　　　B. 股东净投资率
   C. 净损益占营业收入率　　　　　　D. 资本积累率

3. 企业产品销售增长较快，即某种产品收入增长率较高，则企业所处的阶段是(　　)。
   A. 投放期　　　　　　　　　　　　B. 成长期
   C. 成熟期　　　　　　　　　　　　D. 衰退期

4. 下列计算股东权益增长率的计算公式中，正确的是(　　)。
   A. 本期股权益期末余额÷股东权益期初余额
   B. 本期股东权益增加额÷上期股东权益期末余额
   C. 本期股权益增加额÷上期股东权益期初余额
   D. 净资产收益率+股东净投资率

5. 如果说生存能力是企业实现盈利的前提，那么企业实现盈利的根本途径是(　　)。
   A. 偿债能力　　　　　　　　　　　B. 营运能力
   C. 发展能力　　　　　　　　　　　D. 资本积累

6. 企业进行发展能力分析的目的在于(　　)。(多选题)
   A. 股东通过发展能力分析衡量企业创造价值的程度以做出正确的战略决策
   B. 补充和完善传统财务分析
   C. 债权人通过发展能力分析判断企业未来盈利能力以做出正确的信贷决策
   D. 为预测分析与价值评估做铺垫
   E. 政府通过发展能力分析评估企业社会贡献水平以制定正确的宏观经济政策

7. 企业单项发展能力包括(　　)。(多选题)
   A. 资产发展能力
   B. 收益发展能力
   C. 营业收入发展能力
   D. 股东权益发展能力
   E. 负债发展能力

【实战演练】

任务1

【任务要求】

分析 AJHXJL 公司 2019 年企业营业收入、营业利润、利润总额、总资产、所有者权益的本期增长情况。

【操作指导】

(1) 营业收入增长率与增长额。

① 创建"发展能力指标分析"故事板，并将其保存在"我的故事板"中，如图 4-8-17-1 所示。

图 4-8-17-1

② 将可视化看板命名为"营业收入增长率与增长额",选择数据集"AJ 资产负债+利润合集",如图 4-8-17-2 所示。

图 4-8-17-2

③ 进行可视化设置,将"维度"设置为空;将指标"营业收入"(2 个)拖曳到"指标"栏相应位置,如图 4-8-17-3 所示。将图形显示设置为"表格"。

图 4-8-17-3

④ 营业收入按年做 2019 年与 2018 年的同比分析设置(增长值、增值率),如图 4-8-17-4 所示。

图 4-8-17-4

⑤ 单击"保存"按钮，再单击"退出"按钮。最终结果如图4-8-17-5所示。

图 4-8-17-5

(2) 营业利润、利润总额、总资产、所有者权益的本期增长情况。

重复以上操作步骤，做出本期营业利润、利润总额、总资产、所有者权益的本期增长率与增长额看板。

任务2

【任务要求】

对异常指标(营业利润、所有者权益)进行原因洞察。

【操作指导】

(1) 营业利润下降原因洞察。

① 创建"营业利润下降原因洞察"可视化看板。选择数据集"AJ资产负债+利润合集"。进行可视化设置，将维度"年"拖曳到"维度"栏相应位置(并将维度排序设置为"升序")；将指标"营业利润""销售费用""管理费用""财务费用""资产减值损失""公允价值变动损益""投资收益"拖曳到"指标"栏相应位置，如图4-8-17-6所示。将图形显示设置为"折线图"。

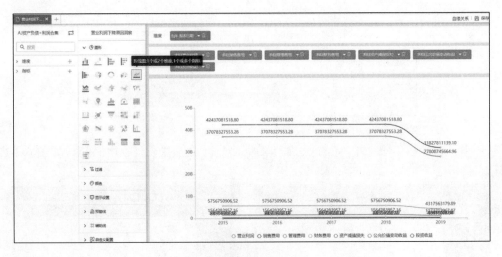

图 4-8-17-6

② 单击"保存"按钮，再单击"退出"按钮。最终结果如图4-8-17-7所示。

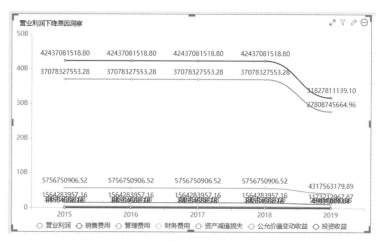

图 4-8-17-7

(2) 所有者权益下降原因洞察。

重复以上操作步骤,做出所有者权益下降原因洞察看板。

【情境小结】

在本情境中,我们学习了企业发展能力分析的方法,可以根据企业财务数据中的资产、所有者权益、收入、利润等项目进行营业收入增长率、总资产增长率、营业利润增长率分析。在实战演练中,通过制作企业营业收入、营业利润、利润总额、总资产、所有者权益的本期增长情况的可视化看板,并进行异常指标洞察,掌握了企业发展能力分析的方法。

【参考答案】:1. D; 2. A; 3. B; 4. B; 5. C; 6. ABCDE; 7. ABCD

项目9 大数据+资金分析及数据洞察

情境18 资金存量分析

【情境导读】

在企业的财务活动中,现金是一种流动性最强但获利能力最弱的资产。基于企业规模的不断扩大,我国企业资金管理过程中存在着诸多问题,持存过多现金会降低企业的盈利水平,持存现金太少又会导致现金短缺,加大财务风险。因此,如何确定最佳现金持存量、公司是否存在支付风险、资金流入与流出是否存在时间差等都是人们所关心的内容。

【知识精讲】

1. 资金分析的框架结构

站在企业经营者和管理者的角度,可以通过资金存量分析、资金来源分析,以及债务分析与预警对企业的资金情况进行分析。

1) 资金存量分析

资金存量是指企业持有的现金量,也就是资产负债表中的货币资金量。货币资金是指可以立即投入流通,用以购买商品或劳务,或用以偿还债务的交换媒介物。在流动资产中,货币资金的流动性最强,并且是唯一能够直接转化为其他任何资产形态的流动性资产,也是唯一能代表企业现实购买力水平的资产。为了确保生产经营活动的正常进行,企业必须拥有一定数量的货币资金,以便购买材料、交纳税金、发放工资、支付利息及股利或进行投资等。企业所拥有的货币资金量是判断企业偿债能力与支付能力的重要指标。

2) 资金来源分析

企业的现金流量由经营活动产生的现金流量、投资活动产生的现金流量和筹资活动产生的现金流量三部分构成,分析现金流量及其结构,可以帮助人们了解企业现金的来源和流向,以及现金收支的构成。同时,还可以评估企业经营状况、创现能力、筹资能力和资金实力等。

3) 债务分析与预警

分析公司的贷款与欠款情况,对大额贷款做出预警,同时分析大额资金的使用效益、比较融资成本,可以为经营者做出合理的资金计划提供数据支持。

2. 资金存量分析

1) 资金的作用

资金断裂导致企业倒闭的案例如下。

- 丹东港集团。

2017 年 10 月 30 日,丹东港集团发行的 10 亿元中期票据因未能按期兑付本金出现了实质性违约。2016 年年末该公司有息债务总余额已达 366 亿元。

- 齐星集团。

由于公司运营管理和投资决策失误,齐星集团资金链断裂,从而导致大量银行贷款到期无法偿还,多个项目因资产短缺而停产。据悉,齐星集团涉及银行业债务超过 70 亿元,除此之外,还有约 40 亿元社会融资。

- 博源集团。

2016 年底,博源集团有息债务总计 135.55 亿元,其中 19 亿元债券违约,对外担保 41.47 亿元。截至 2017 年 3 月末,公司抵押、质押资产账面价值 115.31 亿元,占净资产的 156.31%,受限资产规模大,再融资能力十分有限。

由此可见,资金是企业运行的血液。一个企业没有利润可以存活,但是没有现金流寸步难行,主要体现在以下几方面。

- 企业的经营活动反映在物流和资金流上面。
- 企业的物流或商流,实际上是现金流的一种变现形式。
- 现金流是否畅通,关系着企业的运转是否正常。
- 通过现金流,可以了解公司获取现金的能力和偿债能力,也可以评价经营收益的质量,还可以了解公司投资和筹资的情况。

2) 相关概念介绍

(1) 现金。现金通常指本公司库存现金以及可以随时用于支付的存款。在资产负债表中并入货币资金,列示为流动资产,但应注意具有专门用途的现金只能作为投资项目等列为非流动资产。

(2) 货币资金。货币资金是资产负债表的一个流动资产项目,包括库存现金、银行存款和其他货币资金。但应该特别注意的是,凡是不能随时支取使用的(如银行承兑汇票保证金、银行冻结存款等),均不能视为货币资金。

(3) 现金等价物。现金等价物一般指本公司持有的期限短、流动性强、易于转换为已知金额现金、价值变动风险很小的投资。通常投资日起三个月到期或清偿的国库券、商业本票、货币市场基金、可转让定期存单、商业本票及银行承兑汇票等皆可列为现金等价物。现金等价物不是现金,但企业为了不使现金闲置,通常购买短期债券,在需要现金时可以将其变现。

(4) 现金及现金等价物余额。现金及现金等价物余额由"现金"(即企业库存现金以及可以随时用于支付的存款)和"现金等价物"(即流动性很强的短期投资资产,如三个月内到期的国库券、商业本票等)构成,主要为非受限的货币资金,它能更好地反映资金的流动性。可通过"现金及现金等价物余额占货币资金的比率"来判断货币资金的受限程度;可使用"现金及现金等价物余额占短期债务的比率"来分析企业的短期偿债能力。

(5) 受限资金。受限资金主要是指保证金、不能随时用于支付的存款(如定期存款)、在法律上被质押或者以其他方式设置了担保权利的货币资金。受限资金的来源主要是各种保证金存款,在"其他货币资金"科目中反映。银行票据保证金就是在要求银行开具承兑汇票或其他票据时所支付的保证金,在票据到期之前存在于保证金账户,可以在银行的保证金账户中查到,期末也要在报表中体现,但是使用受到限制(所以叫受限资金),在开具的票据到期后自动用该部分保证金支付对价,这就是和应付票据的关系。受限资金不可随意使用,在分析资金存量时要重点关注。

3) 资金相关指标分析(见表4-9-18-1)

表4-9-18-1 资金相关指标分析

指标	公式	指标含义	指标较高	指标较低
N1	库存现金+银行存款+其他货币资金	公司货币资金储备,反映公司直接支付的能力		
N2	N1+交易性金融资产+应收票据	公司可用资金储备,反映公司直接支付的能力		
N1占总资产比重	N1/总资产	资金使用效率	可能说明资金使用效率低	可能存在支付风险
N2占总资产比重	N2/总资产	资金使用效率	可能说明资金使用效率低	可能存在支付风险
货币资金与流动负债的比率	N1/流动负债	反映企业的直接偿债能力	偿债能力强	支付、偿债风险高
可用资金与流动负债的比率	N2/流动负债	反映企业的直接偿债能力,部分可用资金可能需要一段时间的转换才能使用	偿债能力强	支付、偿债风险高

【小测试】
1. 下列选项中可以作为企业的现金及现金等价物的有(　　)。(多选题)
   A. 十年期国库券　　　　　　　　　B. 招行 30 天到期理财
   C. 活期存款　　　　　　　　　　　D. 应收账款
2. 企业货币资金存量及比重是否合适的评价应考虑的因素有(　　)。(多选题)
   A. 行业特点　　　　　　　　　　　B. 企业融资能力
   C. 资产规模与业务量　　　　　　　D. 货币资金的目标持有量
   E. 运用货币资金的能力
3. 下列选项中属于企业受限资金的是(　　)。
   A. 应付票据　　　　　　　　　　　B. 银行承兑汇票保证金
   C. 美元存款　　　　　　　　　　　D. 持有至到期投资
4. 思考：企业账户里的资金是越多越好吗？
5. 思考：如何通过资金管理为企业创造价值？

【实战演练】
任务 1：公司资金存量分析

【任务要求】
2019 年 10 月 8 日，财务大数据分析师对 AJHXJL 公司的资金存量进行分析。

1. 确认分析目标

首先要了解该公司目前的资金状况，分析指标的选取应围绕着货币资金进行。分析师认为公司货币资金的储备能够最直接地反映公司的支付能力，同时，还要对该公司资金的使用效率进行了解，从而判断是否存在支付风险。每月资金的流入与流出情况，资金流入、流出是否存在时间差，有没有形成资金沉淀，沉淀资金是否用于及时购买银行理财产品或创造效益等，都是分析师所关心的内容。

2. 确认分析指标

根据分析目标，选择的分析指标分别是集团资金存量 N1、集团资金存量 N2、各机构资金存量、其他货币资金明细构成、保证金占比、保证金与应付票据的比率、银行存款流入流出情况等。这些指标能够准确地反映分析师想要了解的信息。

3. 收集相关数据

确定指标之后，根据分析指标去收集相关数据，有些数据在财务报表中，如现金流量表；有些数据在业务系统中，如分析其他货币资金明细构成时需要查询的其他货币资金明细账；而银行存款的流入流出情况则需要到资金管理模块查看银行存款的每日明细。这些数据资料大部分都在企业的 ERP 系统中，现已将这些数据从 ERP 系统导出，上传至分析云，在分析指标时直接选择相应的数据表即可。在实际业务中，收集数据表的工作是财务分析师在进行数据分析前必须要做的关键工作。

【操作指导】

(1) 集团资金存量 N1。

① 新建可视化看板。单击"可视化"右侧的下三角按钮,选择"新建"选项,选择数据集"资金分析 N1-各机构(2019 年 9 月份)",并将可视化看板命名为"集团资金存量 N1",如图 4-9-18-1 所示。

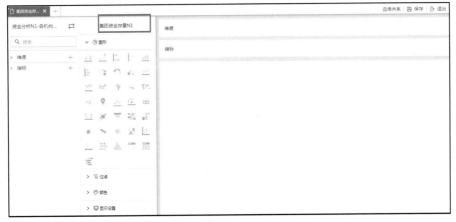

图 4-9-18-1

② 选择维度与指标。将"维度"设置为空;将指标"期末余额"拖曳到"指标"栏相应位置,将图形显示设置为"指标卡",如图 4-9-18-2 所示。单击"保存"按钮,然后单击"退出"按钮。

图 4-9-18-2

(2) 集团资金存量 N2。

操作步骤同上,选择数据集"资金分析 N2-各机构(2019 年 9 月份)",最终结果如图 4-9-18-3 所示。

图 4-9-18-3

(3) 各机构资金存量。

① 新建可视化看板。单击"可视化"右侧的下三角按钮,选择"新建"选项,选择数据集"资金分析 N2-各机构(2019 年 9 月份)",并将可视化看板命名为"各机构资金存量"。

② 添加层级。单击"维度"右侧的"+"按钮,选择"层级"选项,进行钻取层级设置。设置层级名称为"各机构期末余额",钻取路径为"机构名称>科目名称",单击"确定"按钮,如图 4-9-18-4 所示。注意钻取层级路径的顺序。

图 4-9-18-4

③ 选择维度与指标。将维度"各机构期末余额"指标"期末余额"拖曳到"指标"栏相应位置,将图形显示设置为"条形图",如图 4-9-18-5 所示。

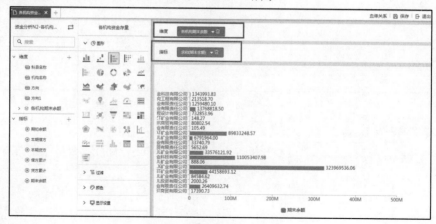

图 4-9-18-5

④ 选择穿透的资金结构的显示图形。单击图形的柱状条，进入钻取层级，选择图形样式即可，如图 4-9-18-6 所示。单击"保存"按钮，再单击"退出"按钮，在分析云可视化看板上查看各指标可视化图形。

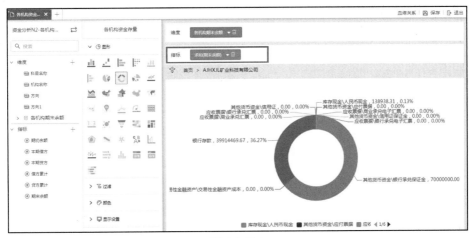

图 4-9-18-6

任务 2：母公司资金存量分析

【任务要求】

母公司 BJHX 的资金结构中显示其他货币资金占比较大，是否正常？反映了什么问题？需要进一步分析母公司 BJHX 的其他货币资金构成。

【操作指导】

(1) 母公司其他货币资金明细构成。

选择维度与指标。将维度"科目名称"拖曳到"维度"栏相应位置，将指标"期末余额"拖曳到"指标"栏相应位置，将图形显示设置为"环形图"，单击"保存"按钮，然后单击"退出"按钮，如图 4-9-18-7 所示。

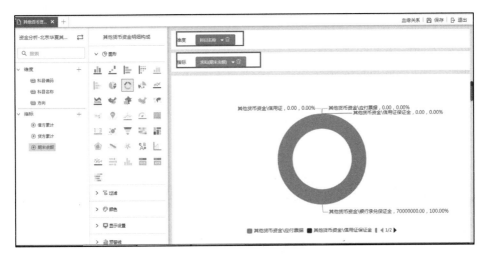

图 4-9-18-7

进一步观察，母公司 BJHX 的其他货币资金全部是银行承兑保证金，该资金属于受限资金，流动性差，从历史趋势及其与应付票据的占比去分析该资金的占用是否合理。

(2) 母公司保证金占比分析。

① 新建可视化看板。单击"可视化"右侧的下三角按钮，选择"新建"选项，选择数据集"资金分析-银行承兑汇票保证金历史趋势(5年)"，并将可视化看板命名为"保证金占用分析"。

② 选择维度与指标。将维度"年""月"拖曳到"维度"栏相应位置(并将维度排序设置为"升序")；将指标"余额"拖曳到"指标"栏相应位置，将图形显示设置为"折线图"。单击"保存"按钮，再单击"退出"按钮，公司近五年银行承兑汇票保证金历史占比趋势可视化操作完成，如图 4-9-18-8 所示。

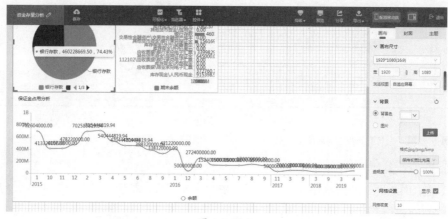

图 4-9-18-8

从历史趋势看，保证金的金额一直下降，是否说明其资金管理的效率提高了呢？这还需要进一步分析保证金与应付票据的比率。

(3) 母公司保证金与应付票据的比率分析。

① 新建关联数据集。再次进入分析云操作界面，单击左侧菜单栏中的"数据准备"，单击"新建"按钮，选择数据集类型为"关联数据集"，并将其保存在"我的数据"文件夹中，单击"确定"按钮。

② 选择关联表，建立连接。在数据集中选择需要关联的数据表"财报分析-资产负债表"和"资金分析-现金及现金等价物明细表"，将其拖曳到数据编辑区，使其建立内连接，单击"确定"按钮，如图 4-9-18-9 所示。

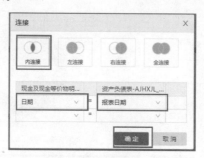

图 4-9-18-9

③ 新建"保证金与应付票据的比率分析"可视化看板。执行"分析设计"|"我的故事板"|"资金存量分析"|"可视化"|"新建"命令,选择"我的数据"文件夹中新建的关联数据,单击"确定"按钮,再将可视化看板命名为"保证金与应付票据的比率分析"。

④ 添加计算字段。添加字段,设置名称为"保证金占比",字段类型为"数字",表达式为"sum(银行承兑保证金)/sum(应付票据)",单击"确定"按钮,如图 4-9-18-10 所示。

图 4-9-18-10

⑤ 选择维度与指标。将维度"年"拖曳到"维度"栏相应位置,将指标"保证金占比"拖曳到"指标"栏相应位置,将图形显示设置为"折线图",将时间进行排序,可视化操作完成,如图 4-9-18-11 所示。

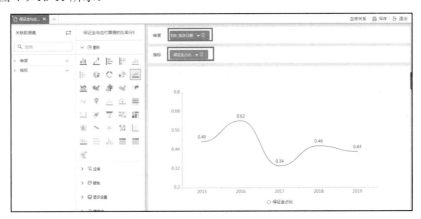

图 4-9-18-11

由上图可知,保证金占比最高的一年为 2016 年,所占比率为 0.62,其余每年都保持在 0.5 以下,2017 年保证金所占比率最低,为 0.34。

任务3:资金管理效益分析

【任务要求】

通过观察该公司每月的资金流入流出情况,分析其资金管理效益。

【操作指导】

① 新建"5年的银行存款流入流出分析"可视化看板。单击"可视化"右侧的下三角按钮，选择"新建"选项，选择数据集"资金分析-银行存款序列表2015-2019(按月整理)"，并将可视化看板命名为"5年的银行存款流入与流出分析"。

② 设置维度与指标。将维度"年""月"拖曳到"维度"栏相应位置，将指标"收入""支出"拖曳到"指标"栏相应位置，将图形显示设置为"折线图"，将维度进行升序排序，如图4-9-18-12所示。

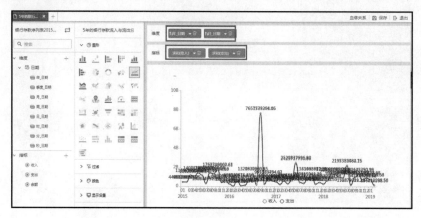

图 4-9-18-12

由上图可知，AJIIXJL公司2015年至2019年，银行存款流入与流出情况与保证金占比基本吻合，因此，可以说明AJIIXJL公司的资金管理能力较好。

【情境小结】

在本情境中，通过分析集团资金存量N1、集团资金存量N2、各机构资金存量、其他货币资金明细构成、保证金占比、保证金与应付票据的比率、银行存款流入流出情况等指标，掌握了资金存量分析的方法。通过各指标数据，我们可以判断企业的偿债能力与支付能力，深入了解企业资金存量。

在下一情境中，我们将从资金来源的角度对企业资金进行分析。

【参考答案】：1. BC；2. ABCDE；3. B

情境19 资金来源分析

【情境导读】

对现金流量及其结构进行分析,有助于我们了解企业现金的来源和流向，以及其收支构成，同时，还有助于评价企业的经营状况、创现能力、筹资能力和资金实力等。那么如何对资金来源进行分析、如何判断在某一时期哪种资金来源对公司的贡献度最大，以及如何从企业未来的还款压力、企业的信用政策与收款力度等角度对资金来源的健康性进行评测，是接下来要学习的内容。

【知识精讲】

1. 资金的三个来源

资金的三个来源分为经营活动产生的现金流(CFO)、投资活动产生的现金流(CFI)和筹资活动产生的现金流(CFF)。其中，经营活动是指企业投资活动和筹资活动以外的所有交易和事项，经营活动产生的现金流量主要包括销售商品(或提供劳务)、购买商品、接受劳务、支付工资和交纳税款等流入和流出的现金和现金等价物；投资活动是指企业长期资产的购建和不包括在现金等价物范围内的投资及其处置活动，投资活动产生的现金流量主要包括购建固定资产、处置子公司及其他营业单位等流入和流出的现金和现金等价物；筹资活动是指导致企业资本及债务规模和构成发生变化的活动，筹资活动产生的现金流量主要包括吸收投资、发行股票、分配利润、发行债券、偿还债务等流入和流出的现金和现金等价物。偿付应付账款、应付票据等商业应付款属于经营活动，不属于筹资活动。

2. 资金来源状态对企业经营的影响

不同的资金来源代表着企业情况的不同状态，现金流量方向与企业经营情况的关系如表 4-9-19-1 所示。

表 4-9-19-1 现金流量方向与企业经营情况的关系

经营现金流量	投资现金流量	筹资现金流量	企业经营情况
+	+	+	经营和投资收益状况较好，这时仍可以进行融资，通过寻找新的投资机会，避免资金的闲置性浪费
+	+	-	经营和投资活动良性循环，筹资活动虽然进入偿还期，但财务状况仍比较安全
+	-	+	经营状况良好，在内部经营稳定进行的前提下，通过筹集资金进行投资，往往处于扩展时期，应着重分析投资项目的盈利能力
+	-	-	经营状况良好。一方面在偿还以前债务，另一方面又要继续投资，应关注经营状况的变化，防止经营状况恶化导致整个财务状况恶化
-	+	+	靠借债维持生产经营的需要。财务状况可能恶化，应着重分析投资活动现金流是来自投资收益还是收回投资，如果是后者，则形势严峻
-	+	-	经营活动已经发出危险信号，如果投资活动现金收入主要来自收回投资，则已经处于破产边缘，应高度警惕
-	-	+	靠借债维持日常经营，随着生产规模的扩大，财务状况很不稳定。如果是处于投产期的企业，一旦渡过难关，还可能有发展；如果是成长期或稳定期的企业，则非常危险
-	-	-	财务状况非常危急，这种情况往往发生在高速扩展时期，由于市场变化导致经营状况恶化，加上扩展时投入了大量资金，企业将陷入困境

当经营活动现金净流量为负数，投资活动现金净流量为负数，筹资活动现金净流量为正数时，表明该企业处于产品初创期。在这个阶段企业需要投入大量资金，形成生产能力，开拓市场，其资金来源只有举债、融资等筹资活动。

当经营活动现金净流量为正数，投资活动现金净流量为负数，筹资活动现金净流量为正数时，可以判断企业处于高速发展期。这时经营活动中有大量货币资金回笼，同时为了扩大市场份额，企业仍需要大量追加投资，而仅靠经营活动现金流量净额可能无法满足所需投资，必须筹集必要的外部资金作为补充。

当经营活动现金净流量为正数，投资活动现金净流量为正数，筹资活动现金净流量为负数时，表明企业进入产品成熟期。在这个阶段产品销售市场稳定，已进入投资回收期，但很多外部资金需要偿还，以保持企业良好的资信程度。

当经营活动现金净流量为负数，投资活动现金净流量为正数，筹资活动现金净流量为负数时，可以认为企业处于衰退期。这个时期的特征如下：市场萎缩、产品销售的市场占有率下降、经营活动现金流入小于流出。同时，企业为了应对债务不得不大规模收回投资以弥补现金的不足。

3. 现金流分析

1）销售获现比率分析

销售获现比率可以反映企业通过销售获取现金的能力。通过对该比率的纵向对比分析，可以观察企业通过销售获取现金能力的强弱，从而判断企业的信用政策是否合理、收款工作是否得力等。销售获现比率的计算公式如下。

$$销售获现比率=销售商品(或提供劳务)收到的现金 \div 营业收入 \times 100\%$$

2）现金流量趋势分析

现金流量趋势分析是指根据连续几期现金流量表中的经营活动、投资活动和筹资活动现金流量特征，比较、分析、确定各项现金流量的变化趋势和变化规律，并对未来的总体发展进行预测。在分析时可选用数年的现金流量表作为资料，一般选取3~5年的现金流量表较为恰当。

3）自由现金流分析

自由现金流(free cash flow)作为一种企业价值评估的新概念、理论、方法和体系，最早是由美国西北大学拉巴波特、哈佛大学詹森等学者于20世纪80年代提出的，经历20多年的发展，特别在以美国安然、世通等为代表的之前在财务报告中利润指标完美无瑕的绩优公司纷纷破产后，已成为企业价值评估领域使用最广泛、理论最健全的指标，美国证监会更是要求公司年报中必须披露这一指标。

FCF(自由现金流量)=EBIT(息税前利润)-Taxation(税款)+Depreciation&Amortization(折旧和摊销)-Changes in Working Capital(营运资本变动)-Capital expenditure(资本支出)

4）现金流分析案例

作为清洁能源解决方案的提供商，三聚环保上市六年间收入暴增41倍，股价实现了5年30倍的涨幅。然而在2017年5月26日，在股市一片大好的情况下，三聚环保突然出现跳水行情，迅速跌停。2016年，公司净利润为16.3亿元，经营现金流净额只有3.2亿元；2015年，公司净利润为8.14亿元，经营现金流净额只有0.6亿元。2015年和2016年，正是三聚环保业务大爆发的时候，经营现金流净额却跟净利润完全脱钩，严重不匹配，出现"有利润无现金"的局面。

分析指标："经营活动产生的现金净流量"与"净利润"之比。正常情况下，经营活动产生现金流净额应该和净利润差不多，这说明：①利润基本来源于企业的正常经营活动，企业没有"不务正业"；②企业正常经营得来的利润基本真实。如果经营活动产生现金流净额持续(一两期报表以上)低于净利润，说明利润并没有兑现，只停留在纸上，很有可能是在玩数字游戏。

【小测试】

1. 现金流量表中的CFO指标是指(　　)。
   A. 投资活动产生的现金流量净额　　B. 融资活动的现金流量
   C. 经营活动产生的现金流量净额　　D. 销售商品、提供劳务收到的现金
2. 下列属于经济活动产生的现金流量的是(　　)。
   A. 销售商品收到的现金　　B. 发行债券收到的现金
   C. 发行筹资费用所支付的现金　　D. 分得股利所收到的现金
3. 下列属于筹资活动现金流量的有(　　)。(多选题)
   A. 分配股利支付的现金　　B. 清偿应付账款支付的现金
   C. 偿还债券利息支付的现金　　D. 清偿长期借款支付的现金
4. 现金比率的计算公式为(　　)。
   A. 现金及现金等价物期末余额÷流动负债　　B. 库存现金÷流动负债
   C. 现金及现金等价物期末余额÷流动资产　　D. N2÷流动负债
5. 自由现金流的计算公式为(　　)。
   A. 投资活动产生的现金流量净额-资本性支出
   B. EBIT-税款+折旧和摊销-营运资本变动-资本支出
   C. 息税前利润+折旧+资本支出
   D. 经营活动产生的现金流量净额+折旧

【实战演练】

任务1：资金来源构成

【任务要求】

2019年10月8日，财务大数据分析师对AJHXJL公司做资金来源分析。

1. 确认分析目标

企业的资金来源一般源于三大活动，首先要了解AJHXJL公司的资金结构，以及贡献度最大的资金来源。通过对资金流入、流出情况进行分析，判断资金流入与流出的主要原因。预测企业未来的还款压力，判断企业的信用政策与收款力度的有效性，以及资金发展的健康性。需要用到的数据表为现金流量表。

2. 确认分析指标

分析师要在 2019 年 10 月 8 日对 AJIIXJL 公司的资金来源进行分析，因此选择最近的分析数据——2019 年 9 月的数据。取 2015—2019 年的数据，了解五年间资金贡献度最大的资金来源。在了解了资金构成之后，还需要分析资金收入与支出的合理性，因此，还需要分析公司资金的流入与流出原因。对企业未来还款压力进行分析，则需要分析筹资结构中长期贷款、短期贷款和机构间资金往来的比例。企业资金管理的健康性，可通过"销售获现比""盈利现金比率"等指标进行评价。

3. 指标计算

首先对 AJHXJL 公司 2015—2019 年五年间的现金流量构成及 2019 年 9 月现金流量构成进行分析。

【操作指导】

① 新建故事板，命名为"资金来源分析"，将其保存在"我的故事板"目录下。

② 单击"可视化"右侧的下三角按钮，选择"新建"选项，选择数据集"财务大数据——资金分析——现金流量表-AJHXJL"，并将可视化看板命名为"现金流量构成分析"。

③ 将维度"年"拖曳到"维度"栏相应位置，将指标"经营活动产生的现金流量净额""投资活动产生的现金流量净额""筹资活动产生的现金流量净额"拖曳到"指标"栏相应位置。将图形显示设置为"折线图"，将维度按年进行升序排列，2015—2019 年五年间的现金流量构成分析可视化操作完成，如图 4-9-19-1 所示。

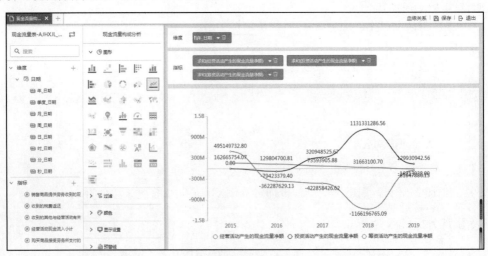

图 4-9-19-1

现以 2015 年为例，说明图 4-9-19-1 中各部分资金来源所在折线，162665754.07 代表经营活动产生的现金流量净额；0.00 代表投资活动产生的现金流量净额；495149732.80 代表筹资活动产生的现金流量净额。

④ 根据任务目标,接下来要分析 2019 年 9 月现金流量的构成,操作方法同上,将维度"年_月"拖曳到"维度"栏相应位置,将指标"经营活动产生的现金流量净额""投资活动产生的现金流量净额""筹资活动产生的现金流量净额"拖曳到"指标"栏相应位置。

⑤ 添加如图 4-9-19-2 所示的过滤条件,单击"确定"按钮,再将图形显示设置为"表格",2019 年 9 月现金流量构成分析可视化操作完成,如图 4-9-19-3 所示。

图 4-9-19-2

图 4-9-19-3

⑥ 将数据单位变换为亿元。单击各指标,在出现的下拉列表框中选择"设置显示名"选项,在各指标名称后加上"(亿元)";选择"数据格式"选项,将缩放率设置成"100000000",如图 4-9-19-4 所示。最终结果如图 4-9-19-5 所示。

图 4-9-19-4

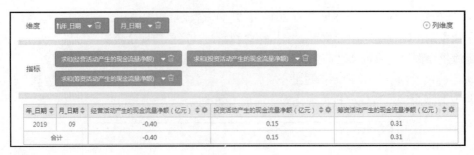

图 4-9-19-5

4. 指标解读

2019 年 9 月，AJHXJL 公司的经营活动产生的现金流净额为负数，投资活动与筹资活动产生的现金流净额为正数。当企业经营活动所产生的现金流净额为负数，筹资活动产生的现金流净额为正数时，表明该企业可能处于产品初创期。在这个阶段企业需要投入大量资金，形成生产能力，开拓市场，其资金来源只有举债、融资等筹资活动。但 AJIXIL 公司并非初创公司，说明 AJHXJL 公司目前有可能在靠借债维持生产经营的需要，财务状况可能恶化。此时，应着重分析投资活动现金流是来自投资收益还是收回投资，如果是后者，则形势严峻。但不能仅依靠单月的指标解读一家公司的经营状况，还需要进一步对 AJIXJL 公司近五年现金构成趋势指标进行分析解读。

从 2015—2019 年五年的现金构成趋势可以看出，经营活动产生的现金流净额持续下滑；投资活动产生的现金流净额波动较大，2015 年为 0 元，2016 年为-0.79 亿元，从 2017 年开始逐渐上升，2018 年达最高值 11.31 亿元，但 2019 年大幅下滑，跌至 1.30 亿元，可见投资活动的现金流来源并不稳定；筹资活动所产生的现金流净额从 2016 年开始为负值，说明公司连续数年偿还了大量债务或进行了利润分配。综合来看，从 2019 年开始，AJHXJL 公司的经营活动所产生的现金流净额已经变为-0.16 亿元，投资活动产生的现金流净额下滑至 1.3 亿元，筹资活动产生的现金流净额为-0.61 亿元，经营活动已经发出危险信号。当经营活动现金净流量为负数，投资活动现金净流量为正数，筹资活动现金净流量为负数时，可以认为企业处于衰退期。这个时期的特征如下：市场萎缩、产品销售的市场占有率下降、经营活动现金流入小于流出。同时，企业为了应对债务不得不大规模收回投资以弥补现金的不足。

任务 2：资金来源健康性评测

【操作指导】

(1) 现金流入项目深入洞察分析。

① 单击"可视化"右侧下三角按钮，选择"新建"选项，选择数据集"筹资结构分析(2019年9月)"，并将可视化看板命名为"现金流入项目深入洞察"。

② 将维度"现金流量项目名称"拖曳到"维度"栏相应位置；将指标"借方"拖曳到"指标"栏相应位置。现金流入各项目占比情况，如图 4-9-19-6 所示。

图 4-9-19-6

观察筹资结构中长期贷款、短期贷款和机构间资金往来的比例，理解企业资金池的含义，预判企业未来的还款压力。

(2) 销售获现比和盈利现金比分析。

分析该公司销售获现比和盈利现金比，需要用到现金流量表与利润表的关联数据。

① 关联数据集。执行"数据准备"|"新建"|"关联数据集"|"确定"命令，选择数据集中的"现金流量表-AJIIXJL"和"利润表-AJIIXJL"，使其建立内连接。

② 进入"资金来源分析"故事板，单击"可视化"右侧的下三角按钮，选择"新建"选项，选择刚才关联的数据集，并将可视化看板命名为"销售获现比"。

③ 新建计算字段。在指标中添加计算字段：销售获现比=销售商品提供劳务收到的现金÷主营业务收入。

④ 将维度"年"拖曳到"维度"栏相应位置，将指标"销售获现比"拖曳到"指标"栏相应位置，将维度排序设置为"升序"，"销售获现比"可视化看板创建完成。

以相同的方法创建"盈利现金比"(盈利现金比=经营活动现金净流量÷净利润)可视化看板。"销售获现比"和"盈利现金比"可视化看板如图 4-9-19-7 所示。

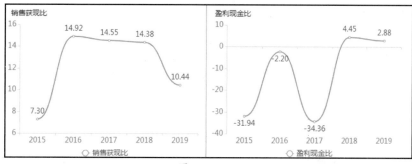

图 4-9-19-7

从上图可以看出，从 2016 年开始，AJHXJL 公司的销售获现比呈下降趋势，尤其是 2019 年，从 14.38 下降至 10.44，说明企业通过销售获取现金的能力逐步下降。再看盈利现金比，2015 年至 2017 年均为负数，说明企业本期净利润中尚存在没有实现的现金收入，在这种情况下，即使企业盈利,也可能发生现金短缺的情况。2018年和2019年盈利现金比率大于1,说明企业盈利质量缓慢改善。

【情境小结】

在本情境中,我们学习了资金来源分析的方法,通过分析三大活动的资金构成,判断资金贡献度最大的资金来源;通过分析各流入项的金额比例,判断本月资金流入的主因;通过分析各流出项的金额比例,判断本月资金流出的主因;计算销售获现比,分析其历史趋势,由此预断企业的信用政策与收款力度;计算盈利现金比率,分析其历史趋势,由此判断企业发展的健康性。

在下一情境中,我们将从债务分析与预警的角度对企业资金进行分析。

【参考答案】: 1. C; 2. A; 3. ACD; 4. A; 5. B

情境20 债务分析与预警

【情境导读】

负债经营是指债务人或企业通过银行信用或商业信用等形式,利用债权人或他人资金扩大企业规模,增强企业经营能力和竞争力。因此,负债经营理所当然地成为市场经济条件下每个企业的必然选择。然而,债务是要偿还的,企业负债经营又必须以特定的偿付责任和一定偿债能力为保证,并讲求负债规模、负债结构及负债效益,否则,企业可能由此陷入不良的债务危机当中。因此,有必要对负债经营的利弊进行分析,以便采取措施加以预防、解决。

【知识精讲】

1. 公司债务概述

1) 什么是公司债务

公司债务是民法中债务概念与公司的简单组合,是指公司与特定人之间的债权债务关系,包括公司贷款、应付账款等。公司债务包括公司与特定人之间的债权债务关系,其转让受合同法的限制,它具有不同的偿还方式和期限,且形式是多样的。

2) 债务风险对公司的影响

企业管理者应该对债务资金对公司的影响有足够的认识,"水能载舟,亦能覆舟",债务对公司的发展有帮衬与促进作用,同时,也可能带来负面的影响。负债率过高,公司要为此付出资金的成本及利息费用也高,管理债务资金也要花费精力,应对举债与还债方面的杂事会让管理者疲惫不堪,如果应付或操作不当,还会有失公司信誉与利益。例如,公司出具了银行本票,债权人到银行去贴现,但当公司存在银行的资金不足以兑取时,公司的生产经营及其他方面需要的资金就会受到影响。总之,过高的负债,随时都会给企业带来风险或困难,还可能导致企业被债权人"吞并"。

2. 债务的筹划与构成

1) 公司债务的筹划

一个合格的管理者，必须是筹划资金、驾驭债务资金的能手。一个成功的企业，首先必须在规划债务的"前途"方面获得成功。

在举债阶段，要审核债务产生的合法性、合理性、必然性。对企业发展有积极影响的且企业能够消化并按期偿付的债务资金，方可纳取。债务资金进入公司后，要规范核算，加强监督，严格考核，科学安排债务的"前途"，具体做法如下。

(1) 主动清偿债务：按债务的种类、金额、约定的结算期限，主动安排资金，及时或提前还债，尽可能节省债务资金流通产生的资金成本与费用。

(2) 进行债务重组：充分调研市场，获取有利的经济信息，运用合理合法的方式进行"债务重组"。或以资产抵销债务、或以应收账款抵销债务、或以相应的股权或债权偿还债务、或以固定资产偿还债务、或以劳务抵偿债务。争取以闲置的资产来抵销所应偿还的债务，优化公司的资金结构，降低资产负债比例，从而获得"一石二鸟"的效果。

(3) 将债务转化为资本：在无资金还债时，公司要积极与债权人沟通，及时将债务转化为资本(股本)。这样，既可以吸收债权人参与公司管理，引进先进的管理模式与成功的管理经验，又可以调整资产负债结构，降低资产负债率，节省债务资金应该承担的利息支出。同时，还可以克服债务的消极影响，转变资金供应的渠道，增强企业抵御财务风险的能力，更好地参与市场竞争，从而确保国家、企业投资人、债权人、职工及企业的相关方通过债务筹划获得更多的经济收益。

2) 公司债务的构成

公司债务的构成有如下几部分。

(1) 因短期资金不足而借入的短期借款。

(2) 因战略性发展需要而筹措的长期债务。

(3) 日常经营活动产生的应付项目。

其中，短期借款是企业为了应对短期资金不足而向企业外部筹措的资金，如企业为了现金周转或偿还债务等而筹措的资金；长期借款是因企业战略发展需要而对外筹措的资金，如从银行或其他金融机构借入的一年以上(不含一年)的借款，并能够用在战略发展中获得的收益进行偿还，这部分债务主要是指企业购置设备、引进技术、开发新产品、对外投资、调整资本结构等而筹措的资金；应付部分则一定与企业生产经营过程相关，包括应付账款、应付票据、其他应付款、预收账款、应付职工薪酬和应交税费等项目。

【小测试】

1. 长期负债是企业债务的偿还期在( )。
    A. 一年以上或超过一年的一个营业周期
    B. 两年以上或超过两年的一个营业周期
    C. 三年以上或超过三年的一个营业周期
    D. 五年以上或超过五年的一个营业周期

2. 下列各项中，属于企业债务的有(　　)。(多选题)
　　A. 企业向银行的借款　　　　　　　B. 应收保险公司的赔偿款
　　C. 预付职工的差旅费　　　　　　　D. 应交未交的税金
3. 企业筹集资金的渠道有(　　)。(多选题)
　　A. 银行抵押贷款　　　B. 发行优先股　　　C. 销售商品　　　D. 兼并上游企业
4. 信用贷款是指以借款人的信誉发放的贷款，借款人需要提供担保。(　　)(判断题)
5. 思考：企业存在 2000 万元的资金缺口，若有银行愿意提供贷款，应该选择短期贷还是长期贷？(提示：可以从贷款用途、贷款利率、还款计划、未来的资金流入等方面进行考虑)

【实战演练】

任务：贷款情况分析

【任务要求】

2019 年 10 月 8 日，财务大数据分析师对 AJHXJL 公司公司的银行债务情况进行分析。

1. 确认分析指标

想要分析 AJHXJL 公司的债务情况，就需要全面了解和分析该企业的短期借款、长期借款及未还本金情况。另外，还要了解各银行借款的还款期限，对于大额未还款项进行预警，例如，对大于 100 万元的未还款设置预警提示，以便企业预留充足的资金进行债务还款。

2. 指标计算

【操作指导】

(1) 短期借款金额与长期借款金额计算。

① 新建故事板，将故事板名称设置为"债务分析与预警"。新建可视化看板，将其命名为"短期借款金额、长期借款金额"，选择数据集"资产负债表 AJHXJL"。

② 将维度设置为空，将指标"短期借款"和"长期借款"拖曳到"指标"栏相应位置，将图形显示设置为"指标卡"。

③ 根据任务目标，设置过滤条件："年" = "2019"；"月" = "9"。单击"保存"按钮，再单击"退出"按钮，最终结果如图 4-9-20-1 所示。

图 4-9-20-1

(2) 未还本金计算。

新建"未还本金"可视化看板，选择数据集"银行贷款明细表"，将维度设置为空，将指标"未还本金"拖曳到"指标"栏相应位置。最终结果如图 4-9-20-2 所示。

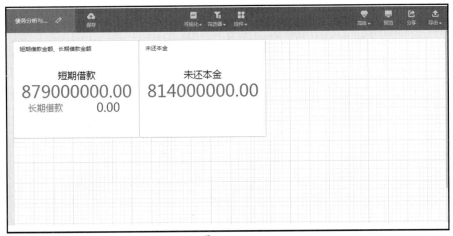

图 4-9-20-2

(3) 未还款情况分析。

从 AJHXJL 公司的债务情况中可以看出，该公司全部为短期借款，暂无长期借款，未还本金 8.14 亿元，占短期借款金额的 93%。因此，接下来还需通过钻取层级对未还款的详细情况进行分析。

① 单击"可视化"右侧的下三角按钮，选择"新建"选项，选择数据集"银行贷款明细表"，将可视化看板命名为"未还款情况分析"。

② 设置层级。单击"维度"右侧的"+"按钮，选择"层级"选项，设置层级名称为"贷款单位"，钻取路径为"贷款单位>结束日期"，如图 4-9-20-3 所示。

图 4-9-20-3

③ 将维度"贷款单位"拖曳到"维度"栏相应位置，将指标"未还本金"拖曳到"指标"栏相应位置，将图形显示设置为"条形图"。因为设置了层级，所以可以单击其中任一

195

银行，进入穿透图形查看具体未还本金情况。如果想返回上一层级，单击"首页"即可，如图 4-9-20-4 所示。

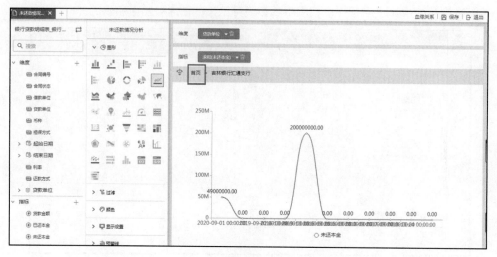

图 4-9-20-4

④ 未还本金详情预警设置。在查看了未还款情况之后，需要对大于 100 万元的未还款项进行预警设置，添加预警线。将指标"未还本金"拖曳到预警线设置框内，如图 4-9-20-5 所示。

图 4-9-20-5

⑤ 在弹出的"设置指标预警"对话框中，单击"添加条件格式"，设置未还本金大于 1 亿元；单击"下一步"按钮，选择预警人员；单击"下一步"，设置预警级别及预警线颜色；单击"确认"按钮，预警线设置完成，如图 4-9-20-6 所示。

图 4-9-20-6

注意：
在钻取层级中需要分别设置预警线。

⑥ 将指标进行升序排序，"未还款情况分析"可视化看板创建完成，如图 4-9-20-7 所示。

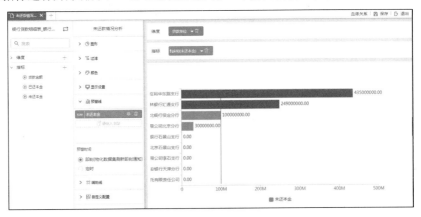

图 4-9-20-7

3. 指标解读

从分析云计算结果可以看出，AJHXJL 公司日前涉及四笔贷款，其中有三笔贷款大于或等于 1 亿元，这三笔贷款共 7.84 亿元，占未还款金额的 96%，且该企业全部为短期借款，可见 AJHXJL 公司未来一年内还款压力非常大。

另外，还可以从大额贷款的去向及还款金额的时间分布进行可视化分析，进一步了解债务情况。追踪贷款使用去向，评估其是否合理，同时通过还款计划与当年的现金流量表，分析大额贷款给公司带来的效益。操作步骤同上，在此不再赘述。

【情境小结】

在本情境中，我们学习了债务的概念以及债务的筹划与构成，并通过实战演练对企业的短期借款、长期借款、未还本金情况进行了分析，掌握了债务分析的方法。另外，了解了对大额未还款项进行预警的方法。

在下一情境中，我们将对企业的销售收入进行总体分析。

【参考答案】：1. A；2. AD；3. AB；4. ×

项目 10 大数据+销售分析与预测

情境 21 销售收入总体分析

【情境导读】

销售收入分析就是通过对企业全部销售数据的研究和分析，比较和评估实际销售收入与计划销售收入之间的差距，为未来的销售工作提供指导。松下幸之助先生曾说：衡量一个企业经营的好坏，主要是看其销售收入增加和市场占有率提高的程度。分析一个公司的销售收入，可以从整体销售、客户维度、产品维度、价格维度四个方面进行分析。

【知识精讲】

1. 销售收入

1) 销售收入的分类

销售收入也称为营业收入。营业收入按比重和业务的主次及经常性情况，一般可分为主营业务收入和其他业务收入。销售收入的计算公式如下。

$$销售收入 = 产品销售数量 \times 产品单价$$

2) 主营业务收入

主营业务收入包括产成品、代制品、代修品、自制半成品和工业性劳务销售收入等。

3) 其他业务收入

其他业务收入包括除商品产品销售收入以外的其他销售和其他业务收入，如材料销售收入、包装物出租收入，以及运输等非工业性劳务收入。

2. 销售收入总体分析指标

1) 销售收入总量

销售收入是衡量企业经营状况和市场占有能力、预测企业经营业务拓展趋势的重要标志。不断增加的营业收入是企业生存的基础和发展的条件。

销售额的数额与增长速度是展现企业整体实力的重要标志。销售额增长速度越快，企业抵御风险的能力越大。

销售收入总体分析指标可以按照产品维度或区域进行细分。按产品维度进行细分，即检索重点产品发展趋势及新产品的市场表现。按区域进行细分，即检索重点区域、发现潜在市场、提出下阶段区域布局策略。

2) 增长率

增长率主要从同比增长率和环比增长率两个维度进行分析。

(1) 同比增长率。

同比增长率，一般是指和上年同期相比较的增长率。同比增长是指和上一时期、上一年度或历史相比的增长(幅度)。发展速度由于采用基期的不同，可分为同比发展速度、环比发展速度和定基发展速度，均用百分数或倍数表示。

同比发展速度主要是为了消除季节变动的影响，用以说明当期发展水平与上年同期发展水平对比而达到的相对发展速度。例如，当期2月比上年2月、当期6月比上年6月等。同比发展速度的计算公式如下。

$$同比发展速度 = (当期发展水平 \div 上年同期发展水平 - 1) \times 100\%$$

(2) 环比增长率。

环比增长率，一般是指和上期相比较的增长率。环比增长率的计算公式如下。

环比增长率=(本期某个指标的值-上期这个指标的值)÷上期这个指标的值×100%

环比分为日环比、周环比、月环比和年环比。

环比发展速度是以报告期水平与其前一期水平对比(相邻期间的比较)得到的动态相对数，用来表明逐期的发展变动程度。例如，计算一年内各月与前一个月的对比，即 2 月比 1 月，3 月比 2 月，4 月比 3 月……12 月比 11 月，从而说明逐月的发展程度。

3) 相关性

(1) 销售收入增长率与净利润增长率。

净利润增长率反映了公司的利润增长速度，若其高于销售收入增长速度，则说明公司的盈利能力增强。

净利润增长率高于收入增长率的原因分析：短期内是因为产品销售结构的变化，如高毛利率产品的销售占比较高等；中期则因为公司加强了对费用、成本的控制；长期是因为公司可以保持持续的核心竞争力和行业景气度。

(2) 销售收入增长率与应收账款增长率。

一般来说，应收账款与销售收入存在一定的正相关关系。在较好的经营状况下，应收账款增长率往往小于销售收入增长率。当应收账款增长率大于销售收入增长率时，说明销售收入中的大部分属于赊销，资金回笼较慢，企业的资金利用效率有所降低，影响了企业的资产质量，从而加大了经营风险，应收账款的变现速度仍有待加强。

在日常经营中，往往会出现应收账款增长率与销售收入增长率不配比的现象，原因往往有以下几点。

- 企业更改了赊销政策，销售额虽然有所增长，但其增长幅度小于应收账款的增长幅度。
- 关联方销售占总销售额的比例较高，收款无规律。
- 企业管理不善，原有应收账款无法收回，又盲目发展新客户。
- 市场形势变得异常火爆，出现了客户先付款后提货的局面，因此，虽然销售收入大量增加，但应收账款却大量减少。
- 企业无法适应市场变化，销售业务锐减，营业收入增长缓慢，应收款无法收回形成坏账，资金回收受限。

(3) 销售收入增长率与预收账款增长率。

预收账款是企业下游议价能力的体现，也是收入的先行指标。预收账款大幅增加的企业，收入大概率也会增加。在考虑预收账款时必须区分行业，常见的适用预收账款模式的行业有房地产行业、白酒行业等。

【小测试】

1. 销售分析可以从(　　)方面进行分析。(多选题)
    A. 整体销售　　　　　　　　B. 客户维度
    C. 产品维度　　　　　　　　D. 价格维度
2. 企业销售多余原材料和包装物的收入，应通过(　　)账户核算。
    A. 主营业务收入　　　　　　B. 其他业务收入
    C. 营业外收入　　　　　　　D. 投资收益

3. ABC 公司 2010 年的经营资产销售百分比为 75%，经营负债销售百分比为 15%，可动用的金融资产占基期销售收入的百分比为 1%，预计 2011 年销售净利率为 10%，股利支付率为 60%，若使外部融资销售增长比不超过 0.4，ABC 公司 2011 年销售增长率的最大值为(　　)。

  A. 25%　　　　　B. 31.25%　　　　C. 18.75%　　　　D. 20.83%

4. 假设企业本年的经营效率、财务政策与上年相同，目标销售收入增长率为 20%(大于可持续增长率)，则下列说法中正确的有(　　)。(多选题)

  A. 本年权益净利率与上年相同，保持不变

  B. 本年净利润增长率为 20%

  C. 本年的可持续增长率等于上年的可持续增长率

  D. 本年实际增长率大于上年实际增长率

5. 下列经济业务的发生，不会导致应收账款账面价值增加的有(　　)。(多选题)

  A. 代购货方垫付运输费

  B. 购进货物开出的商业承兑汇票到期，企业无力支付票款

  C. 赊销商品，购货方在规定日期付款，并享受现金折扣

  D. 售出的部分商品不符合要求，发生销售退回，货款尚未收到

【实战演练】

【任务背景】

2019 年 10 月 8 日，财务大数据分析师对 AJHXJL 公司销售收入整体情况进行分析。

任务 1：分析集团收入和各机构收入情况

【操作指导】

(1) 开始任务。

单击"项目实战"，在训练计划中找到"销售收入整体分析"，单击"开始任务"按钮，进入用友分析云进行财务数据可视化操作，如图 4-10-21-1~图 4-10-21-3 所示。

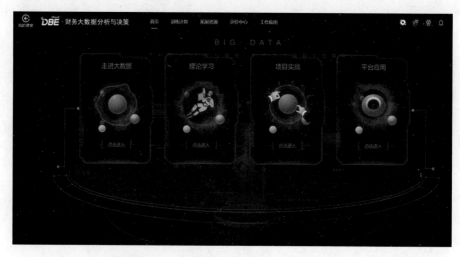

图 4-10-21-1

图 4-10-21-2

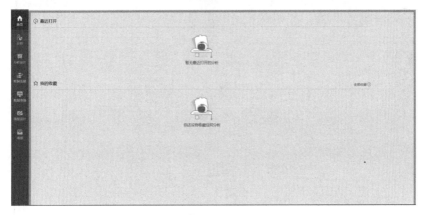

图 4-10-21-3

(2) 分析集团本期营业收入。

① 单击左侧菜单栏中的"分析设计",单击"新建"按钮新建故事板,如图 4-10-21-4 所示。

图 4-10-21-4

② 将故事板命名为"销售收入整体分析",并将其保存在"我的故事板"中,如图 4-10-21-5 所示。单击"确认"按钮,进入数据可视化操作界面,如图 4-10-21-6 所示。

图 4-10-21-5

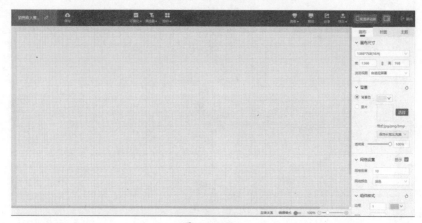

图 4-10-21-6

③ 单击"可视化"右侧的下三角按钮,选择"新建"选项,在"选择数据集"对话框中选择"数据集——财务大数据——销售分析——销售收入汇总_销售收入汇总",单击"确定"按钮,如图 4-10-21-7 和图 4-10-21-8 所示。

图 4-10-21-7

第 4 章　大数据技术在财务分析中的应用

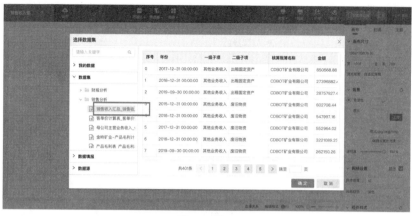

图 4-10-21-8

④ 将可视化看板命名为"集团本期营业收入"。将维度设置为空；将指标"金额"拖曳到右侧"指标"栏相应位置，如图 4-10-21-9 所示。

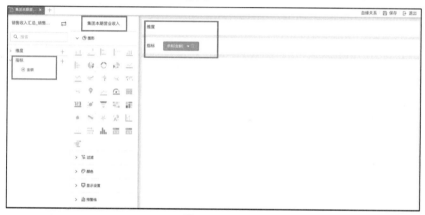

图 4-10-21-9

⑤ 添加过滤条件，执行"过滤"|"设置"命令，在弹出的"添加过滤条件"对话框中，添加如图 4-10-21-10 所示的过滤条件，单击"确定"按钮。将图形显示设置为"指标卡"，最后单击右上方的"保存"按钮进行保存，再单击"退出"按钮，如图 4-10-21-11 所示。最终结果如图 4-10-21-12 所示。

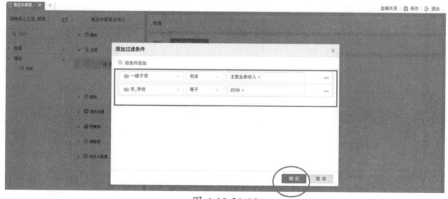

图 4-10-21-10

203

图 4-10-21-11

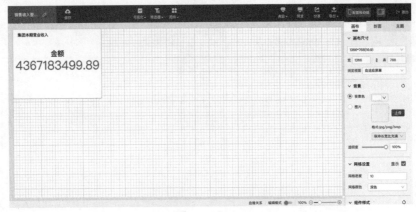

图 4-10-21-12

(3) 分析各机构本期营业收入。

① 单击"可视化"右侧的下三角按钮,选择"新建"选项,选择"数据集——财务大数据——销售分析——销售收入汇总",单击"确定"按钮。

② 将可视化看板命名为"各机构本期营业收入"。将维度"核算账簿名称"拖曳到右侧"维度"栏相应位置;将指标"金额"拖曳到右侧"指标"栏相应位置,如图 4-10-21-13 所示。

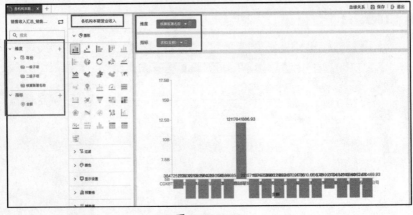

图 4-10-21-13

③ 添加过滤条件，执行"过滤"|"设置"命令，在弹出的"添加过滤条件"对话框中，添加如图 4-10-21-14 所示的过滤条件，单击"确定"按钮。将图形显示设置为"饼图"，最后单击右上方的"保存"按钮进行保存，再单击"退出"按钮，如图 4-10-21-15 所示。最终结果如图 4-10-21-16 所示。

图 4-10-21-14

图 4-10-21-15

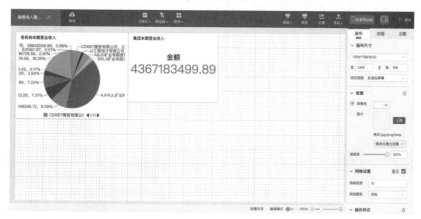

图 4-10-21-16

任务 2：分析母公司营业收入结构、各产品收入结构、营业收入变化趋势

【操作指导】

(1) 母公司营业收入结构。

① 单击"可视化"右侧的下三角按钮，选择"新建"选项，选择"数据集——财务大数据——财报分析——AJHXJL 利润表"，单击"确定"按钮。

② 将可视化看板命名为"母公司营业收入结构"。将维度设置为空；将指标"主营业务收入"和"其他业务收入"拖曳到右侧"指标"栏相应位置，如图 4-10-21-17 所示。

③ 添加过滤条件，执行"过滤"|"设置"命令，在弹出的"添加过滤条件"对话框中，添加如图 4-10-21-18 所示的过滤条件，单击"确定"按钮。将图形显示设置为"环形图"，最后单击右上方的"保存"按钮进行保存，再单击"退出"按钮，如图 4-10-21-19 所示。最终结果如图 4-10-21-20 所示。

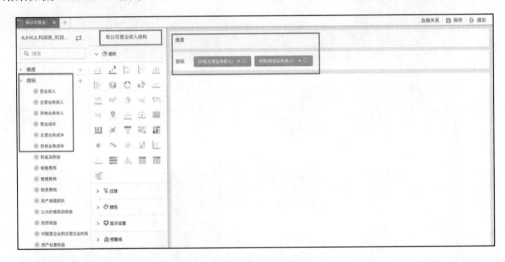

图 4-10-21-17

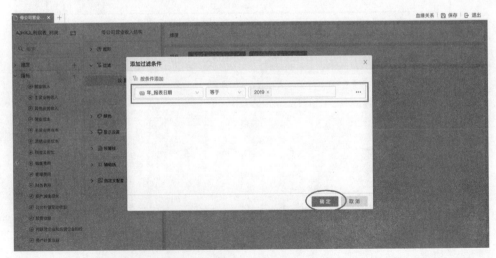

图 4-10-21-18

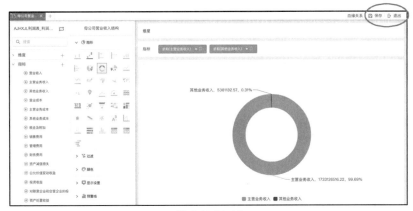

图 4-10-21-19

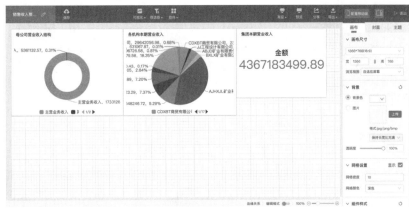

图 4-10-21-20

(2) 母公司各产品收入结构。

① 单击"可视化"右侧的下三角按钮,选择"新建"选项,选择"数据集——财务大数据——销售分析——母公司主营业务收入分析表",单击"确定"按钮。

② 将可视化看板命名为"母公司各产品收入构成"。将维度"产品名称"拖曳到右侧"维度"栏相应位置;将指标"金额"拖曳到右侧"指标"栏相应位置,如图 4-10-21-21 所示。

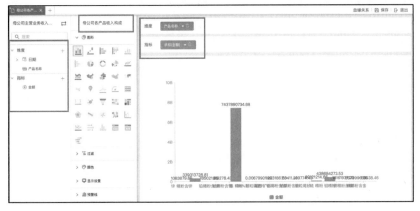

图 4-10-21-21

③ 添加过滤条件，执行"过滤"|"设置"命令，在弹出的"添加过滤条件"对话框中，添加如图 4-10-21-22 所示的过滤条件，单击"确定"按钮。将图形显示设置为"柱状图"，将指标排序设置为"升序"，如图 4-10-21-23 所示。最后单击右上方的"保存"按钮进行保存，再单击"退出"按钮，最终结果如图 4-10-21-24 所示。

图 4-10-21-22

图 4-10-21-23

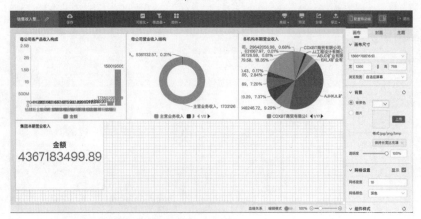

图 4-10-21-24

(3) 母公司历年营业收入变化趋势。

① 单击"可视化"右侧的下三角按钮,选择"新建"选项,选择"数据集——财务大数据——财报分析——利润表 AJ_金岭合集",单击"确定"按钮。

② 将可视化看板命令为"母公司历年营业收入横向对比"。将维度"公司名称"和"年_报表日期"拖曳到右侧"维度"栏相应位置;将指标"营业收入"拖曳到右侧"指标"栏相应位置,如图 4-10-21-25 所示。

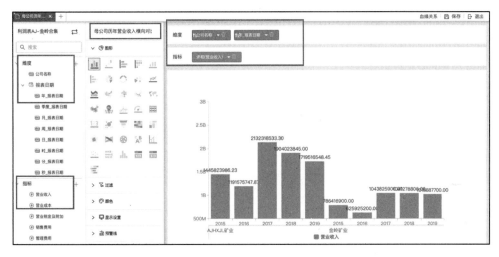

图 4-10-21-25

③ 将图形显示设置为"柱状图",将维度排序设置为"升序",如图 4-10-21-26 所示。最后单击右上方的"保存"按钮进行保存,再单击"退出"按钮,最终结果如图 4-10-21-27 所示。

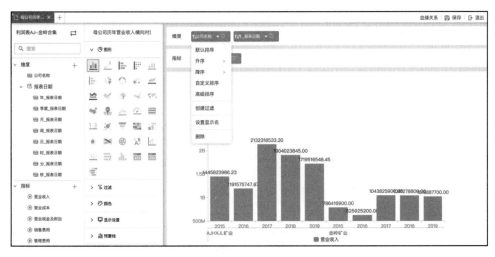

图 4-10-21-26

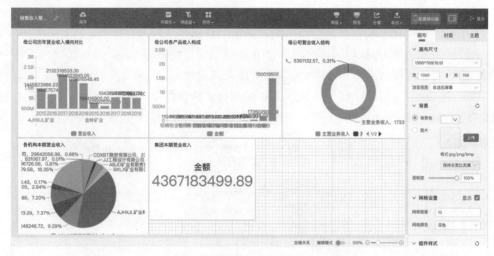

图 4-10-21-27

(4) 母公司营业收入趋势(按季度)。

参照母公司历年营业收入变化趋势操作步骤进行设置。

【情境小结】

在本情境中,我们学习了销售收入的分类、销售收入总体分析的指标,以及销售收入增长率与其他相关指标之间的相关性。最后,通过实战演练掌握了对企业全部销售数据进行总体分析的方法。

在下一情境中,我们将学习如何从客户维度进行分析。

【参考答案】:1. ABCD; 2. B; 3. B; 4. ABC; 5. BCD

情境 22　客户维度分析

【情境导读】

企业经营的目的是盈利,因此,它不会以同一标准对待所有客户。企业要将客户按客户价值分成不同的等级和层次,这样企业就能将有限的时间、精力、财力放在高价值的客户身上。根据"二八定律"可知,20%的高价值客户创造的价值往往占企业利润的 80%。只有找到这些比较有价值的客户,提高他们的满意度,并剔除负价值客户,企业才会充满生机和活力。

【知识精讲】

1. 商业模式

1) 解读商业模式

企业会根据自己对市场的诠释对未来的变化提出假设,在这个假设下设计自己的商业模式,这和生物在其适应环境的过程中不断进化自己的行为模式本质上是一样的。

在商业生态系统中,企业和生态系统进行沟通的方式决定着企业是否可以获得该商业生态系统的认可并从该商业生态系统中获得能量,从而决定着企业的生存和发展的最终结果。商业世界中任何一个商业组织都有其特定的商业活动业务流程,这一业务流程汇集了物流、信息流、资金流,最终将增值的商品和服务传递给客户,并产生每个组织赖以生存和发展的收益,就是它的商业模式。

商业模式的选择往往具有长久性和持续性,最初的选择往往是最关键的,中途进行改变往往要付出非常高的成本,而且风险较大,因此现代企业进行商业模式设计尤为关键。

2) 常见的商业模式类型

常见的商业模式类型有 B2B 和 B2C。

(1) B2B。B2B 即 business to business,B2B 电子商务是指企业与企业之间通过互联网进行产品、服务及信息交换的电子商务活动。它将企业内部网和企业的产品及服务,通过 B2B 网站或移动客户端与客户紧密结合起来,通过网络的快速反应,为客户提供更好的服务,从而促进企业的发展。

传统的企业间的交易往往要耗费企业大量的资源和时间,无论是销售、分销还是采购都要占用产品成本。然而,在 B2B 的交易方式下,买卖双方能够在网上完成整个业务流程,从建立最初印象,到货比三家,再到讨价还价、签单和交货,最后到客户服务。B2B 使企业在交易过程中减少了许多事务性的工作流程和管理费用,降低了企业经营成本。网络的便利性和延伸性使企业扩大了活动范围,企业跨地区、跨国界发展更方便,成本更低廉。

B2B 不仅仅是建立一个网上的买卖者群体,它也为企业之间的战略合作提供了基础。任何一家企业,不论其具有多强的技术实力或多好的经营战略,要想单独实现 B2B 是完全不可能的。单打独斗的时代已经过去,企业间建立合作联盟逐渐成为发展趋势。网络使得信息畅通无阻,企业之间可以通过网络在市场、产品或经营等方面建立互补互惠的合作,形成水平或垂直形式的业务整合,以更大的规模、更强的实力、更经济的运作真正达到全球运筹管理的模式。

(2) B2C。B2C 即 business to customer,指的是直接面向消费者销售产品和服务,也就是所谓的商业零售。B2C 平台是专门为 B2C 商家开展网络零售活动提供综合服务的网络机构,一般属于商家与顾客之外的第三方交易平台,服务内容主要有 B2C 网店空间、网店技术服务、信息中介服务、信用担保服务、支付服务及其他关联增值服务。

B2C 平台以网络零售商店为目标对象,通过吸引网络零售企业进入平台开店实现交易。可见,其交易主体主要有两个,即商品供给方——B2C 平台和商品需求方——网络零售企业。

B2C 平台一般都是先投资建设功能完善且不断创新更新的网上商城系统,然后通过营销、促销手段推广自己的平台,招募符合商城规范标准的零售企业入驻商城,在自定规范标准内和法律法规不禁止的领域内协助零售企业开展商品销售活动。

B2C 平台除了提供网店建设系统、数据存储空间和技术支持外,还提供增值服务内容,如商品和网店的搜索和推广服务,从而使网店经营更加方便、高效。平台为了保障各个加盟网店切实完成交易,还会提供物流管理系统、支付保障系统、信用管理和担保服务、商品退货保险、纠纷处理公证等配套支撑系统和服务。这些增值服务,既满足了零售企业的某些特殊需求,也增加了零售交易成功率。

2. ABC 分类法

ABC 分类法又称为帕累托分析法，它是根据事物在技术或经济方面的主要特征进行分类排队，以分清重点和一般，从而有区别地确定管理方式的一种分析方法。一般情况下，它把被分析的对象分成 A、B、C 三类，故称为 ABC 分类法。

例如，对物料进行 ABC 分类，结果如下。

A 类物料，占物料种类的 10%左右，金额占总金额的 65%左右，应当重点管理；

B 类物料，占物料种类的 25%左右，金额占总金额的 25%左右，进行次重点管理；

C 类物料，占物料种类的 65%左右，金额占总金额的 10%左右，可做一般管理。

社会上的任何复杂事物，都存在着"关键的少数和一般的多数"这样一种规律。事物越复杂，这一规律便越显著。如果将有限的力量主要(重点)用于解决具有决定性影响的少数事物上和将有限的力量平均分摊在全部事物上相比较，当然是前者可以取得较好的成效，而后者成效较差。ABC 分类法便是在这一理论基础的指导下，通过分析，将"关键的少数"找出来，并确定与之适应的管理方法，这便形成了要进行重点管理的 A 类事物，因此，便可"以一倍的努力取得多倍的效果"。

3. 新客户和老客户

企业的利润主要来源于两类客户：一类是新客户，即企业利用传统的市场营销 4P 策略进行大量的广告宣传、开展促销活动，吸引潜在客户初次购买产品；另一类是老客户，即企业原有的消费者已经购买过企业的产品，使用后感到满意，没有抱怨和不满，经企业加以维护愿意连续购买产品。

留住老客户可使企业获得长久的竞争优势。企业的服务已经由标准化细致入微服务阶段发展到个性化顾客参与阶段。成功的企业和成功的营销员，把留住老客户作为企业与自己发展的头等大事。据某顾问公司多次调查证明：留住老客户比注重市场占有率和发展规模经济对企业效益的奉献要大得多。衡量老客户留存的指标是客户续约率。

客户忠诚度是客户忠诚营销活动中的中心结构，是消费者对产品感情的量度，反映了一个消费者转向另一品牌的可能程度，尤其是当该产品在价格或产品特性方面有变动时，随着对企业产品忠诚程度的增加，基础消费者受到竞争行为的影响程度降低了。所以说，客户忠诚度是反映消费者的忠诚行为与未来利润相联系的产品财富组合的指示器，客户对企业产品的忠诚会直接影响未来的销售。

【小测试】

1. B2B 与 B2C 商业模式的不同点体现在(　　)。(多选题)
   A. 客户规模不同　　B. 交易单价不同　　C. 决策方式不同　　D. 购买流程不同

2. 平台商业模式指连续两个或多个(　　)，提供互动机制，满足所有群体需求，并从中盈利的商业模式。
   A. 补贴　　　　　　B. 群体　　　　　　C. 交易场所　　　　D. 资金

3. 淘宝的四个核心数据是平均收入、访客数、平均客单价和(　　)。
   A. 流量　　　　　　B. 页面评估　　　　C. 转化率　　　　　D. 平台入口

4. 商业模式不同，需要的管理团队也不同。(　　)(判断题)

5. 大数据对科学研究、思维方式具有重要而深远的影响。(　　)(判断题)

【实战演练】

【任务背景】

2019 年 10 月 8 日，财务大数据分析师对 AJHXJL 公司进行销售收入客户维度分析。

任务 1：分析客户数量与客单价，并将两者进行同比分析

【操作指导】

(1) 开始任务。

单击"项目实战"，在训练计划中找到"客户维度分析"，单击"开始任务"按钮，进入用友分析云进行财务数据可视化操作，如图 4-10-22-1~图 4-10-22-3 所示。

图 4-10-22-1

图 4-10-22-2

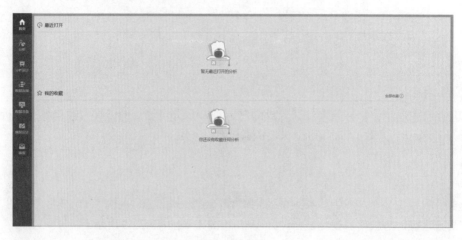

图 4-10-22-3

(2) 客户数量分析。

① 单击左侧菜单栏中的"分析设计",单击"新建"按钮新建故事板,如图 4-10-22-4 所示。

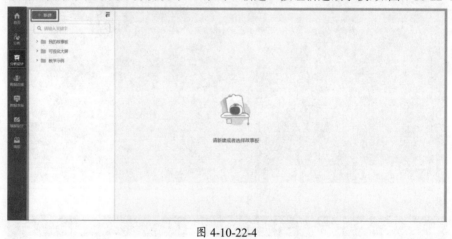

图 4-10-22-4

② 将故事板命名为"客户维度分析",并将其保存在"我的故事板"目录中,如图 4-10-22-5 所示。单击"确认"按钮,进入数据可视化操作界面,如图 4-10-22-6 所示。

图 4-10-22-5

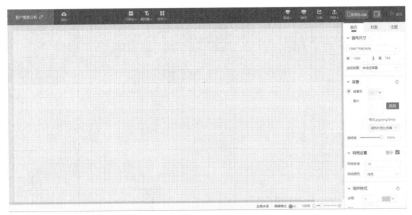

图 4-10-22-6

③ 单击"可视化"右侧的下三角按钮,选择"新建"选项,选择"数据集——财务大数据——客户销售情况表_客户销售情况表",单击"确定"按钮,如图 4-10-22-7 所示。

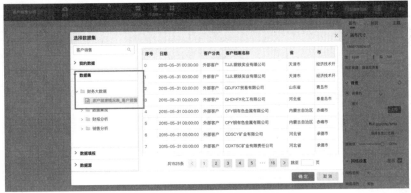

图 4-10-22-7

④ 将可视化看板命名为"客户数量",如图 4-10-22-8 所示。单击"指标"右侧的"+"按钮,新建计算字段,在弹出的"添加字段"对话框中,设置名称为"客户数量",字段类型为"数字",表达式为"distinctcount(客户档案名称)",单击"确定"按钮,如图 4-10-22-9 所示。将维度"年_日期"拖曳到右侧"维度"栏相应位置;将指标"客户数量"拖曳到右侧"指标"栏相应位置,如图 4-10-22-10 所示。

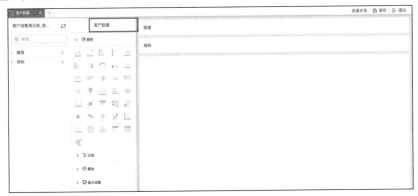

图 4-10-22-8

图 4-10-22-9

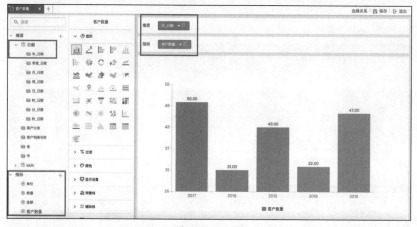

图 4-10-22-10

⑤ 将维度"年_日期"按照升序排序；将图形显示设置为"柱形图"；最后单击右上方的"保存"按钮进行保存，再单击"退出"按钮，如图 4-10-22-11 所示。最终结果如图 4-10-22-12 所示。

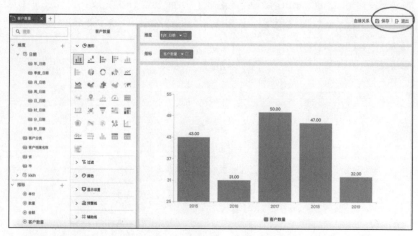

图 4-10-22-11

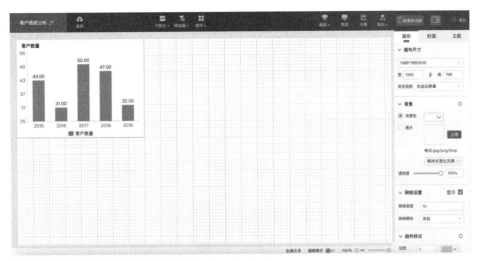

图 4-10-22-12

(3) 客单价分析。

① 单击"可视化"右侧的下三角按钮,选择"新建"选项,选择"数据集——财务大数据——销售分析——客单价计算表_客单价计算表",单击"确定"按钮。

② 将可视化看板命名为"客单价"。单击"指标"右侧的"+"按钮,新建计算字段,在弹出的"添加字段"对话框中,设置名称为"客单价",字段类型为"数字",表达式为"销售金额/客户数量",单击"确定"按钮,如图 4-10-22-13 所示。将维度"年_日期"拖曳到右侧"维度"栏相应位置;将指标"客单价"拖曳到右侧"指标"栏相应位置,如图 4-10-22-14 所示。

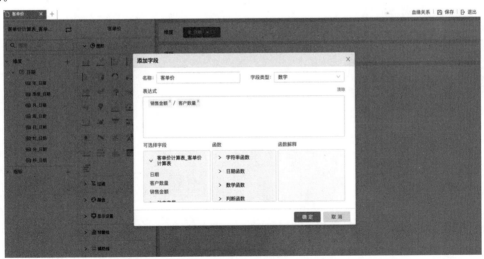

图 4-10-22-13

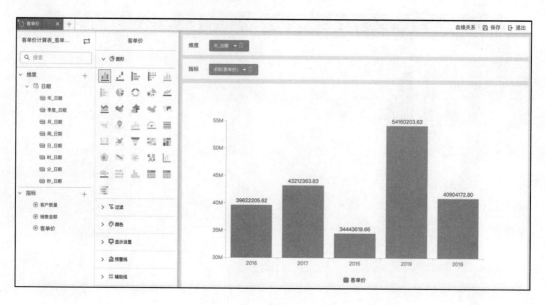

图 4-10-22-14

③ 将维度"年_日期"按照升序排序;将图形显示设置为"折线图";最后单击右上方的"保存"按钮进行保存,再单击"退出"按钮,如图 4-10-22-15 所示。最终结果如图 4-10-22-16 所示。

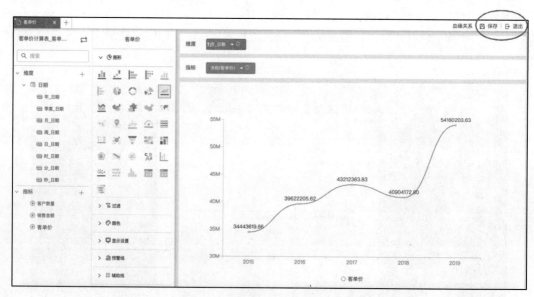

图 4-10-22-15

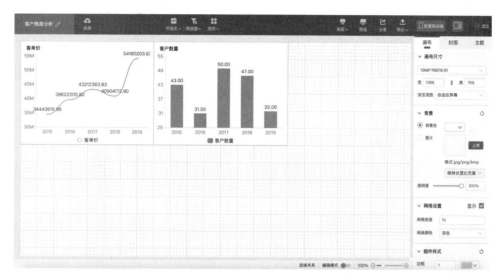

图 4-10-22-16

(4) 客单价与客户数量同比分析。

① 单击"可视化"右侧的下三角按钮,选择"新建"选项,选择"数据集——财务大数据——销售分析——客单价计算表_客单价计算表",单击"确定"按钮。

② 将可视化看板命名为"客单价与客户数量同比分析"。单击"指标"右侧的"+"按钮,新建计算字段,在弹出的"添加字段"对话框中,设置名称为"客单价",字段类型为"数字",表达式为"销售金额/客户数量",单击"确定"按钮,如图 4-10-22-17 所示。将维度设置为空,将指标"客单价"和"客户数量"拖曳到右侧"指标"栏相应位置,如图 4-10-22-18 所示。

图 4-10-22-17

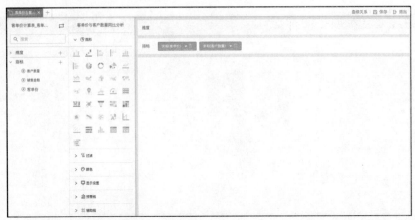

图 4-10-22-18

③ 单击指标"客单价"右侧的下三角按钮,执行"高级计算"|"同比/环比"命令,系统弹出"同比/环比设置"对话框,按照如图 4-10-22-19 所示的内容完成设置,单击"确定"按钮。再对指标"客户数量"进行同样的设置。将图形显示设置为"表格",最后单击右上方的"保存"按钮进行保存,再单击"退出"按钮,如图 4-10-22-20 所示。最终结果如图 4-10-22-21 所示。

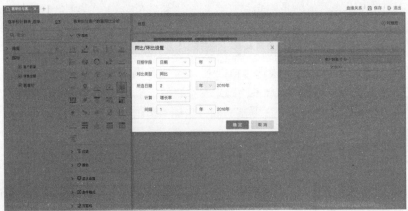

图 4-10-22-19

图 4-10-22-20

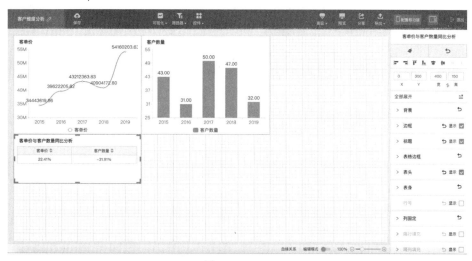

图 4-10-22-21

任务 2：分析客户销售地区分布与内外部客户销售额占比

【操作指导】

(1) 客户销售地区分布分析。

① 单击"可视化"右侧的下三角按钮，选择"新建"选项，选择"数据集——财务大数据——销售分析——客户销售情况表_客户销售情况表"，单击"确定"按钮。

② 将可视化看板命名为"客户销售地区分布"。将维度"省"拖曳到右侧"维度"栏相应位置；将指标"金额"拖曳到右侧"指标"栏相应位置，如图 4-10-22-22 所示。

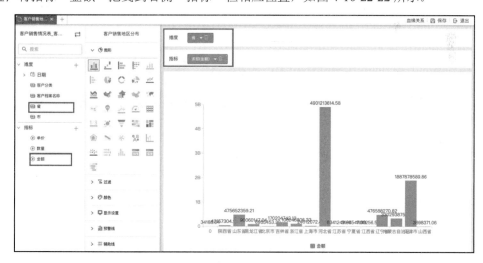

图 4-10-22-22

③ 将指标"金额"按照升序排序；将图形显示设置为"条形图"，如图 4-10-22-23 所示。单击"显示设置"，勾选"显示后"复选框并输入 5，如图 4-10-22-24 所示。最后单击右上方的"保存"按钮进行保存，再单击"退出"按钮，最终结果如图 4-10-22-25 所示。

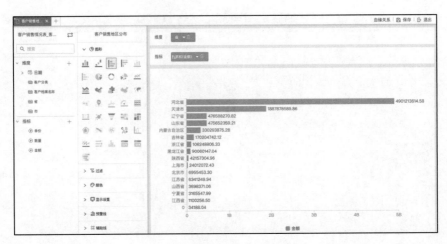

图 4-10-22-23

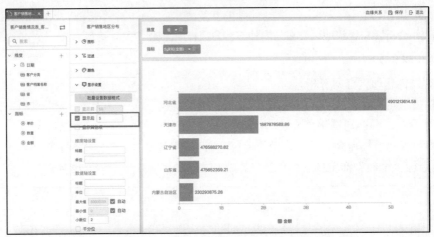

图 4-10-22-24

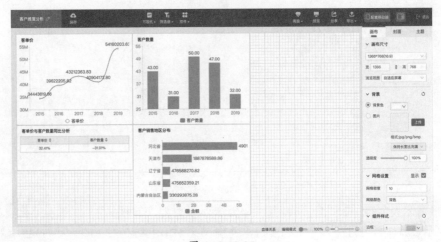

图 4-10-22-25

(2) 内外部客户销售额占比分析。

① 单击"可视化"右侧的下三角按钮,选择"新建"选项,选择"数据集——财务大数据——销售分析——客户销售情况表",单击"确定"按钮。

② 将可视化看板命名为"内外部客户销售额占比"。将维度"客户分类"拖曳到右侧"维度"栏相应位置;将指标"金额"拖曳到右侧"指标"栏相应位置,如图4-10-22-26所示。

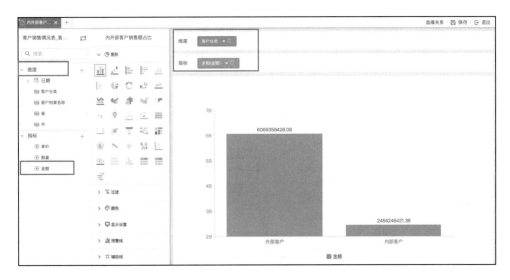

图 4-10-22-26

③ 将图形显示设置为"饼图",最后单击右上方的"保存"按钮进行保存,再单击"退出"按钮,如图4-10-22-27所示。最终结果如图4-10-22-28所示。

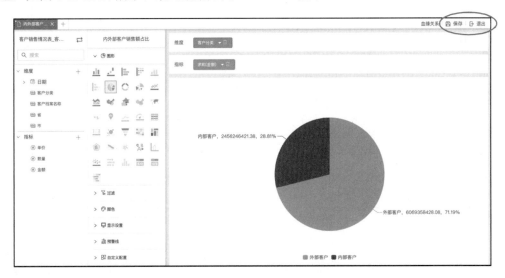

图 4-10-22-27

223

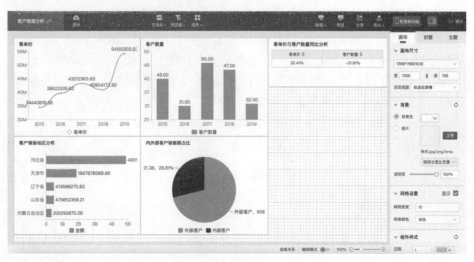

图 4-10-22-28

任务 3：分析外部客户销售额排名

【操作指导】

① 单击"可视化"右侧的下三角按钮，选择"新建"选项，选择"数据集——财务大数据——销售分析——客户销售情况表_客户销售情况表"，单击"确定"按钮。

② 将可视化看板命名为"外部客户销售额排名"。将维度"客户档案名称"拖曳到右侧"维度"栏相应位置；将指标"金额"拖曳到右侧"指标"栏相应位置，如图 4-10-22-29 所示。

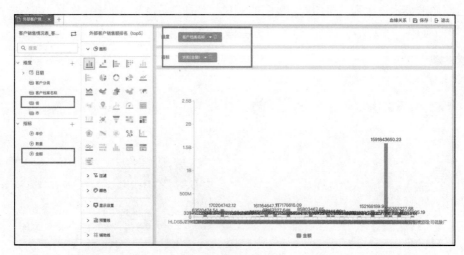

图 4-10-22-29

③ 将指标"金额"按照降序排序；将图形显示设置为"表格"，如图 4-10-22-30 所示。添加过滤条件，执行"过滤"|"设置"命令，在弹出的"添加过滤条件"对话框中，添加如图 4-10-22-31 所示的过滤条件，单击"确定"按钮。最后单击右上方的"保存"按钮进行保存，再单击"退出"按钮，最终结果如图 4-10-22-32 所示。

第4章 大数据技术在财务分析中的应用

图 4-10-22-30

图 4-10-22-31

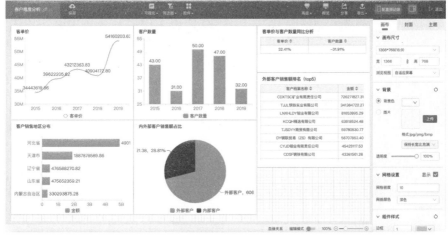

图 4-10-22-32

任务 4：分析 TOP1 客户历年销售趋势及其 2019 年同比增长率

【操作指导】

(1) TOP1 客户历年销售趋势分析。

① 单击"可视化"右侧的下三角按钮，选择"新建"选项，选择"数据集——财务大数据——销售分析——客户销售情况表_客户销售情况表"，单击"确定"按钮。

② 将可视化看板命名为"TOP1 客户历年销售趋势分析"。将维度"年_日期"拖曳到右侧"维度"栏相应位置；将指标"金额"拖曳到右侧"指标"栏相应位置，如图 4-10-22-33 所示。

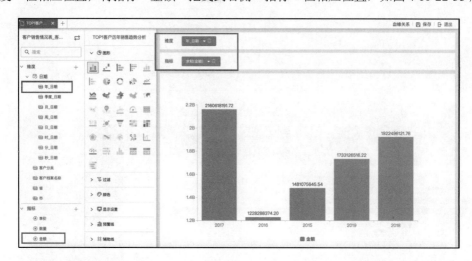

图 4-10-22-33

③ 添加过滤条件，执行"过滤"|"设置"命令，在弹出的"添加过滤条件"对话框中，添加过滤条件："客户档案名称"="CDXTSC 矿业有限责任公司"。将图形显示设置为"折线图"，将指标"金额"按照升序排序，最后单击右上方的"保存"按钮进行保存，再单击"退出"按钮，如图 4-10-22-34 所示。最终结果如图 4-10-22-35 所示。

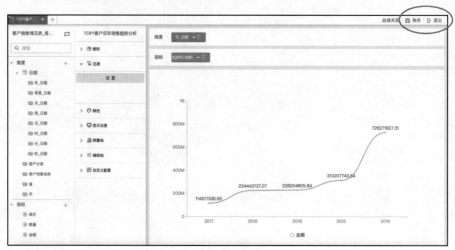

图 4-10-22-34

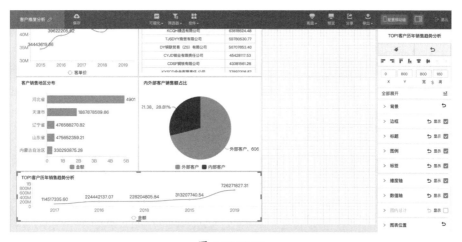

图 4-10-22-35

(2) TOP1 客户 2019 年同比增长率分析。

① 单击"可视化"右侧的下三角按钮,选择"新建"选项,选择"数据集——财务大数据——销售分析——客户销售情况表_客户销售情况表",单击"确定"按钮。

② 将可视化看板命名为"TOP1 客户 2019 年同比增长率"。将维度"客户档案名称"拖曳到右侧"维度"栏相应位置;将指标"数量""单价""金额"拖曳到右侧"指标"栏相应位置,如图 4-10-22-36 所示。

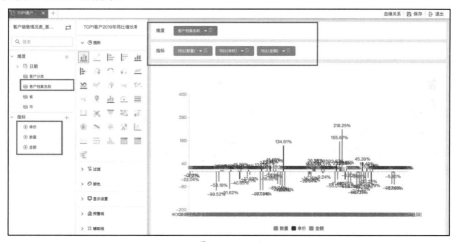

图 4-10-22-36

③ 对指标进行设置,单击"数量"右侧的下三角按钮,执行"汇总方式"|"求和"命令,将汇总方式设置为"求和",再执行"高级计算"|"同比/环比"命令,系统弹出"同比/环比设置"对话框,按照如图 4-10-22-37 所示的内容完成设置,单击"确定"按钮。将指标"单价"和"金额"进行相同的设置。

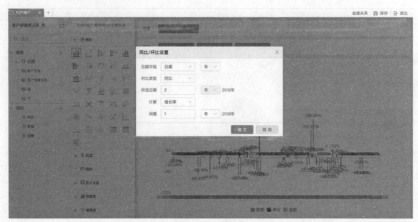

图 4-10-22-37

④ 添加过滤条件，执行"过滤"|"设置"命令，在弹出的"添加过滤条件"对话框中，添加如图 4-10-22-38 所示的过滤条件，单击"确定"按钮。将图形显示设置为"表格"，将指标"金额"按照升序排序，最后单击右上方的"保存"按钮进行保存，再单击"退出"按钮，如图 4-10-22-39 所示。最终结果如图 4-10-22-40 所示。

图 4-10-22-38

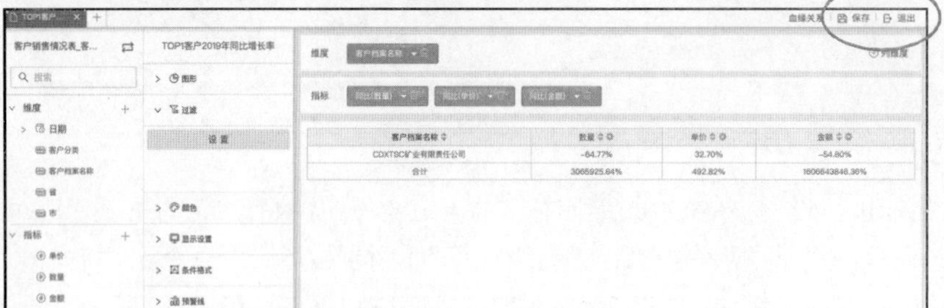

图 4-10-22-39

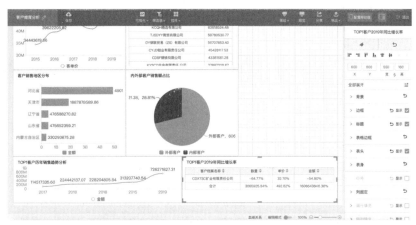

图 4-10-22-40

【情境小结】

在本情境中,我们学习了常见的商业模式类型、ABC 分类法,以及新老客户的维系重点等。同时,通过实战演练了解了公司客户数量、客单价的情况,分析了重要客户的历年销售趋势,进而掌握了公司的客户关系维护情况;了解内外部客户占比,明确了公司收入的来源是源于外部还是内部。此外,还通过分析客户销售区域分布,确定了哪些地区是重点区域,哪些区域是可以开拓的区域,为后续进行数据分析做好了准备。

在下一情境中,我们将学习如何从产品维度进行分析。

【参考答案】:1. ABCD; 2. B; 3. C; 4. ×; 5. √

情境 23 产品维度分析

【情境导读】

波士顿矩阵可帮助企业进行长期的产品规划,即帮助公司确定哪些产品需要停产、开发或进一步投资。

许多企业为他们的客户提供各种产品,例如,强生公司为客户提供各种健康和美容产品,其中一些产品(如肥皂、乳液、洗面奶、化妆湿巾、止痛药、过敏药物等)适用于所有年龄段。强生公司需要对每种产品都进行监控,以确定他们是否应该在市场上投入更多、停产或创建新产品来替代旧产品。

在本情境中我们将借助波士顿矩阵与大数据分析对企业进行产品维度分析。

【知识精讲】

1. 波士顿矩阵

1) 波士顿矩阵的含义

波士顿矩阵(BCG Matrix),又称为市场增长率-相对市场份额矩阵。波士顿矩阵认为决定产品结构的基本因素一般有两个,即市场引力与企业实力。市场引力包括整个市场的销售量(额)

增长率、竞争对手强弱及利润高低等,其中,销售增长率是反映市场引力的综合指标,是决定企业产品结构的外在因素。企业实力包括市场占有率,技术、设备、资金利用能力等,其中,市场占有率是决定企业产品结构的内在要素,它直接体现企业的竞争实力。销售增长率与市场占有率既相互影响,又互为条件。如果产品的市场引力大、市场占有率高,则说明产品具有良好的发展前景,企业也具备相应的适应能力,实力较强。如果产品仅有较大的市场引力,而没有相应的高市场占有率,则说明企业尚无足够的实力支撑产品的顺利发展。相反,企业实力强大,而产品的市场引力较小,也预示了该产品的市场前景不佳。

2) 波士顿矩阵下产品的发展前景

市场引力与企业实力相互作用,会出现四种不同性质的产品类型(见图 4-10-23-1),形成不同的产品发展前景。

- 销售增长率和市场占有率"双高"的产品群(明星产品)。
- 销售增长率和市场占有率"双低"的产品群(瘦狗产品)。
- 销售增长率高、市场占有率低的产品群(问题产品)。
- 销售增长率低、市场占有率高的产品群(现金牛产品)。

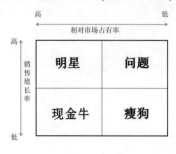

图 4-10-23-1

2. 波士顿矩阵产品所处象限及其战略对策

1) 明星产品

明星产品是指处于高销售增长率、高市场占有率象限内的产品群,这类产品可能成为企业的现金牛产品,需要加大投资以支持其迅速发展。采用的发展战略如下:积极扩大经济规模和市场机会,以长远利益为目标,提高市场占有率,加强竞争地位。明星产品的管理与组织最好采用事业部形式,由对生产技术和销售两方面都很在行的经营者负责。

2) 现金牛产品

现金牛产品又称为厚利产品,是指处于低销售增长率、高市场占有率象限内的产品群,该类产品已进入成熟期,其财务特点是销售量大,产品利润率高、负债比率低,可以为企业提供资金,而且由于增长率低,也无须加大投资。因而成为企业回收资金、支持其他产品(尤其是明星产品)投资的后盾。采用的发展战略如下:把设备投资和其他投资尽量压缩;采用榨油式方法,争取在短时间内获取更多利润,为其他产品提供资金。对于这一象限内的销售增长率仍有所增长的产品,应进一步进行市场细分,维持其现存市场增长率或延缓其下降速度。对于现金牛产品,适合采用事业部制进行管理,其经营者最好是市场营销型人物。

现金牛业务指低市场成长率、高相对市场份额的业务。现金牛业务是成熟市场中的领导者，是企业现金的来源。由于市场已经成熟，企业不必大量投资来扩大市场规模，同时作为市场中的领导者，该业务享有规模经济和高边际利润的优势，因而可以给企业带来大量现金流。企业往往用现金牛业务来支付账款及其他业务需要的现金。若公司只有一个现金牛业务，则说明其财务状况是很脆弱的，因为如果市场环境一旦变化导致这项业务的市场份额下降，公司就不得不从其他业务单位中抽回现金来维持现金牛的领导地位，否则这个强壮的现金牛可能就会变弱，甚至成为瘦狗。

3) 问题产品

问题产品是指处于高销售增长率、低市场占有率象限内的产品群。销售增长率高说明市场机会大，前景好；市场占有率低则说明企业在市场营销上存在问题。问题产品的财务特点是利润率较低、所需资金不足、负债比率高。例如，在产品生命周期中处于引进期、因种种原因未能开拓市场局面的新产品都属于问题产品。对问题产品应采取选择性投资战略，因此，对问题产品的改进与扶持均被列入企业长期计划中。对于问题产品的管理与组织，最好采取智囊团或项目组织等形式，选拔有规划能力、敢于冒风险、有才干的人负责。

4) 瘦狗产品

瘦狗产品也称为衰退类产品，是指处在低销售增长率、低市场占有率象限内的产品群。瘦狗产品的财务特点是利润率低、处于保本或亏损状态、负债比率高、无法为企业带来收益。对于这类产品应采取撤退战略：首先应减少批量，逐渐撤退，立即淘汰销售增长率和市场占有率均极低的产品；其次应将剩余资源向其他产品转移；最后应调整产品系列，最好将瘦狗产品并入其他事业部进行统一管理。

【小测试】

1. 在产品维度分析中，明星产品的特点是(　　)。(多选题)
   A. 高销售增长率、高市场占有率
   B. 应采取的战略是：进行必要的投资，从而进一步扩大产品竞争优势
   C. 能给企业带来大量现金流，但未来的增长前景有限
   D. 应采取稳定战略，保持市场份额

2. 根据波士顿矩阵理论，当某企业的所有产品均处于低市场增长率时，下列各项关于该企业产品所属类别的判断中，正确的是(　　)。
   A. 明星产品和现金牛产品　　　　B. 明星产品和问题产品
   C. 瘦狗产品和现金牛产品　　　　D. 现金牛产品和问题产品

3. 近年来，中国公民出境游市场处于高速发展的阶段，实行多元化经营的鸿湖集团于2006年成立了甲旅行社，该旅行社专门提供出境游的服务项目，其市场份额位列第二。根据波士顿矩阵理论，鸿湖集团的甲旅行社业务属于(　　)。
   A. 明星业务　　B. 瘦狗业务　　C. 现金牛业务　　D. 问题业务

4. 产品销售增长快，市场占有率高，很有发展前途，需要加强管理，增加投资，使之逐渐发展成现金牛产品，指的是(　　)。
   A. 明星产品　　B. 问题产品　　C. 现金牛产品　　D. 瘦狗产品

5. 市场占有率高，销售增长较慢；维持市场占有率，改进工艺，降低成本，增加收益。以上是( )的特点和发展策略。

A. 明星产品　　　　B. 问题产品　　　　C. 现金牛产品　　　　D. 瘦狗产品

【实战演练】

【任务背景】

2019年10月8日，财务大数据分析师对AJHXJL公司进行销售收入产品维度分析。

任务1：分析产品销售收入、销量、产品售价排名

【操作指导】

(1) 产品销售收入排名。

① 单击左侧菜单栏中的"分析设计"，单击"新建"按钮新建故事板，如图4-10-23-2所示。

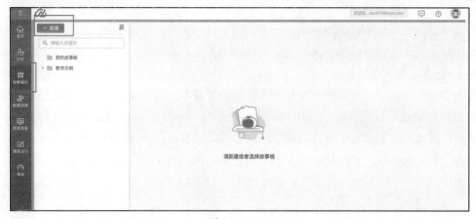

图 4-10-23-2

② 将故事板命名为"产品维度分析"，并将其保存在"我的故事板"中，如图4-10-23-3所示。单击"确认"按钮，进入数据可视化操作界面，如图4-10-23-4所示。

图 4-10-23-3

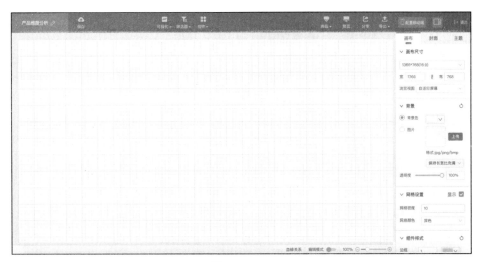

图 4-10-23-4

③ 单击"可视化"右侧的下三角按钮,选择"新建"选项,选择"数据集——财务大数据——销售分析——产品销售汇总表_产品销售汇总表",单击"确定"按钮,如图 4-10-23-5 所示。

图 4-10-23-5

④ 将可视化看板命名为"产品销售收入排名"。将维度"产品名称"拖曳到右侧"维度"栏相应位置;将指标"金额"拖曳到右侧"指标"栏相应位置,如图 4-10-23-6 所示。执行"过滤"|"设置"按钮,在弹出的"添加过滤条件"对话框中,添加如图 4-10-23-7 所示的过滤条件。

⑤ 将指标"金额"按照升序排序,将图形显示设置为"条形图",最后单击右上方的"保存"按钮进行保存,再单击"退出"按钮,如图 4-10-23-8 所示。最终结果如图 4-10-23-9 所示。

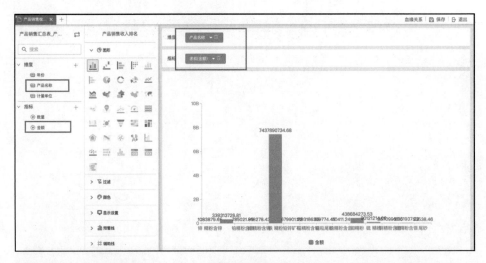

图 4-10-23-6

图 4-10-23-7

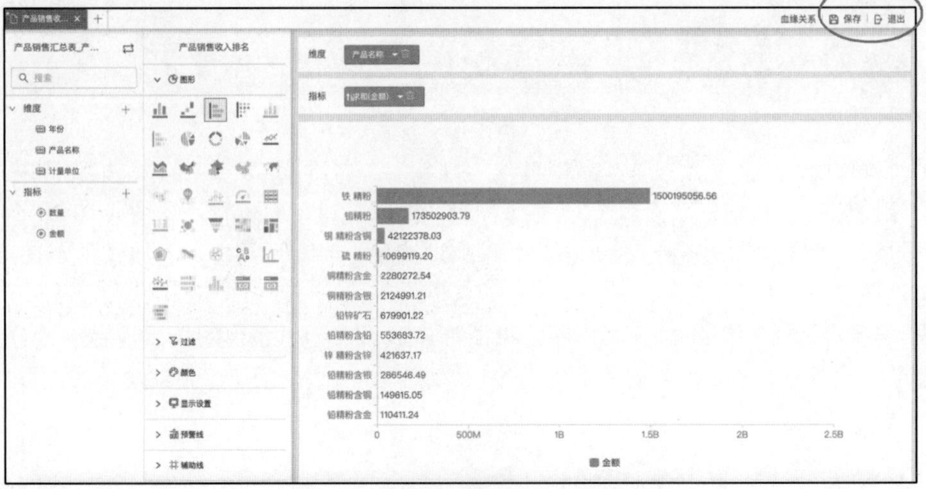

图 4-10-23-8

图 4-10-23-9

(2) 产品销量排名。

① 单击"可视化"右侧的下三角按钮,选择"新建"选项,选择"数据集——财务大数据——销售分析——产品销售汇总表_产品销售汇总表",单击"确定"按钮。

② 将可视化看板命名为"产品销量排名"。将维度"产品名称"拖曳到右侧"维度"栏相应位置;将指标"金额"拖曳到右侧"指标"栏相应位置,如图 4-10-23-10 所示。执行"过滤"|"设置"命令,在弹出的"添加过滤条件"对话框中,添加如图 4-10-23-11 所示的过滤条件。

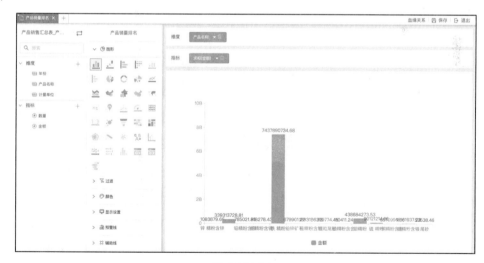

图 4-10-23-10

图 4-10-23-11

③ 将指标"金额"按照升序排序,将图形显示设置为"环形图",最后单击右上方的"保存"按钮进行保存,再单击"退出"按钮,如图 4-10-23-12 所示。最终结果如图 4-10-23-13 所示。

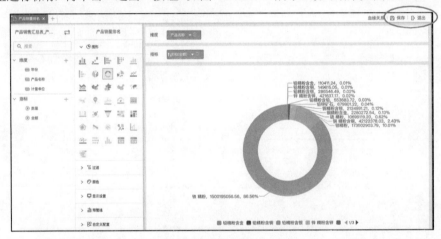

图 4-10-23-12

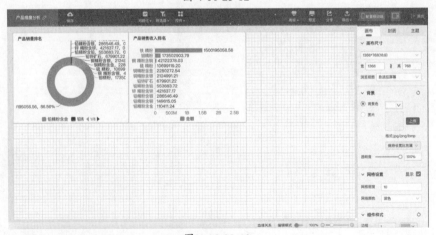

图 4-10-23-13

(3) 产品售价排名。

① 单击"可视化"右侧的下三角按钮,选择"新建"选项,选择"数据集——财务大数据——销售分析——产品销售汇总表_产品销售汇总表",单击"确定"按钮。

② 将可视化看板命名为"产品售价排名"。单击"指标"右侧的"+"按钮,新建计算字段,在弹出的"添加字段"对话框中,设置名称为"单价",字段类型为"数字",表达式为"金额/数量",单击"确定"按钮,如图 4-10-23-14 所示。将维度"产品名称"拖曳到"维度"栏相应位置;将指标"单价"拖曳到右侧"指标"栏相应位置,并将汇总方式设置为"平均值",如图 4-10-23-15 所示。执行"过滤"|"设置"命令,在弹出的"添加过滤条件"对话框中,添加如图 4-10-23-16 所示的过滤条件。

图 4-10-23-14

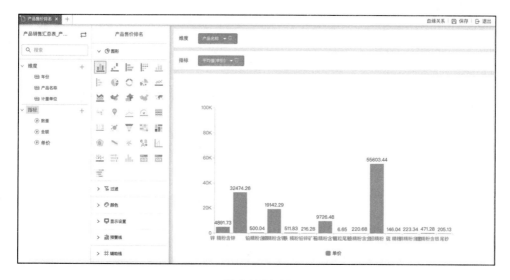

图 4-10-23-15

图 4-10-23-16

③ 将指标"单价"按照升序排序,将图形显示设置为"折线图",最后单击右上方的"保存"按钮进行保存,再单击"退出"按钮,如图 4-10-23-17 所示。最终结果如图 4-10-23-18 所示。

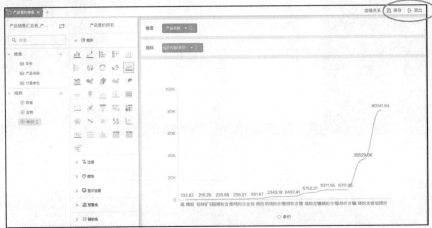

图 4-10-23-17

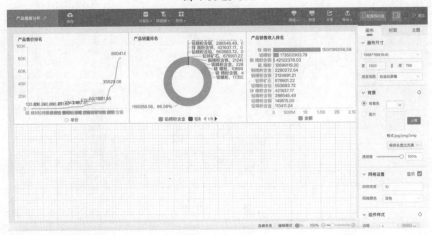

图 4-10-23-18

结论：销售收入排名前三的产品分别是铁精粉、钼精粉、铜精粉含铜；销量排名前三的产品分别是铁精粉、钼精粉、铜精粉含铜；产品售价排名前三的产品分别是钼精粉、铜精粉含铜、铅精粉。由此可以判断：铁精粉销售收入和销量均排名第一，铁精粉属于现金牛产品。

任务 2：分析现金牛产品历年销售趋势

【操作指导】

(1) 营业收入增长趋势。

① 单击"可视化"右侧的下三角按钮，选择"新建"选项，选择"数据集——财务大数据——财务报表——利润表_利润表-AJHXJL"，单击"确定"按钮。

② 将可视化看板命名为"营业收入增长趋势"。将维度"年_年份"拖曳到右侧"维度"栏相应位置；将指标"营业收入"拖曳到右侧"指标"栏相应位置，如图 4-10-23-19 所示。

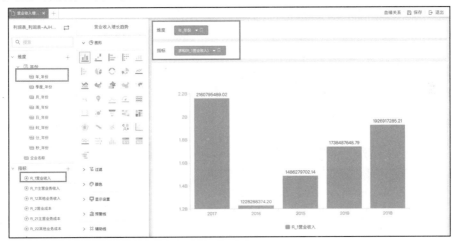

图 4-10-23-19

③ 将指标"营业收入"按照升序排序，将图形显示设置为"柱状图"，最后单击右上方的"保存"按钮进行保存，再单击"退出"按钮，如图 4-10-23-20 所示。最终结果如图 4-10-23-21 所示。

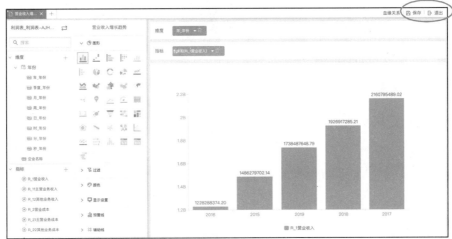

图 4-10-23-20

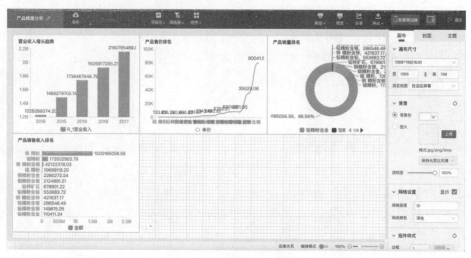

图 4-10-23-21

(2) 铁精粉销售趋势。

① 单击"可视化"右侧的下三角按钮,选择"新建"选项,选择"数据集——财务大数据——销售分析——铁精粉销售明细表_铁精粉销售明细表",单击"确定"按钮。

② 将可视化看板命名为"铁精粉销售趋势"。将维度"年_日期"拖曳到右侧"维度"栏相应位置;将指标"金额"拖曳到右侧"指标"栏相应位置,如图 4-10-23-22 所示。

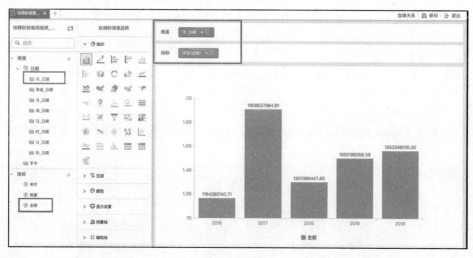

图 4-10-23-22

③ 将指标"金额"按照升序排序,将图形显示设置为"柱状图",最后单击右上方的"保存"按钮进行保存,再单击"退出"按钮,如图 4-10-23-23 所示。最终结果如图 4-10-23-24 所示。

第 4 章　大数据技术在财务分析中的应用

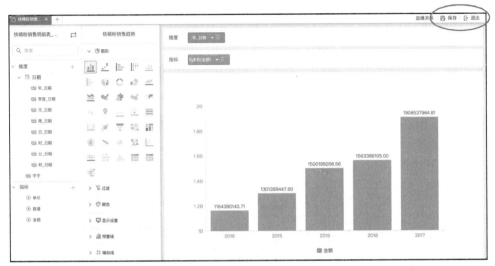

图 4-10-23-23

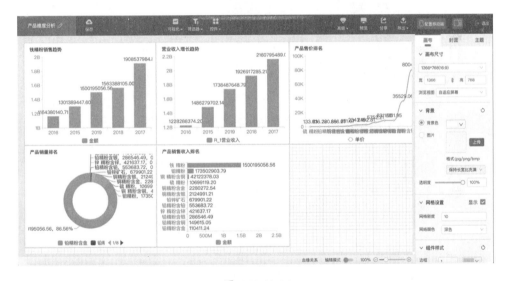

图 4-10-23-24

(3) 营业收入增长趋势与铁精粉增长趋势对比。

① 关联数据集。选择左侧菜单栏中"数据准备",单击"新建"按钮,系统弹出"创建数据集"对话框,选择"关联数据集",输入名称为"营业收入—现金牛产品增长",单击"确定"按钮,如图 4-10-23-25 所示。找到"数据集"中"财务分析"下的"利润表_利润表-AJHXJL",将其拖曳到右侧空白位置;再找到"数据集"中"销售分析"下的"铁精粉销售明细表_铁精粉销售明细表",也将其拖曳到右侧空白位置。单击选中两张表以"日期"进行"内连接",单击"确定"按钮,如图 4-10-23-26 所示。单击右上方的"执行"按钮,再"保存"按钮进行保存,结果如图 4-10-23-27 所示。

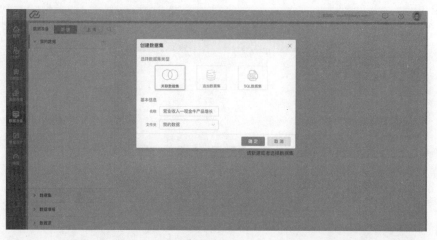

图 4-10-23-25

图 4-10-23-26

图 4-10-23-27

② 单击左侧菜单栏中的"分析设计",选择"我的故事板"中的"产品维度分析"。单击"可视化"右侧的下三角按钮,选择"新建"选项,选择"我的数据"中的"营业收入—现金牛产品增长",单击"确定"按钮,如图 4-10-23-28 所示。

图 4-10-23-28

③ 将可视化看板命名为"营业收入增长趋势与铁精粉增长趋势对比"。将维度"年_年份"拖曳到右侧"维度"栏相应位置;将指标"营业收入"和"金额"拖曳到右侧"指标"栏相应位置,如图 4-10-23-29 所示。

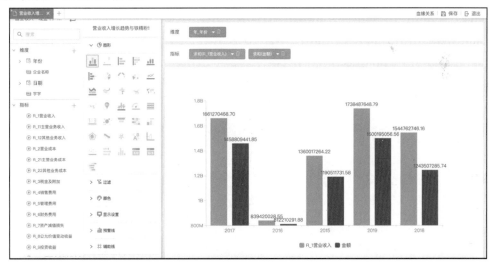

图 4-10-23-29

④ 将维度"年_年份"按照降序排序,将图形显示设置为"折线图",最后单击"保存"按钮进行保存,再单击"退出"按钮,如图 4-10-23-30 所示。最终结果如图 4-10-23-31 所示。

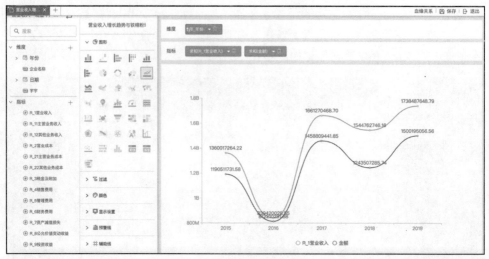

图 4-10-23-30

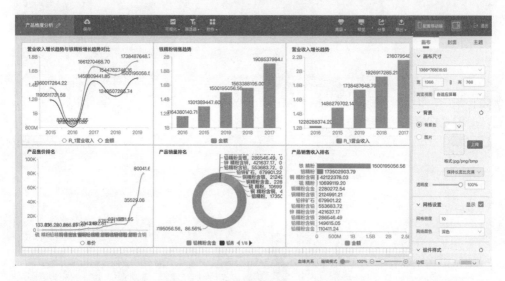

图 4-10-23-31

任务 3：销售同比增长因素分析

【操作指导】

① 单击"可视化"右侧的下三角按钮，选择"新建"选项，选择"数据集——财务大数据——销售分析——铁精粉销售明细表_铁精粉销售明细表"，单击"确定"按钮。

② 将可视化看板命名为"铁精粉收入增长因素分析"。将维度设置为空；将指标"单价""数量""金额"拖曳到"指标"栏相应位置(见图 4-10-23-32)，并将"单价"的汇总方式设置为"平均值"。单击"单价"右侧的下三角按钮，执行"高级设置"|"同比/环比"命令，系统弹出"同比/环比设置"对话框，按照如图 4-10-23-33 所示内容完成设置，单击"确认"按钮。将指标"数量"和"金额"进行相同的设置。

图 4-10-23-32

图 4-10-23-33

③ 将图形显示设置为"表格",最后单击右上方的"保存"按钮进行保存,再单击"退出"按钮,如图 4-10-23-34 所示。最终结果如图 4-10-23-35 所示。

图 4-10-23-34

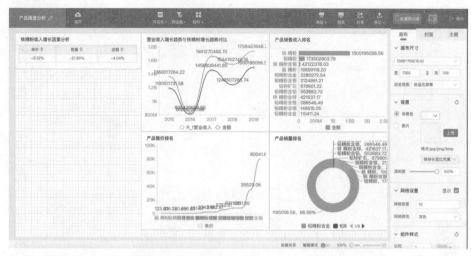

图 4-10-23-35

任务 4：分析产品毛利率及产品毛利增长趋势

【操作指导】

(1) 分析产品毛利率。

① 单击"可视化"右侧的下三角按钮，选择"新建"选项，选择"数据集——财务大数据——销售分析——产品毛利表_产品毛利表"，单击"确定"按钮。

② 将可视化看板命名为"产品毛利率"。将维度"产品名称"拖曳到右侧"维度"栏相应位置。单击"指标"右侧的"+"按钮，新建计算字段，设置名称为"毛利率"，字段类型为"数字"，表达式为"((avg(不含税售价)-avg(制造成本))/avg(不含税售价)"，如图 4-10-23-36 所示。将"毛利率"拖曳到右侧"指标"栏相应位置。

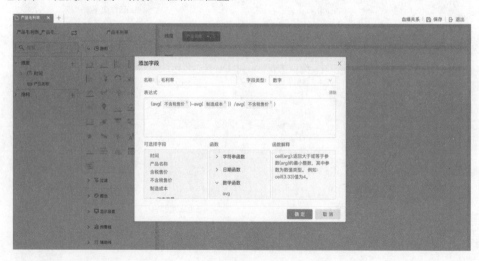

图 4-10-23-36

③ 将图形显示设置为"阶梯瀑布图"，最后单击右上方的"保存"按钮进行保存，再单击"退出"按钮，如图 4-10-23-37 所示。最终结果如图 4-10-23-38 所示。

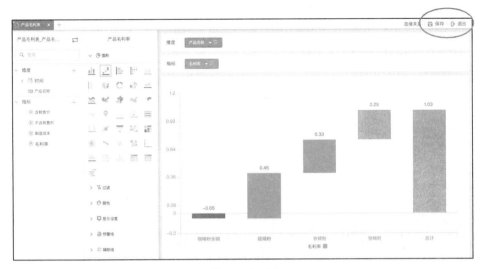

图 4-10-23-37

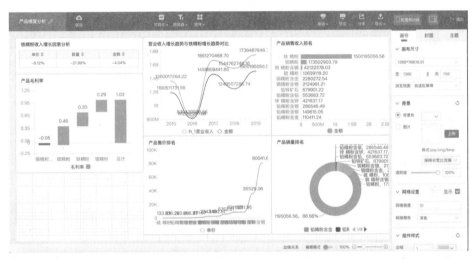

图 4-10-23-38

(2) 分析产品毛利率增长趋势。

① 单击"可视化"右侧的下三角按钮,选择"新建"选项,选择"数据集——财务大数据——销售分析——产品毛利表_产品毛利表",单击"确定"按钮。

②将可视化看板命名为"产品毛利增长趋势",并将图形显示设置为"表格"。添加字段,设置名称为"毛利率",字段类型为"数字",表达式为"(avg(不含税售价)-avg(制造成本))/avg(不含税售价)",单击"确定"按钮,如图 4-10-23-39 所示。将维度"年_时间"拖曳到"维度"栏相应位置;单击右侧"+"按钮,添加列维度,将"产品名称"拖曳到"列维度"栏相应位置;将指标"毛利率"拖曳到"指标"栏相应位置,如图 4-10-23-40 所示。最终结果如图 4-10-23-41 所示。

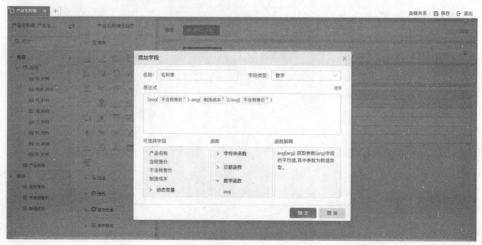

图 4-10-23-39

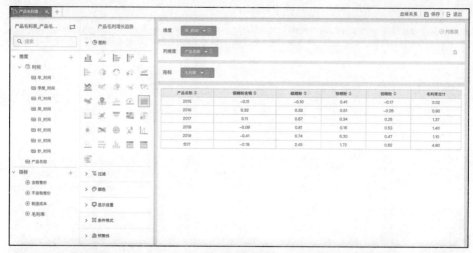

图 4-10-23-40

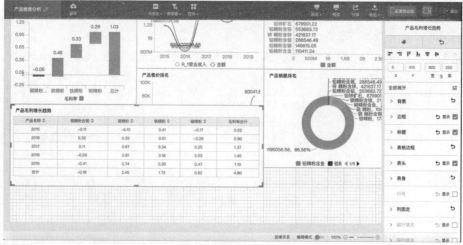

图 4-10-23-41

【情境小结】

在本情境中,我们学习了波士顿矩阵的含义、波士顿矩阵产品所处象限及其战略对策,并通过实战演练掌握了从产品维度对企业进行分析的方法。

在下一情境中,我们将学习如何从价格维度进行分析。

【参考答案】:1. AB; 2. C; 3. D; 4. A; 5. C

情境 24 价格维度分析

【情境导读】

价格弹性指价格变动引起的市场需求量的变化程度,它是企业决定产品提价或降价的主要依据。一般来说,在需求曲线具有弹性的情况下,企业可以采取降价策略;反之,企业可以采取提价策略,以保证企业收益不断增加。

在本情境中,我们将从价格维度对企业不同类型产品的销售价格与市场价格进行对比分析。

【知识精讲】

1. 需求与供给

1) 需求与需求量

需求是指需求方愿意并且能够为购买某商品支付的货币数量,它包括两个条件,即需求方愿意购买和有支付能力。如果需求方没有支付能力,即使有获得某种使用价值的愿望,也不能形成有效需求。需求一般用需求曲线表示,需求曲线上某一点价格与数量之积为点需求。在某一价格下需求方愿意并且能够购买的商品数量称为需求量。

一种商品或服务的需求量受许多因素的影响和制约。为此,可以用一个函数式来表示,即:

$$D = f(P, T, I, P1, P2, e, A)$$

各影响因素的具体含义如下。

① 商品自身价格(P)。一般来说,一种商品的价格越高,该商品的需求量就会越小;相反,一种商品的价格越低,其需求量将会越大。

② 消费者偏好(T)。偏好是指消费者对商品的喜好程度。很显然,消费者的偏好与商品需求量之间呈同方向变动关系。

③ 消费者收入(I)。对于大多数商品来说,当消费者的收入水平提高时,就会增加对某商品的需求,这类商品被称为正常品。而对另外一些商品而言,当消费者的收入水平提高时,对某商品的需求则会降低,这类商品被称为低档品。

④ 替代品的价格(P1)。替代品是指使用价值相近、可以相互替代来满足人们同一需要的商品。一般来说,在替代品之间,当某种商品价格升高时,消费者就会把需求转向可以替代它的商品上,从而使得替代品的需求量增加,被替代品的需求量减少。

⑤ 互补品的价格(P2)。互补品是指使用价值必须相互补充才能满足人们某种需要的商品。在互补品之间,当其中一种商品价格上升、需求量降低时,另一种商品的需求量就会随之降低。

⑥ 对未来价格的预期(e)。如果消费者预期价格要上涨，就会提前购买，需求量增加；如果预期价格将下跌，许多消费者就会推迟购买，需求量减少。

⑦ 其他因素(A)。商品的品种、质量、广告宣传、地理位置、季节、气候、国家政策、风俗习惯等都会影响商品的需求量。在实际经济生活中，某商品的市场需求量及其变化是诸多因素综合作用的结果。

2) 供给与供给量

供给是指供给方生产商品提供出售给需求方。生产过程对应生产供给量，销售过程对应销售供给量。

一种商品或服务的生产供给受许多因素的影响和制约。为此，也可以用一个函数来表示，即：

$$S = f(P, t, r, Pr, e, B)$$

公式中，P 代表商品的自身价格；t 代表生产技术水平；r 代表生产过程中投入品的价格；Pr 代表相关商品的价格；e 代表供给方对未来价格的预期；B 代表其他因素。

2. 价格弹性

1) 定义

价格弹性表明供求对价格变动的依存关系，反映价格变动所引起的供求的相应的变动率，即供给量和需求量对价格信息的敏感程度，又称为供需价格弹性。商品本身的价格、消费者的收入、替代品价格，以及消费者的爱好等因素都会影响消费者对商品消费的需求。价格弹性是指这些因素保持不变的情况下，该商品本身价格的变动引起的需求量的变动。在需求有弹性的情况下，降价会引起购买量的相应增加，从而使消费者对这种商品的货币支出增加；反之，价格上升则会使消费者对这种商品的货币支出减少。在需求弹性等于 1 的情况下，降价不会引起消费者对这种商品的货币支出的变动。

价格弹性取决于该商品的替代品的数目及其相关联的程度(即可替代性)、该商品在购买者预算中的重要性和该商品的用途等因素。价格弹性主要应用于企业的决策和政府的经济决策。

2) 影响因素

通常情况下，以下因素会影响商品的价格弹性。

(1) 消费者对某种商品的需求程度。

消费者对某种商品的需求程度即该商品对于消费者生活的重要程度。一般来说，消费者对生活必需品的需求强度大且稳定，所以生活必需品的需求弹性较小，而且，某商品越是生活中所必需，其需求弹性就越小。例如，粮食、蔬菜这类生活必需品的弹性一般都较小，它们属于缺乏需求弹性的商品；相反，消费者对奢侈品的需求强度较小且不稳定，所以奢侈品的需求弹性较大。

(2) 商品的可替代性。

一般说来，一种商品的可替代品越多、相近程度越高，则该商品的需求价格弹性就越大；相反，该商品的需求价格弹性越小。例如，在苹果市场，当富士苹果的价格上升时，消费者就会减少对富士苹果的需求量，增加对相近的替代品(如秦冠苹果)的购买。又如，对于食盐来说，没有很好的替代品，所以，食盐价格的变化所引起的需求量的变化几乎等于零，它的需求价格弹性是极其小的。

(3) 商品用途的广泛性。

一般来说，一种商品的用途越广泛，其需求弹性越大；相反，一种商品的用途越是狭窄，其需求弹性越小。这是因为，一种商品的用途越多，消费者的需求量在这些用途之间进行调整的余地就越大，需求量反应幅度也就越大。

(4) 商品的消费支出在消费者预算总支出中所占的比重。

消费者在某商品上的消费支出占其预算总支出的比重越大，该商品的需求价格弹性可能越大；反之则越小。例如，火柴、盐、铅笔、肥皂等商品的需求的价格弹性就是比较小的，因为消费者每月在这些商品上的支出是很少的，因而往往不太重视这类商品的价格变化。

(5) 所考察的消费者调节需求量的时间。

一般说来，所考察的消费者调节需求量的时间越长，需求的价格弹性可能就越大。这是因为，当消费者决定减少或停止购买价格上升的某种商品之前，他一般需要花费时间去寻找和了解该商品的可替代品。例如，当石油价格上升时，消费者在短期内不会大幅度地减少需求量。但设想在长期内，消费者可能找到替代品，于是，石油价格上升会导致石油的需求量较大幅度地下降。

3) 需求富有弹性的商品与需求缺乏弹性的商品需求价格弹性与总收益之间的关系

(1) 需求富有弹性的商品需求价格弹性与总收益之间的关系。

① 商品价格下降对销售者总收益的影响。

如果某种商品的需求是富有弹性的，那么当该商品的价格下降时，需求量(销售量)增加的比率大于价格下降的比率，销售者的总收益会增加。

② 商品价格上升对销售者总收益的影响。

如果某种商品的需求是富有弹性的，那么当该商品的价格上升时，需求量(销售量)减少的比率大于价格上升的比率，销售者的总收益会减少。

(2) 需求缺乏弹性的商品需求价格弹性与总收益的关系。

① 商品价格下降对销售者总收益的影响。

如果某种商品的需求是缺乏弹性的，那么当该商品的价格下降时，需求量增加的比率小于价格下降的比率，销售者的总收益会减少。

② 商品价格上升对销售者总收益的影响。

如果某种商品的需求是缺乏弹性的，那么当该商品的价格上升时，需求量减少的比率小于价格上升的比率，销售者的总收益会增加。

【小测试】

1. 关于产品价格弹性，以下说法中正确的是(　　)。(多选题)
    A. 价格弹性指价格变动引起的市场需求量变化程度
    B. 在需求曲线具有弹性的情况下，企业可以采取降价策略
    C. 一般的工业品价格弹性比消费品价格弹性大
    D. 价格弹性小的商品，价格变动引起的需求变动也较小
2. 需求曲线是(　　)。
    A. 商品价格曲线　　　　　　　　　　B. 商品总收益曲线

C. 商品边际收益曲线　　　　　　　　D. 商品供给曲线

3. 下列关于均衡价格的说法正确的是(　　)。
   A. 均衡价格是需求等于供给时的价格
   B. 供给量等于需求量时的价格
   C. 供给曲线与需求曲线交点上的价格
   D. 供给价格等于需求价格时的价格

4. 若某两种产品的交叉弹性相同，则这两种产品是(　　)。
   A. 独立品　　　　　　　　　　　　B. 替代品
   C. 补充品　　　　　　　　　　　　D. 完全补充品

5. 其他条件不变，牛奶价格下降将会导致牛奶(　　)。
   A. 需求下降　　　　　　　　　　　B. 需求增加
   C. 需求量下降　　　　　　　　　　D. 需求量增加

【实战演练】

【任务背景】

2019 年 10 月 8 日，财务大数据分析师对 AJHXJL 公司进行销售收入价格维度的分析。

任务 1：分析现金牛产品和明星产品的销售价格趋势

【操作指导】

(1) 现金牛产品销售价格历史趋势分析。

① 单击左侧菜单栏中的"分析设计"，单击"新建"按钮新建故事板，如图 4-10-24-1 所示。

图 4-10-24-1

② 将故事板名称设置为"价格维度分析"，并将其保存在"我的故事板"中，如图 4-10-24-2 所示。单击"确认"按钮，进入数据可视化操作界面。

图 4-10-24-2

③ 单击"可视化"右侧的下三角按钮,选择"新建"选项,选择"数据集——财务大数据——销售分析——铁精粉销售收入表_铁精粉销售收入表",单击"确定"按钮,如图 4-10-24-3 所示。

图 4-10-24-3

④ 将可视化看板命名为"现金牛产品销售价格历史趋势",如图 4-10-24-4 所示。单击"维度"右侧的"+"按钮,选择"层级"选项,在弹出的"钻取层级"对话框中,设置层级名称为"由年到月",钻取路径为"年_日期>月_日期",单击"确定"按钮,如图 4-10-24-5 所示。将维度"由年到月"拖曳到右侧"维度"栏相应位置;将指标"单价"拖曳到右侧"指标"栏相应位置,如图 4-10-24-6 所示。

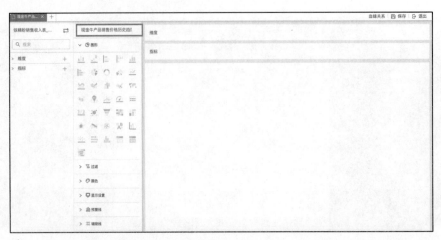

图 4-10-24-4

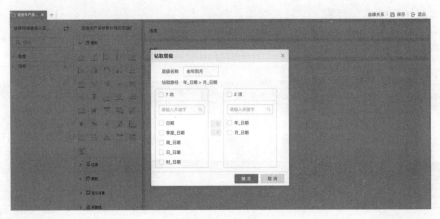

图 4-10-24-5

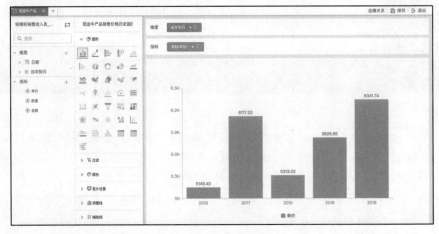

图 4-10-24-6

⑤ 将维度"由年到月"按照升序排序，将图形显示设置为"柱状图"，如图 4-10-24-7 所示。单击图形中任意年份，钻取月度数据图，将图形显示设置为"折线图"，如图 4-10-24-8

所示。最后单击右上方的"保存"按钮进行保存,再单击"退出"按钮,最终结果如图 4-10-24-9 所示。

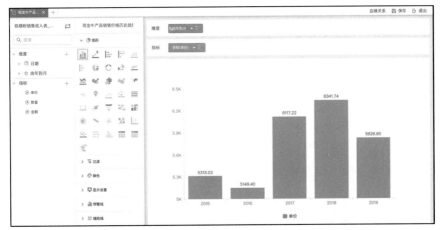

图 4-10-24-7

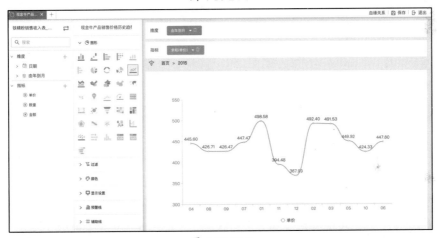

图 4-10-24-8

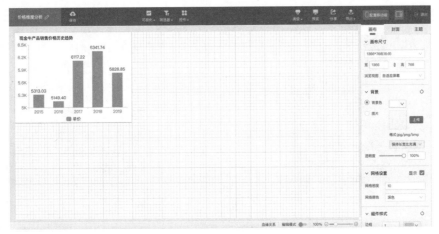

图 4-10-24-9

(2) 明星产品销售价格历史趋势分析。

具体操作步骤参照"现金牛产品销售价格历史趋势分析"步骤，最终结果如图 4-10-24-10 所示。

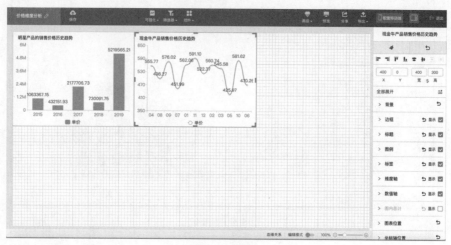

图 4-10-24-10

任务2：分析现金牛产品和明星产品的市场价格趋势

【操作指导】

(1) 现金牛产品市场价格历史趋势分析。

① 单击"可视化"右侧的下三角按钮，选择"新建"选项，选择"数据集——财务大数据——销售分析——铁精粉市场价格_铁精粉市场价格"，单击"确定"按钮。

② 将可视化看板命名为"现金牛产品市场价格趋势"。单击"维度"右侧的"+"按钮，选择"层级"选项，在弹出的"钻取层级"对话框中，设置层级名称为"由年到月"，钻取路径为"年_日期>月_日期"，单击"确定"按钮，如图 4-10-24-11 所示。将维度"由年到月"拖曳到右侧"维度"栏相应位置；将指标"市场价格"拖曳到右侧"指标"栏相应位置，如图 4-10-24-12 所示。

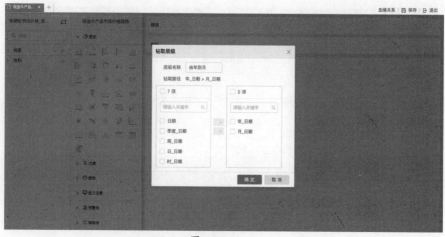

图 4-10-24-11

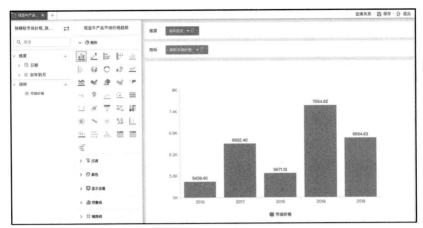

图 4-10-24-12

③ 将维度"由年到月"按照升序排序,将图形显示设置为"条形图"。单击图形中任意年份,钻取月度数据图,将图形显示设置为"折线图",如图 4-10-24-13 所示。最后单击右上方的"保存"按钮进行保存,再单击"退出"按钮,最终结果如图 4-10-24-14 所示。

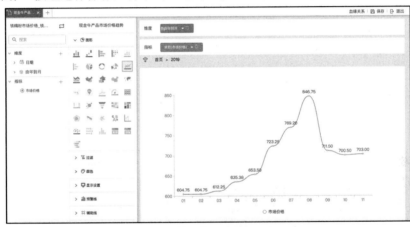

图 4-10-24-13

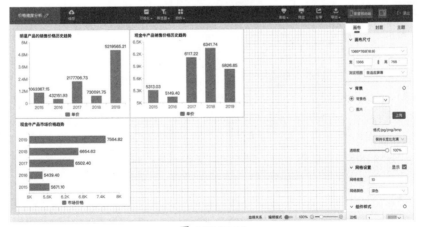

图 4-10-24-14

(2) 明星产品市场价格历史趋势分析。

具体操作步骤参照"现金牛产品市场价格历史趋势分析"步骤，最终结果如图 4-10-24-15 所示。

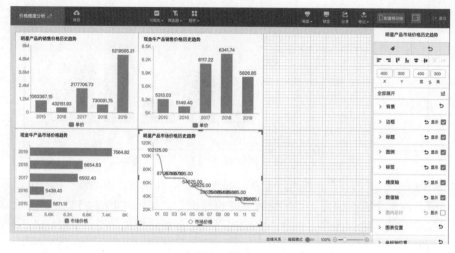

图 4-10-24-15

【情境小结】

在本情境中，我们学习了需求与供给的概念及影响价格弹性的因素；掌握了现金牛产品和明星产品的销售价格趋势和市场价格趋势的分析方法。

在下一情境，我们将学习如何对企业的整体费用进行分析。

【参考答案】：1. ABD；2. A；3. C；4. B；5.D

项目 11 大数据+费用分析及数据洞察

【项目导读】

内容提要：若要了解一个企业的费用，首先需要对该企业的整体费用做全面分析，然后再做各项分析。对企业费用进行分析，即对三大期间费用进行分析。期间费用是指企业日常活动中不能直接归属于某个特定成本核算对象的、在发生时应直接计入当期损益的各种费用，包括管理费用、财务费用和销售费用。本项目将站在企业经营者和管理者的角度，主要从四个方面对企业费用做分析，即费用整体分析、管理费用分析、财务费用分析、销售费用分析。

案例背景：2019 年 10 月 8 日，AJIIXJL 公司召开业务经营分析会，要求财务总监对企业的费用情况进行专项分析，对费用的异常项进行洞察并溯源，为后续的经营决策提供数据支持。

任务目标：从费用整体、管理费用、财务费用、销售费用四个方面展开分析，洞察数据背后的含义，溯源分析指标增减比率的合理性与异常项，为管理层后续决策提供支持。

每个分析维度又分为四个步骤，即先确定分析目标，然后根据目标确定指标，再对指标进行计算，最后对指标结果进行解读与分析。

情境 25　费用整体分析

【情境导读】

若要查看公司某期的三大费用整体结构及其具体费用比率，一般需要财务人员定期在财务软件的报表模块中，通过自定义设置公式的方法制作出每期的费用报表。但用这种方法制作费用报表不仅费时费力，还不一定能满足管理者的分析需求。那么如何才能快速按管理者想要分析的维度去展现数据呢？下面我们一起进入本情境的学习吧！

【知识精讲】

1. 期间费用介绍

期间费用包括管理费用、财务费用和销售费用。

管理费用是指企业的行政管理部门为组织和管理企业的生产经营活动所发生的各项费用。注意，企业在筹建期间内发生的开办费、生产车间(部门)和行政管理部门等发生的固定资产修理费应计入管理费用。

财务费用是指企业为进行资金筹集等理财活动而发生的各项费用，主要包括利息净支出、汇兑净损失、企业发生的现金折扣、金融机构手续费和其他因资金而发生的费用。注意，以公允价值计量且其变动计入当期损益的金融负债发生的初始直接费用及计提的利息计入投资收益，不计入财务费用。

销售费用是指企业在销售商品和材料、提供劳务的过程中发生的各种费用。注意，商品流通企业采购商品过程中发生的采购费用应计入存货成本，不计入销售费用。

2. 期间费用账务处理

管理费用的账务处理如下。

企业在筹建期间内发生的开办费，包括人员工资、办公费、差旅费、印刷费、注册登记费，以及不计入固定资产成本的借款费用等，在实际发生时，借记"管理费用"科目，贷记"应付利息""银行存款"等科目。

行政管理部门人员的职工薪酬，借记"管理费用"科目，贷记"应付职工薪酬"科目。

行政管理部门计提的固定资产折旧，借记"管理费用"科目，贷记"累计折旧"科目。

行政管理部门发生的办公费、水电费、业务招待费、聘请中介机构费、咨询费、诉讼费、技术转让费、企业研究费用，借记"管理费用"科目，贷记"银行存款""研发支出"等科目。

财务费用的账务处理如下。

企业发生的财务费用，借记"财务费用"科目，贷记"银行存款""应付利息"等科目。

企业发生的应冲减财务费用的利息收入、汇兑损益、现金折扣，借记"银行存款""应付账款"等科目，贷记"财务费用"科目。

销售费用的账务处理如下。

企业在销售商品过程中发生的包装费、保险费、展览费和广告费、运输费、装卸费等费用，借记"销售费用"科目，贷记"库存现金""银行存款"等科目。

企业发生的为销售本企业商品而专设的销售机构的职工薪酬、业务费等费用，借记"销售费用"科目，贷记"应付职工薪酬""银行存款""累计折旧"等科目。

3. 期间费用分析

分析期间费用可以让投资者对企业管控能力的强弱做出粗略的判断，也是评价管理层运营能力的重要指标。期间费用之所以重要，是因为除了毛利率，它在很大程度上决定了一个企业最终的净利润率，期间费用低的企业可以获得更多的利润。

巴菲特认为，投资者购买的股票，其公司管理层一定要优秀。分析期间费用往往有助于在一定程度上了解公司管理层优秀与否。

常见的期间费用分析指标如表 4-11-25-1 所示。

表 4-11-25-1 期间费用分析指标

常见分析指标	含义	数据来源
本期费用总额	反映费用整体情况	内部数据
全年累计总额	反映费用整体情况	内部数据
费用占本季度费用比例	反映费用在本季度中的情况	内部数据
费用占全年费用比例	反映费用在本年度中的情况	内部数据
全年累计中各月费用占比	反映费用的浮动情况	内部数据
费用环比上月数值	反映本期费用变化趋势	内部数据
费用同比去年同期数值	反映本期费用与去年情况	内部数据
费用构成及占比	反映费用结构情况	内部数据
费用历史趋势	反映费用历史变动情况	内部数据
费用收入比	反映费用与收入的配比	内部数据
本期管理费用率、销售费用率、财务费用率	分解三大费用与收入的关系	内部数据
与行业均值对比	反映企业与行业均值高低	外部数据
与对标企业对比	反映企业与对标企业的高低	外部数据

【小测试】

1. 销售费用率的计算公式为(　　)。
    A. 销售费用÷主营业务成本
    B. 销售费用÷主营业务收入
    C. 销售费用÷所有者权益
    D. 销售费用÷资产总额
2. 以下关于期间费用的说法中，正确的有(　　)。(多选题)
    A. 当实际发生现金折扣时，销货方应增加期间费用总额
    B. 当实际发生现金折扣时，购货方应冲减期间费用总额

C. 印花税的发生不影响期间费用总额

D. 行政管理部门发生的固定资产修理费用增加期间费用总额

3. 下列属于期间费用的有(　　)。(多选题)

　　A. 管理费用　　　　　　　　B. 财务费用

　　C. 销售费用　　　　　　　　D. 长期待摊费用

4. 企业当期发生的期间费用，应于期末时全部记入(　　) 会计科目。

　　A. 本年利润　　　　　　　　B. 营业外支出

　　C. 其他业务支出　　　　　　D. 利润分配

5. 下列发生的支出，应记入"管理费用"科目的是(　　)。

　　A. 广告费　　　　　　　　　B. 研究与开发费用

　　C. 银行手续费　　　　　　　D. 展览费

【实战演练】

【任务背景】

2019年10月8日，财务大数据分析师分析公司的费用结构。

任务1：费用结构分析

【任务要求】

了解一个企业的费用，首先需要对该企业的整体费用做全面分析，再做各项分析。按照上述分析思路，对AJHXJL公司的整体费用进行分析。

【操作指导】

1. 确认分析目标与指标

根据任务要求，首先需要分析2019年9月的费用结构，进行同比分析，并将其与对标企业金岭矿业的分析数据进行对比，最后通过以上分析对AJHXJL公司的费用构成提出建议。

2. 数据准备

由于需要与对标公司的数据进行对比，因此需要准备AJHXJL公司的利润表和金岭矿业的利润表。

3. 指标计算

首先应利用分析云计算一下AJHXJL公司2019年的费用结构，具体步骤如下。

① 新建故事板，将其命名为"费用结构分析"。单击"可视化"右侧的下三角按钮，选择"新建"选项，选择"数据集——财务大数据——AJHXJL利润表_利润表"，最后再单击"确定"按钮，如图4-11-25-1所示。

图 4-11-25-1

② 设置维度与指标。将维度设置为空；将指标"销售费用""管理费用""财务费用"拖曳到右侧"指标"栏相应位置，如图 4-11-25-2 所示。

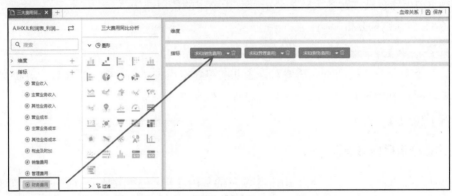

图 4-11-25-2

③ 设置图形显示。将图形显示设置为"饼图"。

④ 设置过滤条件。执行"过滤"|"设置"命令，在弹出的"添加过滤条件"对话框中，添加如图 4-11-25-3 所示的过滤条件。

图 4-11-25-3

AJHXJL 公司 2019 年费用结构分析完毕。参考上述步骤，可以对金岭矿业公司的费用结构进行分析，并完成三大费用(销售费用、管理费用、财务费用)的同比分析，最终结果如图 4-11-25-4 所示。

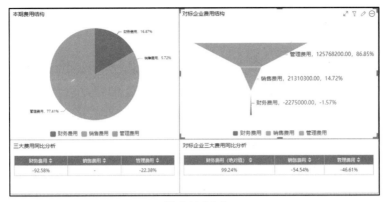

图 4-11-25-4

注意：在进行同比分析时，单击指标右侧所需分析项目的下三角按钮，执行"高级计算"|"同比/环比"命令，系统弹出"同比/环比设置"对话框，按照如图 4-11-25-5 所示的内容完成设置，单击"确定"按钮即可。

图 4-11-25-5

4. 指标解读

通过分析云可视化看板(见图 4-11-25-4)可以看出，AJHXJL 公司 2019 年管理费用占整体费用的比重较大(77.41%)，同比金岭矿业公司费用结构数据，金岭矿业公司的管理费用占整体费用比率为 86.85%。AJHXJL 公司属于黑色金属采选业，可见该行业管理费用较高，通过对比 2018 年的数据，发现 AJHXJL 公司各项费用都在递减，说明其为了提高利润空间对费用做了控制。但 AJHXJL 公司财务费用为 530.73 万元，相比于金岭矿业财务费用，可以看出 AJHXJL 公司资金压力较大，存在大额财务利息支出。

任务 2：各项费用比率分析

【任务要求】

对 AJHXJL 公司的费用有了一个整体的了解之后，我们再分析一下 AJHXJL 公司的各项费用比率。

【操作指导】

① 新建故事板，将其命名为"费用比率分析"。单击"可视化"右侧的下三角按钮，选择"新建"选项，选择"数据集——财务大数据——AJHXJL 利润表_利润表"，最后再单击"确

定"按钮。

② 新建可视化看板,将其命名为"本期 AJHXJL 总费用收入比与各项费用收入比"。

③ 添加"费用收入比"字段,如图 4-11-25-6 所示。依次添加"管理费用率""销售费用率"和"财务费用率"字段,其表达式如下。

管理费用率=sum(管理费用) *100/sum(营业收入)

销售费用率=sum(销售费用) *100/sum(营业收入)

财务费用率=sum(财务费用) *100/sum(营业收入)

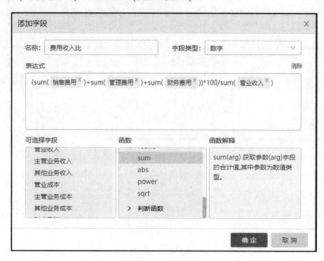

图 4-11-25-6

④ 将"维度"设置为空;将指标"费用收入比""管理费用率""销售费用率""财务费用率"拖曳到"指标"栏相应位置。

⑤ 执行"过滤"|"设置"命令,系统弹出"添加过滤条件"对话框,添加如图 4-11-25-7 所示的过滤条件,单击"确定"按钮。

图 4-11-25-7

⑥ 将图形显示设置为"表格",最终结果如图 4-11-25-8 所示。

图 4-11-25-8

【情境小结】

在本情境中,我们学习了如何分析本期的费用结构及对比标杆企业的费用结构,同时对两家企业费用构成进行同比分析,通过分析有助于对该企业的费用构成提出建议;并且学会了计算下列指标:费用收入比、管理费用率、销售费用率、财务费用率,对费用收入比进行纵向分析与横向对比,通过比率的分析,深入思考了费用与收入之间的关系。

在下一情境中,我们将学习如何对企业管理费用进行分析。

【参考答案】: 1. B; 2. ABCD; 3. ABC; 4. A; 5. A

情境 26 管理费用分析

【情境导读】

作为企业管理者,很想对企业管理费用的花费情况了如指掌,以帮助自己评价费用管控是否合理、有效,但迫于时间和精力有限,无法时时刻刻都紧盯数据去发掘其中的价值所在,于是将管理费用分析交给下属去做。这却难倒了下属,管理费用具体该怎么分析?下面我们一起进入本情境的学习吧!

【知识精讲】

1. 管理费用概述

1) 管理费用的概念

管理费用是指企业的行政管理部门为组织和管理企业的生产经营活动所发生的各项费用,包括管理人员工资和福利费、公司一级折旧费、修理费、技术转让费、无形资产和递延资产摊销费,以及其他管理费用(办公费、差旅费、劳保费、土地使用税等)。

2) 管理费用的构成

管理费用的具体构成如表 4-11-26-1 所示。

表 4-11-26-1 管理费用构成明细表

管理费用明细	说明
行政管理人员工资及福利费	指企业行政管理部门的员工工资及福利费
社会保险费用	指企业为员工缴纳的各项社会保险费用的总数。若企业的社会保险费用是在生产成本的"制造费用""销售费用""管理费用"中分别核算的,则本指标只包括企业行政管理人员的社会保险费用;若企业所有员工的社会保险费用都在"管理费用"中核算,则本指标包括企业所有员工的社会保险费用

(续表)

管理费用明细	说明
住房公积金和住房补贴	指企业支付给员工个人的住房公积金或住房补贴
办公费	指企业生产及各管理部门用的文具、纸张、印刷品、清洁卫生用品、报纸杂志及电信电话费用
业务招待费	指企业为业务经营的合理需要而支付的列入管理费用的业务招待费用
工会经费	指按员工工资总额(扣除按规定标准发放的住房补贴,下同)的2%计提并拨交给工会使用的经费
员工教育经费	指企业为员工学习先进技术和提高文化水平而支付的费用,按不超过员工工资总额的8%的比例税前扣除
差旅费	指企业行政管理部门的差旅费,包括市内公出的交通费和外地出差的差旅费
通信费	指企业行政管理部门用于通信方面的费用,包括固定电话、移动电话、计算机联网等费用
交通费	指企业用于商务汽车使用和保养方面的各项支出,包括车险、过路过桥费、停车费、修车费、耗油(天然气)费,以及企业用于租车、打车的费用
研究开发费	指企业开发新技术或新产品等而发生的新产品设计费、工艺规程制定费、设备调试费、原材料和半成品的试验费、技术图书资料费、研发人员的工资等,不包括在"制造费用"中已填报的"研发、试验检验费"
技术转让费	指企业使用非专利技术或引进技术而需要支付的费用
董事会会费	指企业董事会或最高权力机构及其成员为履行职能、执行职权而发生的各项费用,包括董事会或最高权力机构成员的津贴、差旅费、会议费等
劳动保护费	指企业为员工配备的工作服、手套、安全保护用品、防暑降温用品等所发生的支出和高温、高空、有害作业津贴、洗理费等;若生产成本的"制造费用"中已经核算了劳动保护费,则此项不包括"制造费用"中的劳动保护费
员工取暖费和防暑降温费	指企业支付给员工个人的取暖费和防暑降温补贴
劳务费	指企业支付给雇佣的临时生产人员且没有包括在工资中的劳务费用,不包括在"生产成本"中已经填报的劳务费
会议费	指企业用于召开会议的费用
印刷费	指企业统一负担或支付的各种印刷费
咨询费	指企业向咨询机构进行生产技术、经营管理咨询所支付的费用,包括聘请经济技术顾问、法律顾问等支付的费用
诉讼费	指企业因起诉或应诉而发生的各项费用
审计费	指企业聘请中介机构(如会计师事务所、资产评估机构等)进行查账、验资,以及资产评估、清账等发生的费用和企业接受审计时发生的费用
修理费	指企业行政管理部为修理房屋、固定资产和低值易耗品等资产所支付的费用
折旧费	指企业行政管理部门的固定资产按规定折旧率计提的资产折旧费
水电费	指企业行政管理部门支付的用于外购的水费和电费
绿化费	指企业对办公区、生产作业区进行绿化而发生的零星绿化费用

(续表)

管理费用明细	说明
税金及上交的各项专项费用	指企业上交的税金以及上交管理部门的各种专项费用的总和，包括房产税、车船使用税、土地使用税和印花税等
排污费	为已经产生或仍在继续产生的环境污染损失或环境危害行为承担的一种经济责任，依法向环保主管部门缴纳的费用

2. 管理费用分析指标及分析方法

1) 分析指标

管理费用率是影响企业盈利能力的重要因素，反映了企业经营管理水平，如果管理费用率高，说明企业的利润被组织、管理性的费用消耗得太多，必须对管理费用加强控制才能提高盈利水平。管理费用率的计算公式如下。

$$管理费用率 = 管理费用 \div 主营业务收入 \times 100\%$$

在进行管理费用率分析时，应注意以下两点。

(1) 因为管理费用中绝大部分属于不变成本，所以随着销售额的增长，管理费用率应呈现下降趋势。

(2) 一般情况下，管理费用率会因为行业不同而存在较大差异。例如，零售行业一般较低，金融行业一般较高。

2) 分析方法

管理费用是企业经营管理所必需的费用，它所包括的范围甚广。为了降低管理费用，提高企业经济效益，一般需要实行严格的预算控制。通常按照费用项目的不同特性编制相应的预算，并随时监督预算的执行情况，查明各项费用超支或节约的数额与原因，进而达到对管理费用实施预算控制的目的。管理费用的分析方法包括以下三种。

(1) 结构分析法——分析子项构成。结构分析法也称为比重分析法，即计算某项经济指标各项组成部分占总体的比重，分析其内容构成的变化，从而掌握事物的特点和变化趋势。例如，按构成流动资金的各个项目占流动资金总额的比重确定流动资金的结构，然后将不同时期的资金结构相比较，观察构成变化。

(2) 同比分析法——找出增长或下降异常项。同比分析是以某一项目为固定参照物，其他各项皆以此参照物为准，计算出其占该参照物的比例，可以将该方法和变动分析法结合使用。例如，可以通过分析某企业两年间损益表中销售费用、管理费用占收入的比重详细了解企业的获利情况。

(3) 可视化方法——对异常项进行数据洞察。可视化对数据分析至关重要，它是进行数据分析的第一个战场，可以揭示数据内在错综复杂的关系，在这一点上可视化的优势是其他方法无可比拟的。可视化方法可能会揭示数据的一些新意义，通过对数据进行挖掘，可以洞察数据背后隐藏的事实。

【小测试】

1. 管理费用长期保持高位运行的影响因素比较多，也很复杂，常常受到各种主客观因素的影响，企业会计部门要与产生费用的部门进行相关项目分析，找出原因，提出应对措施，通常

应对措施有( )。(多选题)

    A. 规范管理费用核算，遵循因果关系和级次限制原则

    B. 实行决策的科学化、民主化，建立监督机制和营造低碳办公环境

    C. 优化职工人才结构，加强专业人员培养，制定严格的奖惩制度，提高管理费用控制积极性

    D. 树立企业控制管理费用的整体观念，建立完善管理费用控制体系，编制管理费用控制计划，提高企业管理费用控制水平

2. 展销会费属于( )。

    A. 财务费用   B. 制造费用   C. 管理费用   D. 销售费用

3. 企业按规定代扣代缴职工个人所得税时，应借记( )会计科目。

    A. 管理费用   B. 税金及附加   C. 营业外支出   D. 应付职工薪酬

4. 企业用于生产某种产品的、已确认为无形资产的非专利技术，其摊销金额应计入当期管理费用。( )(判断题)

5. 商品流通企业管理费用不多时，可以不设置"管理费用"科目，记入"销售费用"科目核算。( )(判断题)

【实战演练】

【任务背景】

2019年10月8日，财务大数据分析师对管理费用进行分析。

任务1：管理费用分析

【任务要求】

2019年，AJIXJL公司的管理费用率为3.34，远高于销售费用率与财务费用率。请对AJHXJL公司的管理费用做详细的分析，看一看AJHXJL公司对管理费用的管控是否还有提升的空间。

【操作指导】

1. 确认分析目标与指标

要想了解企业对管理费用的管控是否还有提升的空间，需要掌握管理费用历年趋势及管理费用的结构，并对费用构成做详细的分析，洞察费用增减原因，给出合理建议。

2. 数据准备

除了AJHXJL公司的利润表以外，还需要准备管理费用统计表、管理费用子项目明细表。

3. 指标计算

(1) 分析管理费用的历年趋势，具体步骤如下。

① 新建故事板，将其命名为"管理费用历年走势"。单击"可视化"右侧的下三角按钮，选择"新建"选项，选择"数据集——财务大数据——AJHXJL利润表_利润表"，最后单击"确定"按钮。

② 设置维度与指标。将维度"报表日期"拖曳到"维度"栏相应位置；将指标"管理费用"拖曳到"指标"栏相应位置。"报表日期"选择"年"，并设置为"升序"，如图 4-11-26-1 所示。将指标"管理费用"的汇总方式设置为"求和"。

图 4-11-26-1

③ 设置图形显示。将图形显示设置为"折线图"。单击"保存"按钮进行保存，再单击"退出"按钮，最终结果如图 4-11-26-2 所示。

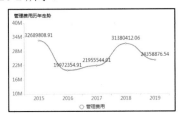

图 4-11-26-2

(2) 分析管理费用的子项构成，具体步骤如下。

① 单击"可视化"右侧的下三角按钮，选择"新建"选项，选择"数据集——费用分析——管理费用统计表_管理费用统计表"，最后单击"确定"按钮，如图 4-11-26-3 所示。

图 4-11-26-3

② 建立层级。单击"维度"右侧的"+"按钮，选择"层级"选项，设置层级名称为"子项穿透"，钻取路径为"一级子项>二级子项>三级子项>四级子项"，如图 4-11-26-4 所示。

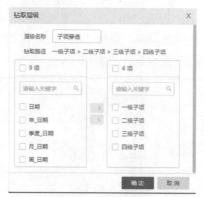

图 4-11-26-4

③ 将维度"子项穿透"拖曳到"维度"栏相应位置,将指标"金额"拖曳到"指标"栏相应位置,将图形显示设置为"饼图",最终结果如图 4-11-26-5 所示。

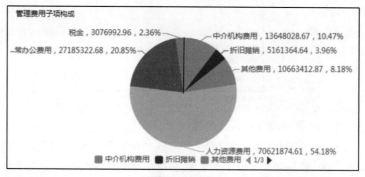

图 4-11-26-5

4. 指标解读

从 AJIIXJL 公司管理费用历年走势图(见图 4-11-26-2)中可以看出,AJIIXJL 公司从 2016 年开始实行了管理费用控制,2016 年与 2017 年管理费用总额在 2000 万元上下浮动,2016 年相比于 2015 年更是下降了 39%,虽然 2017 年小幅度回升,但考虑市场通货膨胀的影响,2017 年增长 11 个百分点还是可以接受的范围内。2018 年突增至 3000 万元以上,增长比率为 43%,可见该指标为异常项,需要进一步分析其原因。2019 年,AJIIXJL 公司的管理费用相比于 2018 年下降了 22%,下降至 2400 万元左右,可见未来该公司管理费用仍然有紧缩的空间,参考其历年数据,AJHXJL 公司除非结合战略管理,否则该公司对管理费用进行管控的空间有限。

任务 2:增减最突出的子项分析

【任务要求】

对各子项进行同比分析,找出同比增减最突出的项目,具体步骤如下。

【操作指导】

① 新建可视化看板。单击"可视化"右侧的下三角按钮,选择"新建"选项,选择数据集"管理费用统计表",单击"确定"按钮,将可视化看板命名为"管理项目子项目同比分析"。

② 选择维度与指标。将维度"一级子项"拖曳到"维度"栏相应位置；将指标"金额"拖曳到"指标"栏相应位置。单击"金额"右侧的下三角按钮，执行"高级计算"|"同比/环比"命令，系统弹出"同比/环比设置"对话框，设置日期字段为"日期""年"，对比类型为"同比"，所选日期为"4"年(此处根据目前所在年份对应2019年的年份差数进行设置，如当年是2023年，所选日期设为"4")，计算为"增长率"，间隔为"1"年。

③ 将图形显示设置为"表格"，最终结果如图4-11-26-6所示。

管理项目子项目同比分析	
一级子项 ⇵	金额 ⇵
中介机构费用	10.73%
折旧摊销	-12.92%
其他费用	-90.59%
人力资源费用	-21.59%
日常办公费用	-36.22%
合计	31245960.50%

图 4-11-26-6

任务3：子项费用突增原因探究

【任务要求】

2018年，企业各项管理费用中，中介机构费用突增较明显，接下来，请进一步分析中介机构费用的构成，探究费用突增背后的真实原因。

【操作指导】

(1) 新建"中介费用趋势"可视化看板。

数据表选择"管理费用统计表"。将维度"年"拖曳到"维度"栏相应位置；将指标"金额"拖曳到"指标"栏相应位置。将维度按升序排序。添加过滤条件："一级子项=中介机构费用"。将图形显示设置为"折线图"。

(2) 新建"增长最大的子项费用构成"可视化看板。

数据表选择"管理费用统计表"。将维度"二级子项"拖曳到"维度"栏相应位置；将指标"金额"拖曳到"指标"栏相应位置。添加过滤条件："一级子项=中介机构费用"。将图形显示设置为"饼图"。

(3) 新建"中介机构费用-咨询费历年趋势"可视化看板。

数据表选择"管理费用统计表"。将维度"年"拖曳到"维度"栏相应位置；将指标"金额"拖曳到"指标"栏相应位置。将维度按升序排序。添加过滤条件："一级子项=中介机构费用"；"二级子项=咨询费"。将图形显示设置为"折线图"。

(4) 新建"中介机构费用-咨询费费用去向分析"可视化看板。

数据表选择"咨询费明细表(2018-2019)"。将维度"咨询费支付单位"拖曳到"维度"栏相应位置；将指标"金额"拖曳到"指标"栏相应位置。将图形显示设置为"饼图"。

最终结果如图4-11-26-7所示。

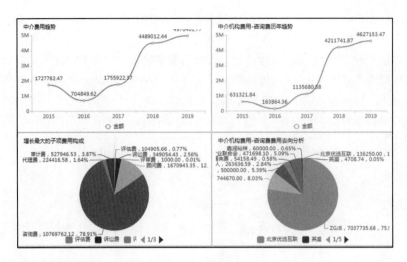

图 4-11-26-7

任务 4：差旅费数据洞察

【任务要求】

对 AJHXJL 公司的差旅费做专项分析。

【操作指导】

(1) 新建"差旅费按部门分布"可视化看板。

数据表选择"差旅费明细表(按部门)"。将维度"部门名称"拖曳到"维度"栏相应位置；将指标"金额"拖曳到"指标"栏相应位置。将指标按降序排序。显示设置：勾选"显示前"复选框并输入 10。将图形显示设置为"柱形图"。

(2) 新建"人力部门差旅费洞察"可视化看板。

数据表选择"差旅费人事部明细"。将维度"报销人"拖曳到"维度"栏相应位置；将指标"金额"拖曳到"指标"栏相应位置。将指标按升序排序。显示设置：勾选"显示前"复选框并输入 10。将图形显示设置为"条形图"。

最终结果如图 4-11-26-8 所示。

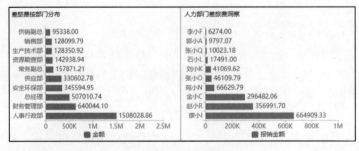

图 4-11-26-8

通过分析发现，AJHXJL 公司的部门维度设置不清晰，有的以部门为单位，有的以人员为单位，建议调整部门维度设置，统一编制规则。AJHXJL 公司的人员差旅费记录较为混乱，一些管理层的差旅费被登记到了人事行政部,导致人事行政部的差旅费大幅增加,建议规范实际发生人所在部门的费用登记流程。

【情境小结】

在本情境中,我们学习了如何分析管理费用的历年金额、管理费用的各子项构成;对各子项进行了同比分析,找出了同比增减最突出的项目,借此,分析了管理费用的合理性及费用在管理中有待优化的地方。管理费用反映了企业经营管理的水平,分析管理费用非常重要,必须加强对管理费用的控制才能提高企业的盈利水平。

在下一个情境中,我们将学习如何对企业财务费用进行分析。

【参考答案】:1. ABCD; 2. C; 3. D; 4.×; 5.√

情境 27 财务费用分析与数据洞察

【情境导读】

企业在筹集生产经营所需资金时,会发生利息净支出、汇兑净损失,以及相关的手续费等财务费用。如何对这些财务费用进行分类?如何对其进行深度分析?如何结合大数据技术进行业务处理?这对很多人来说都是个难题。接下来我们将重点学习财务费用分析与数据洞察的相关内容。

【知识精讲】

1. 财务费用概述

1) 财务费用的概念

财务费用是指企业为筹集生产经营所需资金等而发生的费用,具体项目包括:利息净支出(利息支出减利息收入后的差额)、汇兑净损失(汇兑损失减汇兑收益的差额)、金融机构手续费,以及筹集生产经营资金发生的其他费用。在企业筹建期间发生的利息支出,应计入开办费;为购建或生产满足资本化条件的资产发生的应予以资本化的借款费用,在"在建工程""制造费用"等账户核算。

2) 财务费用的核算范围

(1) 利息净支出:指企业短期借款利息、长期借款利息、应付票据利息、票据贴现利息、应付债券利息、长期应付引进国外设备款利息等利息支出(除资本化的利息外)减去银行存款等的利息收入后的净额。

(2) 汇兑净损益:指企业因向银行结售或购入外汇而产生的银行买入、卖出价与记账所采用的汇率之间的差额,以及月度终了,各种外币账户的外币期末余额按照期末规定汇率折合的记账人民币金额与原账面人民币金额之间的差额等。

(3) 金融机构手续费:指发行债券所需支付的手续费(需资本化的手续费除外)、开出汇票的银行手续费、调剂外汇手续费,以及企业得到其他金融服务需支付的手续费等,但不包括发行股票所支付的手续费等。

(4) 其他相关费用：指企业发生的现金折扣、融资租入固定资产发生的融资租赁费用、为了筹集资金而负担的担保费等。

2. 财务费用分析的操作流程

财务费用分析报告包括综合分析报告、专题分析报告和简要分析报告。根据分析的具体时间，可以分为定期分析报告和不定期分析报告。定期分析报告：按照企业或领导的规定，每隔一段固定的时间就进行编写和上报。不定期财务分析报告：与定期财务分析报告相反，它是从业务和财务两方面着手，根据实际情况进行不定时的编写和上报。

1) 资金运作分析

资金运作分析是指根据公司业务战略与财务制度，预测并监督公司现金流和各项资金的使用情况，为公司的资金运作、调度与统筹提供信息与决策支持。通过资金结构比例分析，分析本期资产负债表、利润表等报表中各项目的构成比例,将行业比例和上年同期项目比例相比较，将增长分析与结构分析结合起来，判断各项目构成比例的合理性、科学性。

2) 财务政策分析

财务政策一般指财务主体利用一定的办法有意识地改变财务对象，以达到企业理财目标的指针。财务政策分析是指根据各种财务报表，分析并预测公司的财务收益和风险，为公司的业务发展、财务管理制度的建立及调整提供建议。

3) 经营管理分析

企业内部管理如果按照职能来分，可分为计划、组织、人事、激励和控制五个领域。经营管理分析是指通过参与销售、生产的财务预测，执行预算分析、业绩分析，并提出专业的分析建议，为业务决策提供专业的财务支持。

4) 投融资管理分析

企业投融资是两个概念融合在一起的说法，包括企业投资和企业融资两方面，这两方面是企业经营运作的两种不同形式，目的都是通过投资融资活动壮大企业实力，帮助企业获取更大的效益。投融资管理分析是指参与投资和融资项目的财务测算、成本分析、敏感性分析等活动，配合上级制定投资和融资方案，防范风险，实现公司利益的最大化。

5) 财务报表分析

财务报表是企业财务状况和经营成果的信息载体，如果单独地看财务报表所列示的各类项目的金额，实则并无多大意义，必须与其他数据相比较才能成为有用的信息。这种参照一定标准将财务报表的各项数据与有关数据进行比较、评价就是企业财务报表分析。

根据财务管理政策与业务发展需求，撰写财务分析报告、投资财务调研报告、可行性研究报告等，为公司财务决策提供分析支持。

【小测试】

1. 某公司2020年的主营业务收入为7000万元,财务费用为-90万元,其财务费用率为(　　)。
　　A. -1.19　　　　B. -1.29　　　　C. -1.39　　　　D. -1.49

2. 财务费用是指企业为筹集生产经营所需资金等而发生的费用，具体项目有(　　)。(多选题)
   A. 生产经营期间发生的不应计入固定资产价值的利息费用
   B. 金融机构手续费
   C. 汇兑净损失
   D. 利息净支出

3. 为不断提高企业财务管理的效率，促进企业经济效益的不断提升，以下可以降低财务费用的措施包括(　　)。(多选题)
   A. 提高资金利润率，减少不合理资金占用，加速资金周转，提高资金运作效率
   B. 科学分析，确定企业资金的合理需求量，对超量的银行借款能还就还，勤借勤还
   C. 发挥企业优势，多渠道融资，实现最小的贷款规模，获取最低的综合贷款利率，多管齐下减少利息支出
   D. 充分运用生产经营活动产生的资金沉淀，加强各部门的相互监督作用，提高经济效益，从而实现企业价值最大化的目标

【实战演练】

任务：财务费用分析

【操作指导】

(1) 分析财务费用的历年趋势。

① 新建故事板，将其命名为"财务费用分析"。单击"可视化"右侧的下三角按钮，选择"新建"选项，在弹出的"选择数据集"对话框中选择"财报分析——利润表-AJHXJL"，然后单击"确定"按钮，如图 4-11-27-1 所示。

图 4-11-27-1

② 将可视化看板命名为"财务费用历年趋势"。将维度"年份"拖曳到"维度"栏相应位置；将指标"财务费用"拖曳到"指标"栏相应位置。将维度按升序排序，如图 4-11-27-2 所示。将图形显示设置为"折线图"，单击"保存"按钮，然后单击"退出"按钮，最终结果如图 4-11-27-3 所示。

图 4-11-27-2

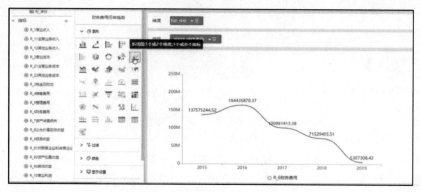

图 4-11-27-3

(2) 分析财务费用的各子项构成。

① 单击"可视化"右侧的下三角按钮,选择"新建"选项,在弹出的"选择数据集"对话框中选择"费用分析——财务费用统计表",然后单击"确定"按钮。将可视化看板命名为"财务费用子项构成"。单击"维度"右侧的"+"按钮,选择"层数"选项,在弹出的"钻取层级"对话框中,设置层级名称为"一级—二级",钻取路径为"一级子项>二级子项",单击"确定"按钮,如图 4-11-27-4 所示。

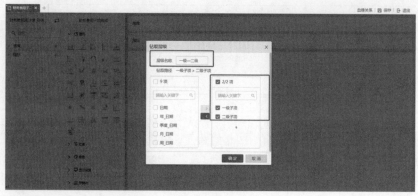

图 4-11-27-4

② 将维度"一级-二级"拖曳到"维度"栏相应位置；将指标"金额"拖曳到"指标"栏相应位置。将图形显示设置为"条形图"，单击"保存"按钮，然后单击"退出"按钮。最终结果如图 4-11-27-5 所示。

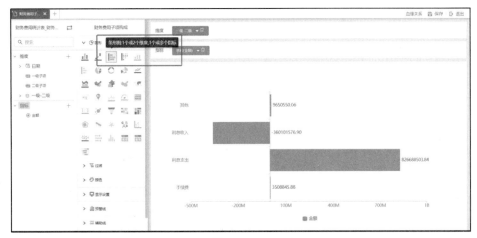

图 4-11-27-5

(3) 分析财务费用子项的同比增减。

① 单击"可视化"右侧的下三角按钮，选择"新建"选项，选择"数据集——费用分析——财务费用统计表"，然后单击"确定"按钮。将可视化看板命名为"财务费用各子项同比增减"。将维度"一级子项"拖曳到"维度"栏相应位置；将指标"金额"拖曳到"指标"栏相应位置。单击指标"金额"右侧的下三角按钮，执行"高级计算"|"同比/环比"命令，系统弹出"同比/环比设置"对话框，按照如图 4-11-27-6 所示的内容完成设置，单击"确定"按钮。

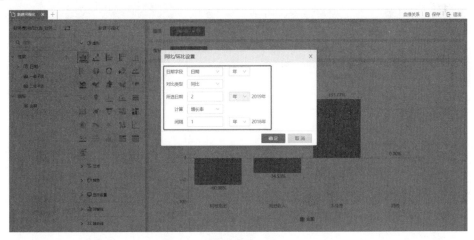

图 4-11-27-6

② 将图形显示设置为"表格"，单击"保存"按钮，然后单击"退出"按钮。最终结果如图 4-11-27-7 所示。

图 4-11-27-7

(4) 分析财务费用支出项的结构。

① 单击"可视化"右侧的下三角按钮,选择"新建"选项,选择"数据集——费用分析——财务费用统计表",然后单击"确定"按钮。将可视化看板命名为"财务费用支出项结构分析"。单击"维度"右侧的"+"按钮,选择"层级"选项,在弹出的"钻取层级"对话框中,设置层级名称为"一层—二层",单击"确定"按钮。

② 将维度"一层—二层"拖曳到"维度"栏相应位置;将指标"金额"拖曳到"指标"栏相应位置。执行"过滤"|"设置"命令,添加如图 4-11-27-8 所示的过滤条件,单击"确定"按钮。将图形显示设置为"饼图",单击"保存"按钮,然后单击"退出"按钮。最终结果如图 4-11-27-9 所示。

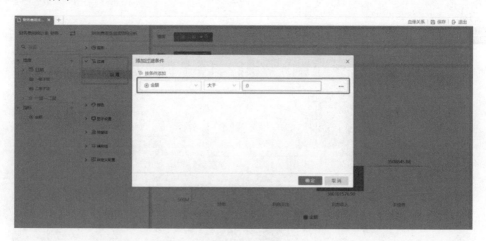

图 4-11-27-8

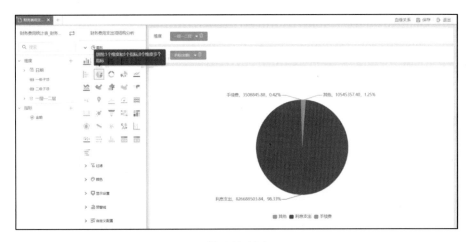

图 4-11-27-9

(5) 分析财务费用收入项的结构。

参照财务费用支出项结构分析的操作步骤,分析财务费用收入项的结构。

【情境小结】

在本情境中,我们学习了财务费用的概念和核算范围,以及其分析方法和操作流程。此外,通过实战演练中的任务对财务费用的历年趋势、各子项的构成、各子项的同比增减情况,以及财务费用收入和支出项的结构进行了分析,针对得到的指标进行了数据可视化呈现。

在下一情境中,我们将学习如何对企业销售费用进行分析。

【参考答案】: 1. B; 2. ABCD; 3. ABCD

情境 28　销售费用分析与数据洞察

【情境导读】

企业在销售商品和材料的过程中通常都会产生运输费、装卸费、包装费等销售费用,那么,在企业经营过程中要想了解销售费用管控是否还有上升的空间,就需要掌握销售费用历年趋势和销售费用的结构,并对费用构成做详细的分析,洞察费用增减原因,并给出合理建议。接下来我们将学习销售费用的分析与数据洞察。

【知识精讲】

1. 销售费用概述

1) 销售费用的概念及核算范围

销售费用是指企业在销售商品和材料、提供劳务的过程中发生的各种费用。销售费用的核算范围包括企业在销售商品过程中发生的保险费、包装费、展览费和广告费、商品维修费、预计产品质量保证损失、运输费、装卸费,以及为销售本企业商品而专设的销售机构(含销售网点、售后服务网点等)的职工薪酬、业务费、折旧费等经营费用。企业发生的与专设销售机构相关的固定资产修理费用等后续支出也属于销售费用的核算范围。

2) 销售费用的分析指标

(1) 销售费用占销售回款的比例：销售回款比销售收入更能体现公司市场营销团队的工作质量，将该指标在同行业之间进行比较，分析公司的销售费用各项支出是否合理，以促进公司销售队伍和销售模式的持续改进。

(2) "销售费用-业务招待费"占销售回款的比例：与同行业相比，若该指标较大，且市场人员人均回款和人均创收较低，首先应考虑公司的发展阶段和行业地位，其次应考虑公司的销售模式、销售团队的能力与竞争对手的差异，最后考虑公司对于业务招待费的预算、考核和内部控制是否存在不足。

(3) "销售费用-差旅费"占销售回款比：与同行业相比，若该指标较大，且市场人员人均回款和人均创收较低，首先应考虑公司在对客户攻关的资源投入是否有侧重点，其次应考虑销售分支机构的分布是否合理，最后再考虑公司对于差旅费的预算、考核和内部控制是否存在不足。

(4) "销售费用-广告费"占销售回款比：与同行业相比，若该指标较大，应分析公司的广告投放渠道和受众对象相比于竞争对手是否存在较大差距。

2. 销售费用分析的操作流程

企业在经营过程中，对销售费用进行分析与总结是非常必要的。通过对销售费用的变动趋势进行有效分析，寻找异常波动，可以及时发现经营过程中存在的问题并进行调整，从而帮助企业实现降本增效。

销售费用是期间费用中占比最高的费用，与企业的利润水平息息相关。对于销售费用的分析，可以从销售费用总体分析、销售费用结构分析、销售费用单项目分析等维度着手。

1) 销售费用总体分析

销售费用总体分析是指对销售费用的整体变动趋势进行分析，包括销售费用占营业收入比例分析及销售费用内部结构分析。其中，销售费用占营业收入比例分析是销售费用分析的基础，若销售费用占营业收入比例波动较大，则需要具体分析其原因。

2) 销售费用结构分析

销售费用结构分析是指对销售费用中各项目的占比情况进行分析。各明细项目占销售费用比例的波动情况、是否存在异常波动的项目、某一明细项目产生波动的具体原因是什么，都是应该具体分析的内容。

3) 销售费用单项目分析

销售费用单项目分析是指对销售费用中占比较高、波动异常的重点项目进行专门分析。

对于销售费用的分析，需要与实际业务相结合，不管是职工薪酬、差旅费、运输费用，还是市场推广费，都与实际业务息息相关。费用的异常波动也必然是由业务的变化所引起的，异常波动并不可怕，只要是真实发生并能够由正常业务合理解释都是可以接受的。但是销售费用与营业收入的真实性直接挂钩，因此，在分析销售费用时，应当尽量详细、具体、合理、可接受。

【小测试】

1. 某公司2020年的主营业务收入为8000万元,销售费用为700万元,其财务费用率为( )。

  A. 6.75   B. 7.75   C. 8.75   D. 9.75

2. 一般情况下，销售费用的构成主体包括(　　)。(多选题)

　　A. 销售人员薪酬

　　B. 销售业务费用，包括培训费、办公费、招待费、差旅费等

　　C. 公关费用，包括赞助费、庆典活动费用、会议费等

　　D. 广告费用，包括广告策划费用、制作费用、媒体费用

　　E. 售后服务费用

3. 销售费用的总体分析是对整体销售费用的变动趋势进行分析，包括销售费用占营业收入比例分析及销售费用内部结构分析。(　　)(判断题)

【实战演练】

任务：销售费用分析

【操作指导】

(1) 分析销售费用的历年金额。

① 单击左侧菜单栏中的"分析设计"，选择"新建"选项，新建故事板，如图 4-11-28-1 所示。将故事板命名为"销售费用分析"，并将其保存在"我的故事板"中，再单击"确定"按钮，如图4-11-28-2所示。

图 4-11-28-1

图 4-11-28-2

② 单击"可视化"右侧的下三角按钮，选择"新建"选项，如图4-11-28-3所示；选择"数

据集——财务大数据——AJHXJL 利润表"，再单击"确定"按钮，如图 4-11-28-4 所示。

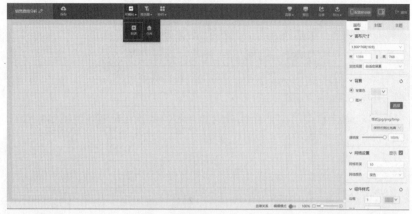

图 4-11-28-3

图 4-11-28-4

③ 将可视化看板命名为"销售费用历年金额"。将维度"年_报表日期"拖曳到"维度"栏相应位置；将指标"销售费用"拖曳到"指标"栏相应位置，如图 4-11-28-5 所示。将维度按升序排序，如图 4-11-28-6 所示。将图形显示设置为"折线图"，单击"保存"按钮，然后单击"退出"按钮，最终结果如图 4-11-28-7 所示。

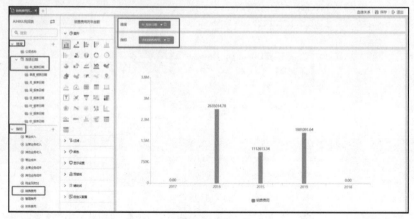

图 4-11-28-5

第4章 大数据技术在财务分析中的应用

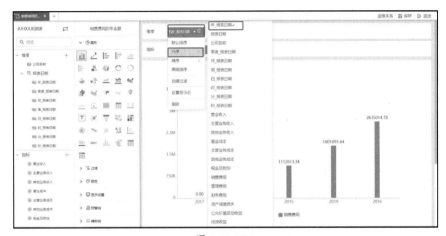

图 4-11-28-6

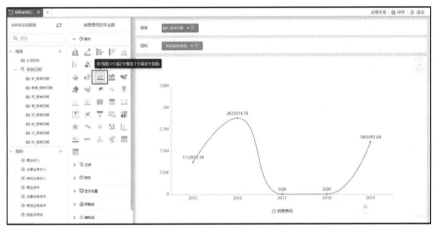

图 4-11-28-7

(2) 分析销售费用的各子项构成。

① 单击"可视化"右侧的下三角按钮，选择"新建"选项，选择"数据集——费用分析——销售费用明细表_销售费用明细表"，单击"确定"按钮，如图4-11-28-8所示。

图 4-11-28-8

283

② 将可视化看板命名为"销售费用子项构成"。将维度"年_日期""一级科目""二级科目""三级科目"拖曳到"维度"栏相应位置；将指标"金额"拖曳到"指标"栏相应位置。将图形显示设置为"表格"，单击"保存"按钮，然后单击"退出"按钮，最终结果如图 4-11-28-9 所示。

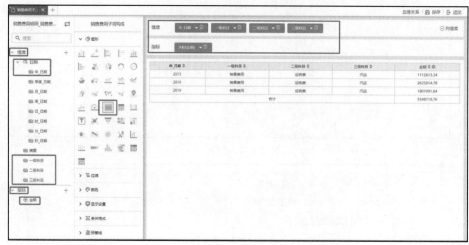

图 4-11-28-9

(3) 对各子项进行同比分析。

① 单击"可视化"右侧的下三角按钮，选择"新建"选项，选择"数据集——费用分析——销售费用明细表_销售费用明细表"，单击"确定"按钮，如图 4-11-28-10 所示。

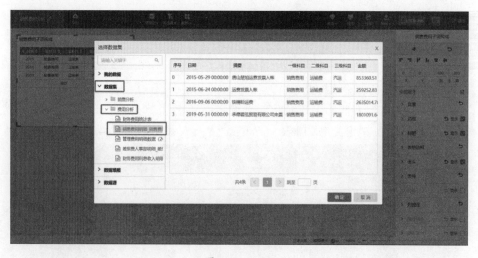

图 4-11-28-10

② 将可视化看板命名为"销售费用各子项同比分析"。将维度"三级科目"拖曳到"维度"栏相应位置；将指标"余额"拖曳到"指标"栏相应位置，如图 4-11-28-11 所示。

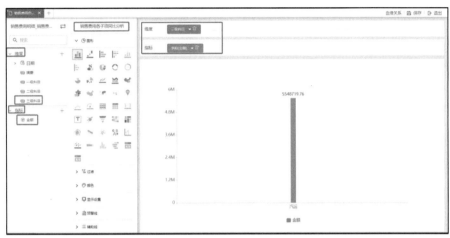

图 4-11-28-11

③ 执行"高级计算"|"同比/环比"命令(见图 4-11-28-12),系统弹出"同比/环比设置"对话框,按照如图 4-11-28-13 所示的内容完成设置,单击"确定"按钮。

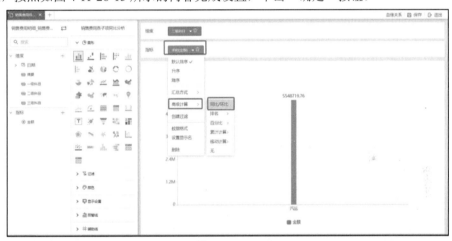

图 4-11-28-12

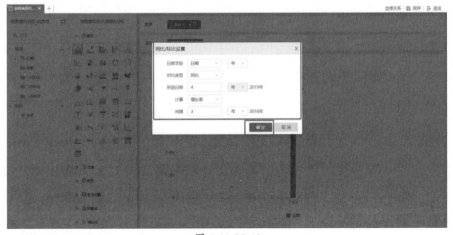

图 4-11-28-13

④ 将图形显示设置为"表格",单击"保存"按钮,再单击"退出"按钮。最终如图 4-11-28-14 所示。

图 4-11-28-14

【情境小结】

在本情境中,我们学习了销售费用的概念和核算范围,以及销售费用分析指标和操作流程。此外,通过实战演练中的任务掌握了销售费用历年情况、各子项构成和各子项同比分析的方法。

【参考答案】: 1. C; 2. ABCDE; 3. A

参考文献

[1] 埃里克·马瑟斯. Python 编程从入门到实践[M]. 袁国忠，译. 2 版.北京：人民邮电出版社，2020.

[2] 江吉彬，张良均，詹增容，等. Python 网络爬虫技术[M]. 北京：人民邮电出版社，2019.

[3] 黄海圆. 笛卡尔乘积图的配对控制数[D]. 金华：浙江师范大学，2015.

[4] 荆新，陶菁. 财务报表分析[M]. 成都：电子科技大学出版社，2018.

[5] 刘玉平. 资产评估原理[M]. 北京：高等教育出版社，2015.

[6] 罗崑. 浅谈企业最佳资金存量[J]. 城市建设理论研究(电子版)，2014，000(020)：255-255.

[7] 王燕. 时间序列分析——基于 R[M]. 北京：中国人民大学出版社，2015.